金融发展与经济发展

基于中国实践的考察

王爱萍◎著

知识产权出版社
全国百佳图书出版单位

图书在版编目（CIP）数据

金融发展与经济发展：基于中国实践的考察/王爱萍著. —北京：知识产权出版社，2019.1

ISBN 978-7-5130-5951-0

Ⅰ.①金… Ⅱ.①王… Ⅲ.①金融事业—经济发展—研究—中国 Ⅳ.①F832

中国版本图书馆 CIP 数据核字（2018）第 260115 号

内容提要

本书在系统梳理了金融体系与经济增长关系的理论文献和最新研究成果后，就金融与实体经济、金融与全要素生产率、金融与收入不平等、金融与收入贫困以及资产证券化的宏观经济效应五个方面，进行了理论分析和实证检验，微观细致地厘清了金融在中国经济发展中的作用。

责任编辑：李　瑾　　　　　　　责任校对：王　岩
封面设计：邵建文　　　　　　　责任印制：孙婷婷

金融发展与经济发展：基于中国实践的考察
王爱萍　著

出版发行：知识产权出版社有限责任公司	网　　址：http：//www.ipph.cn
社　　址：北京市海淀区气象路 50 号院	邮　　编：100081
责编电话：010-82000860 转 8392	责编邮箱：lijin.cn@163.com
发行电话：010-82000860 转 8101/8102	发行传真：010-82000893/82005070/82000270
印　　刷：北京虎彩文化传播有限公司	经　　销：各大网上书店、新华书店及相关专业书店
开　　本：787mm×1092mm　1/16	印　　张：17
版　　次：2019 年 1 月第 1 版	印　　次：2019 年 1 月第 1 次印刷
字　　数：276 千字	定　　价：68.00 元

ISBN 978-7-5130-5951-0

内容提要

改革开放40年来，我国经济发展取得了举世瞩目的巨大成就。不仅整个国家的经济总量稳居世界第二位，而且居民收入和生活水平也有了显著提高。而金融作为现代经济的核心，在这个过程中起到了重要作用。然而，当前我国金融发展、经济发展正面临一系列突出问题和矛盾，例如，金融体系的市场化运行机制不健全，金融制度约束引致直接融资与间接融资比例不协调，银行贷款占社会融资总量的比重过高，金融与实体经济发展失衡，全社会的创新能力不足，收入分配差距未见明显缩小，收入贫困人群仍然是一个重要的社会问题，等等。因此，从金融的角度出发，研究金融体系如何发挥中枢神经作用，解决中国当前经济发展过程中的问题，帮助建立好的社会，具有重要的现实意义。

本书从金融发展与经济增长、金融发展与收入分配两大视角入手，就中国当前金融与经济发展的重要问题展开研究。在系统梳理了金融体系与经济发展之间关系的理论文献和最新研究成果后，剖析了中国当前的金融发展态势，并进一步就金融与实体经济、金融与全要素生产率、金融与收入不平等、金融与收入贫困四个方面，进行了理论分析和实证检验，微观细致地厘清了金融在中国经济发展中的作用，最后从资产证券化的角度分析了直接融资市场的发展对中国宏观经济的客观效应。本书的主要内容和研究结论包括以下六个方面：

第一，大量历史经验和学术研究表明，金融发展过度会引致"金融诅咒"，即金融对经济增长不再能发挥促进作用，而是转为抑制和伤害。西方发达国家的经验表明，"金融诅咒"的爆发具有五点鲜明征兆：①债务规模迅速扩大，杠杆率不断攀升；②金融投机泛滥，商品过度金融化；③金融机构盲目扩张、关联复杂，以至大而不能倒；④就业过度金融化，教育显现金融热；⑤货币资金空转，金融体系自我循环。"金融诅咒"会带来抑制经济增长、诱发金融危机、左右政策制定和扩大收入差距四方面效应，为了避免"金融诅咒"在中国爆发，我们要做好五方面工作：一是高度重视高杠杆累积的潜在风险，防范系统性金融风险的发生；二是高度重视金融过度发展带来门槛效应，谨防金融过度发展；三是改善金融资源错配，提高全要素生产率；四是抵制金融投机过度，维护市场稳定秩序；五是调整财税政策，缩小收入分配差距和分配不公。

第二，金融部门与实体经济部门是两个独立的国民经济部门，但是彼此之间存在着皮与毛的依附关系和资源竞争关系。本书运用模型分析刻画了两部门之间的内在关系及其对经济增长的影响。进一步地，结合中国 2002－2014 年省际层面的面板数据，本书发现金融发展对经济增长的作用会受到金融部门与实体经济部门发展均衡程度的调节影响，两个部门之间的非均衡发展会使得金融发展抑制国民经济的增长。而通过机制检验发现，全社会人力资本水平的上升和以股票市场为代表的多元化融资途径的完善，分别会通过降低金融部门与实体经济部门之间的人才竞争程度、增加实体经济部门的筹资渠道而弱化上述调节作用。

第三，新常态阶段下，提高全要素生产率是推动实体经济发展和促进经济增长的关键。本书采用 2002－2015 年中国省际层面数据，考察了金融发展对全要素生产率的促进效应及作用机制。在利用数据包络分析及索罗残差法对中国各省份（除西藏）的全要素生产率进行测算之后，运用系统 GMM 分析方法分别对全样本、2002－2007年以及 2008－2015 年的子样本进行了实证检验。结果表明：第一，在全样本以及 2008－2015 年的子样本中，以金融机构存、贷款规模和股票交易规模衡量的金融发展指标均对全要素生产率表现出显著的正向促进效应，而在 2002－2007 年的子样本中未见显著效应；第二，从机制检验来看，人力资本和创新投入是金融发展促进全要素生产率提高的重要作用机制，并且，相较于股票交易规模，该作用机制在信贷和存款指标下（尤其是信贷指标）表现得更加明显和稳健。

第四，本书从"投资领域分割"和"多级信贷约束"两个基本假设出发，在理论上考察了金融发展对收入分配状况的微观机制。分析表明，信贷约束可以从资本市场、实体经济以及人力资本积累三个渠道影响均衡时的收入，因而信贷规模衡量的金融发展会对收入不平等程度产生影响，并且在长期而言，这种影响呈现倒 U 形特征。进一步地，基于中国省际层面 2002—2013 年的经验数据进行实证检验，结果表明：（1）金融发展对中国城乡收入不平等呈现显著的负向作用，说明我国目前已经跨越金融发展与收入不平等倒 U 形关系的顶点，开始走向良性发展阶段；（2）机制检验说明，金融发展的确会通过资本市场、实体经济和人力资本的发展影响收入不平等，但不同通道的作用机制有所差异；（3）稳健性检验进一步证实了现阶段金融发展对收入不平等的负向影响是长期演化的结果，并且类似于金融危机的事件性冲击长期而言不会对这种影响机制产生显著的作用。

第五，由于贫困问题仅涉及低收入群体，因此本书将多级信贷约束简化为一级信贷约束，考察金融发展对收入贫困的影响，并且结合中国 2010—2015 年省际面板数据考察了金融发展对收入贫困的影响及作用机制。研究表明：总体而言，金融发展对收入贫困存在非线性的倒 U 形影响，即金融发展达到一定水平之后才会降低贫困发生率；分地区来看，在包含国家级贫困县的省份，金融发展对收入贫困影响的倒 U 形趋势更为明显。而机制检验结果表明，金融发展改善收入贫困主要是通过促进经济增长、提高人力资本水平两个渠道来实现，但是由于金融资源向研发创新水平较高的非贫困地区和非农部门过度倾斜，造成贫困地区和农业部门在研发创新方面的融资需求得不到满足，而不利于收入贫困的改善。

第六，解决当前金融与经济发展若干矛盾的重要途径之一是发展直接融资市场，本书从资产证券化的角度入手展开分析。首先在一般均衡视角下利用 CC—LM 曲线引入证券化因素进行数理模型分析，发现资产证券化能促进实体经济产出的增加，而对 LM 曲线的影响有待确定。其次，根据世界主要经济体中的 65 个国家的动态面板数据进行资产证券化宏观经济效应的实证分析，发现证券化促进了货币需求量的小幅增加和信贷规模的显著扩张，同时有利于降低货币信贷市场的利率水平，促进 GDP 的增长。最后，结合我国资产证券化发展的实践，提出优化调整货币政策工具、加快利率市场化改革、推进信贷资产证券化等方面的政策启示。

在对主题进行细化研究之后，本书提出了相应的政策建议，以进一步发挥金融在新常态时期促进中国经济发展的作用，包括改善金融功能性不足，提高金融服务实体经济的质量和水平，提高金融提高全要素生产率的能力，提高金融改善收入分配和收入贫困现象的能力，加强包括资产证券化在内的直接融资市场的建设等。

本书的创新之处在于：第一，将新常态时期的经济发展内涵分解为经济增长和收入分配两方面，进而从金融角度出发研究金融与实体经济、与全要素生产率、与收入分配、与收入贫困之间的关系；第二，从理论和实证两方面细致考察金融与实体经济部门发展不均衡对经济增长带来的负面效应，发现人才的稀缺是金融部门与实体经济部门之间存在负外部性的重要原因之一，进一步通过机制检验发现人力资本的提高、直接融资渠道的扩张，会缓解并改善金融与实体经济失衡对经济增长所带来的负面效应；第三，利用中国最新面板数据进行实证检验，发现金融发展促进全要素生产率提高的作用在后危机时代更加明显，并且随着人力资本水平的提高以及创新投入的增加，会进一步强化金融的这种作用；第四，将前人的信贷约束模型扩展为两级信贷约束模型，发现金融与收入不平等之间的倒 U 形曲线关系，并通过经验数据检验发现当前中国金融发展已经跨越倒 U 形曲线的顶点，开始有助于改善收入不平等，并且指出资本市场的建设和实体经济的发展都会强化金融的该作用；第五，理论模型推演和经验数据检验发现，只有超过一定阈值，金融发展才会改善收入贫困，并且促进经济增长和提高人力资本水平是二者之间的重要作用机制；第六，从宏观层面研究资产证券化与经济增长、信贷规模、货币政策传导机制的影响，在 Bernanke 和 Blinder（1988）提出的 CC－LM 模型基础上，引入了资产证券化因素，从理论角度考察了资产证券化的宏观经济效应的主要内在机制，并且利用多国面板数据进行实证检验，发现利率作为货币政策中间传导机制的实施效果十分显著。

ABSTRACT

Over the past 40 years of reform and opening up, China's economic development has achieved great achievements that have attracted worldwide attention. Not only the entire country's economic aggregate ranks second in the world, but also the income and living standards of Chinese residents have been increased significantly. As the core of the modern economy, finance plays an important role in this process. However, at present, China is facing a series of prominent problems and contradictions in the field of financial system and economic development. For example, the market-oriented operation mechanism of the financial system is not perfect, the inappropriate ratio of direct financing and indirect financing, the imbalance between financial sector and real economy sector, the lack of innovation capacity of the whole society, the income inequality and poverty. Therefore, it is of great significance to study how the financial system can play the role of the central nervous system to solve the problems in China's current economic development process and help to build a good society from the view of finance.

This study conducts detailed research on the issues of finance and real economy, finance and people's livelihood, with the perspective of financial function and financial structure. After systematically reviewing the theoretical literature and the latest research findings on the relationship between the financial system and economic growth, the article studies the imbalance of financial sector and real economy sector, the relationship between financial development and TFP (total factor productivity), income inequality and poverty, both theoretically and empirically. In the end, this article study the effect of direct financing on macroeconomy from the perspective of assect securtization. The main contents of this dissertation are as followed:

Firstly, a lot of historical experience and academic research have shown that too much finance will bring about "financial curse", in which condition financial system no longer supports but hurts economic growth. In this paper, we conclude five symbols of financial curse according to the experience of western countries. (1) The debt size enlarges quickly and the leverage increases fast; (2) The behavior of financial speculation is rampant and commodities are over-financialized; (3) The endless expansion and the complex association of financial institutions lead to the phenomenon of "too big to fail"; (4) Occupation and education shows the propensity of finance; (5) Money revolves inside the financial system with the form of self-circulation. Furthermore, we propose that the "financial curse" will result in hurting economic growth, triggering financial crisis, affecting policy decisions and widening the income gap and we discuss the corresponding channels and mechanisms in turn. Finally, with the actual conditions of China, we put forward five suggestions: (1) Attaching great importance to the accumulation of high-leverage risks in order to prevent systemic financial risk; (2) Paying attention to the threshold effect of too much finance so as to guard against excessive financial development; (3) Ameliorating the mismatch of financial resources and improve the total factor productivity; (4) Resisting excessive financial speculation to keep market stable and in order; (5) Rdjusting fiscal and taxation policies to narrow the income distribution gap.

Secondly, the theoretical model shows that the development of real sector can crowd out financial sector and the imbalance between the two sectors has a negative impact on economic development. With China's provincial data from 2002—2014, the empirical study confirms the conclusion above and shows that the improvement of human capital and soundness of the direct financing market will significantly alleviate the phenomenon.

Thirdly, total factor productivity (TFP) is the key driving force of

economy growth contemporarily. With China's provincial data from 2002—
2015, the empirical study finds that financial development has been able to
support the improvement of total factor productivity in post-crisis era. In
addition, the mechanism test shows that the enhancement of human capital and
investment in innovation will further strengthen this effect.

Fourthly, theoretical model indicates that there is an inverted U-shaped
curve relationship between financial and income inequality while the empirical
study with China's provincial data from 2002—2013 shows that the financial
development has passed the threshold and began to decrease income inequality
in China. The construction of the capital market, the development of the real
economy and the enhancement of human capital would reinforce the role of
finance in reducing income inequality.

Fifthly, the inverted U-shaped relationship between financial development
and poverty has been supported both theoretically and empirically with China's
provincial data from 2010—2015. The channels between the two variables are
economic growth and human capital, which means the financial development
eliminates poverty through supporting economic growth and improving human
capital.

Lastly, by introducing the securitization into the CC-LM model from the
perspective of general equilibrium, we found that asset securitization can
promote the economy output while the impact on the LM curve in not
certain. Based on the empirical analysis of the macroeconomic effects of asset
securitization based on the dynamic panel data of 65 countries, we found that
securitization promotes a small increase in demand for money and a significant
expansion of credit scale.

Then this study puts forward the corresponding policy recommendations to
further play the role of finance in promoting the economic development in
China with the background of the new normal period. In the view of the
functional insufficiency of financial sector, it is essential to improve the ability

of the financial system to support the real economy, the total factor productivity, the improvement of income distribution and poverty reduction. With respect to the structural defects of financial sector, constructing the direct financing market is imperative for the economy development.

The innovations of this study lie in the following aspects:

Firstly, conducting the research in the view of finance, functionally and structurally, by decomposing the connotation of economic development in the new normal period into two aspects: economic growth and income distribution.

Secondly, examining the negative effects of imbalance between the financial sector and the real economy sector on the economic growth both theoretically and empirically with the assumption of scarcity of talents. In addition, the improvement of human capital and direct financing will alleviate this phenomenon.

Thirdly, according to results of the empirical study with China's latest panel data, this dissertationshows that financial development plays an important role in promoting the total factor productivity only in the post-crisis era, with the enhancement of human capital and the increase of innovation investment strengthening the role of finance.

Fourthly, byextending one-level credit constraints model into two-level credit constraints model, this dissertation finds inverted U-shaped relationship between financial development and income inequality. With China's panel data, empirical result implies that the financial development has passed the threshold point and began to decrease the income inequality already. In addition, the development of capital market and the real economy will benefit the role of finance in income inequality;

Fifthly, theoretical model and empirical study indicate that financial development can eliminate poverty only after a certain point through the way of supporting economic growth andenhancing human capital.

目 录

第一章　绪　论

第一节　研究背景

自 1978 年中国实施改革开放以来，中国经济一直保持持续快速增长的势头，整个国民经济发生了天翻地覆的变化，取得了举世瞩目的巨大成就。2017 年，中国国内生产总值（GDP）已由 1978 年的 3645 亿元飞升到 82.7 万亿元，整个经济总量稳居世界第二位；2017 年中国人均 GDP 达到 5.97 万元，折算成美元为 8836 美元，按照世界银行的标准已经跃升到中等偏上收入国家的行列。[①] 根据国家统计局的测算，2008—2012 年中国对世界经济增长的年均贡献率超过 20%[②]，2013—2017 年中国经济对世界经济增长的贡献率均已经超过 30%。[③] 根据 1960 年美国经济学家罗斯托在《经济成长的阶段》一书中所阐述的"五阶段"理论，中国正处于走向成熟的第四阶段，并且已经开始步入大众消费的第五阶段。在第四阶段中，一个国家的国民经济发展呈现的主要特征是产业的多样化和出口产品的多样化，产业开始转型和升级，由传统的劳动密集型产业开始转向资本密集型产业，基础设施建设快速改善，企业大量走出去，开启大规模的国际化进程。进入第五阶段以后，国民经济结构和产业结构将发生巨大变化，服务业超过制造业成为第一大产业，经济发展将由投资驱动转向以消费驱动为主导，居民在教育、健康、住房、养老、娱乐休闲等方面的消费明显增加。而根据美国著名管理学家迈克尔·波特在《国家竞争优势》一书中所提出的理论，一个的国家经济发展要经历生产要素导向、投资导向、创新导向和富裕导向四个演化阶段（迈克尔·波特，2007），目前中国已经顺利度过了生产要素导向和投资导向两个阶段，正在步入创新导向阶段，并

---

① 《中华人民共和国 2017 年国民经济和社会发展统计公报》，http：//www. gov. cn/xin-wen/2018－02/28/content _ 5269506. htm。

② 《改革开放铸辉煌 经济发展谱新篇——1978 年以来我国经济社会发展的巨大变化》，http://www. stats. gov. cn/tjgz/tjdt/201311/t20131106 _ 456188. html。

③ 《国家统计局局长就 2017 年国民经济运行情况答记者问》，http：//www. stats. gov. cn/tjsj/sjjd/201801/t20180118 _ 1575270. html。

朝着富裕导向阶段迈进，即实现经济发展阶段由中等收入国家向高收入国家的演进。

　　然而，在经济发展阶段跨越的过程中，中国经济增长格局发生了明显的变化，尤其是从 2012 年开始，国民经济进入了经济新常态阶段。这一阶段表现的突出特征就是经济增长速度进入换挡期、结构调整进入阵痛期。在这个时期，经济体系表现出诸多问题和弊端，主要包括经济增长显现出明显的下行趋势，由高速增长转变为中高速增长，1979—2012 年中国经济年均增长速度高达 9.9％，2013 年以来，经济增长速度保持在 6.7％至 6.9％之间；长期粗放式的经济发展方式造成经济结构和产业结构的重大扭曲和失衡，区域经济发展和城乡经济发展之间不平衡、不协调等问题愈加突出。因此，从目前中国经济发展新阶段的基本特征出发，积极主动地适应新常态和引领新常态，加快经济发展方式的转变，大力推进经济结构的调整和产业结构转型升级，实现由中低端产业为主向中高端产业为主的结构转型；转换经济增长内在动力，培育新的增长动力和增长动能，实现由传统动能为主导向创业创新、网络经济、共享经济等新动能转换，从要素和投资的双轮驱动转向以技术进步来提高全要素生产率，推动经济发展实现质量变革、效率变革、动力变革，处理好经济社会发展各类问题，是推进国民经济健康公平可持续发展，防止"中等收入陷阱"现象等问题发生、实现两个一百年奋斗目标的必由之路。

　　众所周知，金融是现代经济的核心，金融资本和金融体系在世界各国现代经济的运行中都发挥了重要作用，金融在很大程度上影响甚至决定着经济健康发展。在中国经济发展进入新常态的大背景下，未来发展如何能有效发挥金融在经济中的核心作用，如何能通过深化金融体制、金融制度的改革，加快金融业对内对外双向开放，达到合理高效配置金融资源，切实起到提高全要素生产率的作用，已经成为支持供给侧结构性改革，提高自主创新能力，提升经济发展效益和质量，引导经济发展方式转变，促进经济结构调整和产业转型升级，实现经济高质量、高效率、高均衡、可持续发展的关键环节，也成为改善居民收入分配不平等，促进收入分配公平合理，加快贫困地区和贫困人口实现脱贫的关键环节。

　　事实上，在中国改革开放四十年进程中，伴随着中国经济的长期持续高速增长以及社会主义市场经济体制的不断完善，中国金融业和金融体系①也进入了发展快车道，取得了一系列惊人的成就。全社会融资规模迅速增长的同时，融资结构也更加合理，金融结构也进一步优化，实现了资本快速积累和金融资源配置的优化，有效发挥了金融配置资源的作用；金融体系的功能持续增强，金融市场和金融业双向开放的步伐进一步加快；金融宏观调控体系进一步加强和完善，金融业的抗风险能力及整体实力都不断壮大和增强，不仅成功抵御了全球金融危机、经济危机带来的冲击和挑战，而且有力地支持和促进了中国经济的发展。金融已成为中国经济发展的基本要素和重要推动力，其不断发展壮大对优化资源配置、支持经济改革、促进经济平稳快速发展以及维护社会稳定、改善收入分配格局、减贫脱贫等方面都发挥了重要作用。

但是近年来，金融与经济发展之间表现出明显的不均衡，即实体经济的盈利能力下降，而货币发行量、金融资产仍在继续扩张，导致大量金融资源在金融体系内部空转，并没有流入实体经济中。例如，中国人民银行统计数据显示，2016 年年底，中国人民币房地产贷款余额 26.68 万亿元，同比增长 27%，全年增加 5.67 万亿元，同比多增 2.08 万亿元，增量占同期各项贷款增量的 44.8%。于是出现了金融业增加值在国民经济中的占比不断上升，而实体经济部门增加值占比却不断下降的现象。与此同时，大量的资金进入了房地产行业。金融与实体经济失衡主要表现在以下四个方面：

第一，金融服务实体经济的质量和效率亟待提高。首先，由于金融体系和金融制度在某些方面改革的缺位和滞后，造成金融资源错配，导致金融发展与实体经济出现失衡，大量中小企业普遍面临"融资难、融资贵"的困境。其次，"货币空转"、经济金融化推升了实体经济融资成本。金融

---

① 金融体系的概念在学术界并没有统一的定义。例如，陈雨露、马勇认为，"金融体系发展至今，已经形成一个非常复杂的系统，既包括体系内部的金融工具、金融中介和金融市场，也包括与体系外部不同的经济主体（包括市场主体和监管主体）之间的各种往来关系"（陈雨露、马勇，2013）；马宇认为，"金融体系是一个经济体中资金流动的基本框架，它是各种金融资产、各方参与者、各类交易方式和政府金融监管形式的综合体"。"金融市场和银行中介在金融体系中所占地位的不同称为金融结构"（马宇，2006）。但我们基本采用国内流行科教书的定义，"金融体系是一个极其庞大的复杂系统。现代金融体系有五个构成要素：（1）由货币制度所规范的货币流通；（2）金融机构；（3）金融市场；（4）金融工具；（5）制度和调控机制。"（黄达，2003）需要指出的是，由于翻译的问题，国内还有不少金融学者将金融体系称为金融系统。

资本在体系内运转可以获得更高的回报率，因而缺乏向实体经济流动的动力，从而导致了宏观流动性过剩和微观流动性不足同时存在的中国现象。1978 年以来，中国的经济货币化水平不断提高，广义货币量 M2 与名义 GDP 的比值（M2/GDP）一路攀升，到 2015 年已经达到 205％的水平，超过了世界主要发达国家水平。然而，与此同时，资金供给的增加不但未能促使资金价格下跌，反而导致实体经济领域融资成本的上升，中国的名义利率水平却长期处于高位，非正规金融的利率水平也居高不下，2013 年 6 月还一度发生了令人震惊的"钱荒"，有悖于经济学理论。

第二，金融促进全要素生产率提高成为经济实现新一轮飞跃的关键动力。资本是最关键的生产要素之一，信贷市场的缺陷往往导致金融资源的错配，资本会流向利润高、周转速度快的行业，而不愿意流入那些回报周期长的项目中，这就加强了以高投入、高风险为典型特征的全要素生产率相关活动所面临的融资约束，最终导致产业结构失衡，转型升级无果。近四十年来，中国金融业经历了快速发展阶段，截至 2016 年年底，中国金融行业增加值占 GDP 的比例已经高达 9％，房地产业产出增加值占比也一路高涨至 7％（见图 1.1），接近美国的水平。

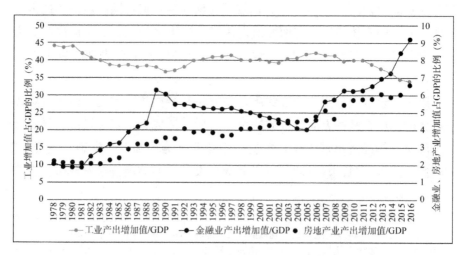

图 1.1 中国工业、金融业和房地产业产出增加值占 GDP 比例（1978—2016 年）
资料来源：《中国统计年鉴（1978—2016）》

在这种行业发展结构中，金融资源错配、货币在金融体系内空转的现象日益突出，一边是金融类领域投资过度，另一边是制造业，尤其是民营制造类企业融资难、投资意愿低。因此，在深化供给侧结构性改革期间，如何协调金融和实体经济的均衡匹配发展，保持金融发展的合理边界，让金融更好地服务实体经济，加快和促进产业结构调整，提高传统产业发展质量，振兴实体经济，实现金融发展和实体经济增长的良性互动，是建设现代化经济体系面临的重大现实问题。

第三，金融促进居民收入平等、改善贫困现象的紧迫性空前提高。收入不平等和贫困，是近年来备受关注的社会问题之一，成为经济发展不均衡的重要表现和重要内容。目前，中国收入分配状况不均衡的问题依然比较严峻，国家统计局的数据显示，2009—2015 年中国基尼系数连续七年下降，但依然处于国际公认的 0.4 警戒线之上，而且 2016 年基尼系数又略有回升，达到 0.465，处于高位。收入分配不均衡的持续累积，会强化财富分配的不平等，尤其是在金融市场发达的地区，财富的不均等会通过金融投资等途径进一步放大收入不平等，使得富者更富，贫者更贫。国务院新闻办公室 2016 年 10 月发布的《中国的减贫行动与人权进步》白皮书显示，改革开放以来，中国已使 7 亿多人口脱贫，对全球减贫的贡献率达到 70%以上。但截至 2016 年年底，中国尚有 4335 万贫困人口[①]，消除贫困实现精准脱贫依然是全面建设小康社会的底线目标，是党的十九大报告明确提出的今后党和政府工作的"三大攻坚战"之一。中国扶贫脱贫工程的顺利推进，得益于宏观政治经济环境的大力支持，其中金融体系及其功能的不断健全和完善，在改善贫困的过程中发挥着重要作用（曾康霖，2007；崔艳娟和孙刚，2012）。且有研究表明，金融发展对消减贫困起到了显著的积极作用，存在由金融发展到减贫之间的因果关系（Sehrawat 和 Giri，2016）。

第四，直接融资和间接融资比例严重不均衡的金融结构制约了中国未来的经济发展空间。2008 年以来，中国政府为应对全球金融危机带来的冲击而采取了多种强弱不等的经济刺激手段，以向社会注入流动性。在财政政策和货币政策的双重作用之下，全社会融资规模激增，企业和地方政府负债率高企，总债务占 GDP 比重不断攀升（见图 1.2）。2015 年以来，国际金融机构和组织对中国的杠杆率估计普遍在 200%以上，甚至超过

---

① 相关数据引自国家统计局《中华人民共和国 2016 年国民经济和社会发展统计公报》，http://www. stats. gov. cn/tjsj/zxfb/201702/t20170228_1467424. html。

300％，接近美国等发达国家的水平。穆迪于 2017 年下调中国主权信用评级的重要依据之一就是中国债务规模过大、杠杆比例过高。更令人担忧的是，以地方政府融资平台、民间借贷等形式存在的影子银行体系，其信贷规模难以估算，真实杠杆率可能远高于当前公布的数据。而影子银行体系的资金来源和业务与正规金融体系盘根错节，极易向正规金融体系传递风险，一旦缺乏有效防火墙，会导致系统性风险的爆发和传染。因此，当前的重要任务是通过多种改革措施逐步降低国民经济各部门的债务规模和比例。而促进多层次资本市场健康发展，大力发展直接融资市场，进一步提高直接融资特别是股权融资的比重，是改善当前杠杆率高企、解决未来举债空间大幅度减小的重要举措和途径。同时，通过深化金融制度和金融体制改革，加快金融业双向开放的步伐，完善金融监管体系，加强金融监管部门的协调，牢牢守住不发生系统性金融风险的底线，保证中国的金融安全，也是今后中国面临的一项重大任务和挑战。

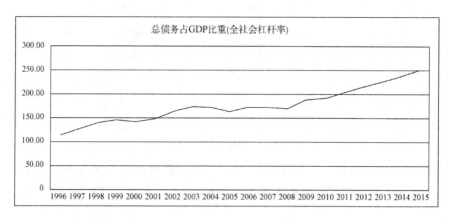

图 1.2　1996—2015 年中国全社会杠杆率（单位：％）
数据来源：中国社科院、WIND

因此，在中国进入经济新常态背景下，本书将围绕金融发展和经济发展之间的关系，从理论研究和经验分析入手，探讨金融发展在中国经济发展中的作用，重点对金融发展与实体经济适度性、金融脱实向虚对实体经济的挤压效应，金融发展促进全要素生产率的机制和渠道，金融发展与收入分配、脱贫减贫的关系等问题展开深入细致的研究。

第二节 主要概念界定

本书立足于中国经济新常态阶段,从具体实践出发,研究金融发展与经济增长、收入分配的关系,因此,有必要先对这三个主要概念进行清晰界定。

一、金融发展的内涵

金融发展(Financial Development)是一个专用术语。在 20 世纪 60 年代以前,西方主流的经济发展理论与金融理论是相互割裂的,直到 Goldsmith(1969)为代表的一批经济学家,提出金融发展对于经济增长的重要作用之后,学术界和实务界对金融发展的重视才逐渐建立。

按照 Goldsmith(1969)的解释,金融发展是指金融结构的变化,而金融结构包括金融工具的结构和金融机构的结构,具体而言,就是指金融工具的数量、种类、先进程度,以及金融机构的数量、种类、效率等。金融发展程度越高,金融工具和金融机构的数量、种类就越多,金融的效率就越高。

根据这个概念,衡量金融发展的指标包括两个方面:第一,金融体系内部结构指标,例如金融机构的相对规模、间接融资在全社会融资总规模中的占比、主要金融资产占全部金融资产的占比等;第二,金融发展与经济增长相互关系指标,例如金融相关率、货币化率等。在具体的研究中,学者会根据研究目的以及数据可得性等选取恰当的指标衡量金融发展程度(黄达,2003)。

二、经济增长的内涵

经济增长(Economic Growth)一直是宏观经济学领域最古老、最重要的研究问题,事关人类的生存和发展。在研究和实践中,通常用国内生产总值(GDP)或者人均国内生产总值(人均 GDP)这一指标来反映一国或者 地区一定时期内的产出情况,即经济增长情况。相应地,经济增长程度则用增长率来描述。

经济增长的概念是简单而清晰的,但是经济增长的原因却很复杂。柯布-道格拉斯生产函数显示,推动经济增长的三大动力分别是全要素生产率、资本积累以及劳动力投入,并且,随着经济发展水平的逐渐提高,三大要素在经济增长中的贡献比例也会相应改变。在经济发展水平较低阶段,资本积累和劳动力投入是促进经济增长的主要动力,而当经济发展水平进入较高阶段时，全要素生产率成为促进经济增长的关键因素。

三、收入分配的内涵

收入分配（Income Distribution）是指一国的国民总收入在该国经济各阶层之间的分配情况，包括国民收入的初次分配和再分配。收入分配制度关系到政府部门、企业部门和居民部门等国民经济各部门的可支配收入在国民收入分配关系中所占的比例（白重恩等，2009），优化国民收入分配格局，是稳定社会、促进社会文明发展的重要任务。

在我国，自1978年实施改革开放政策以来，收入分配领域的改革和创新取得了突破性进展，并且确立了基本的收入分配格局。然而，区域间、城乡间、行业间、阶层间的收入差距过大，大量人口生活在贫困线以下，缩小收入差距，改善收入分配不合理状况，消除贫困仍然是我国面临的严峻现实问题。因此，在本书的研究中，收入分配的概念同时涵盖了"收入不平等"和"收入贫困"两方面内容。

第三节 研究意义和目的

一、研究意义

对一个国家来说，发展的基本目标是国强和民富。也就是说，经济发展不仅包括经济增长，还包括国民的生活质量。因此，我们既要关注经济增长，也要从收入分配的角度，研究如何提高居民收入水平和生活质量。

首先，本研究具有重要的理论意义。目前中国经济发展已经进入高速增长到中高速增长的新常态阶段，在这个错综复杂、机遇和挑战并存的大背景下，如何积极适应新常态，引领新常态，确保金融能够有效支持经济发展方式转变、经济结构调整和转型升级、经济发展动能转换，发挥金融在改善收益分配不合理、降低收入不平等以及扶贫脱贫等方面的作用，形成与经济发展方式转变、经济结构优化和经济发展动能转换相互适宜、相互匹配、相互兼容的金融体系、金融结构以及金融制度，是学术界当前面临的一个极具理论价值的重要问题，需要对现有的传统理论以及国内外最新研究文献进行系统的梳理和研究，通过创新和发展形成适合中国本土具有中国特色的研究成果。本书在全面系统归纳现有的理论研究和最新研究进展的基础上，通过运用现在计量经济学的定量研究，较为全面地刻画了金融与经济发展之间的内在联系、相互关系和作用机制；力图从理论上厘清金融发展与实体经济失衡的产生机制，并分析其带来的负面效应，并进一步从当前发展实体经济的根本——提高全要素生产率的角度入手，描绘金融与全要素生产率提高的关系及作用机制；通过对金融发展与收入不平等之间、金融发展与脱贫减贫关系的研究，探索二者之间的作用机制；从资产证券化的视角入手，通过模型推导和实证检验客观刻画直接融资市场建设对宏观经济表现的影响；本研究有助于丰富国内在金融和经济发展、收入不平等、贫困等领域以及直接融资市场建设方面的理论研究。

其次，本研究也具有重要的实践意义。如何有效发挥金融的核心关键作用，解决好金融促进经济发展方式转变、加快经济结构调整、提升发展动能转换等现实问题，是事关推进中国现代化建设事业，实现两个百年奋斗目标的全局性战略性问题，是一项需要不断应对新情况新问题实践性很强的研究。本研究在现有文献基础上，立足中国金融改革发展现状，以金融体制改革完善为逻辑主线，总结我国当前金融业面临的挑战，并针对在经济进入新常态的新时期新阶段，如何进一步规范、完善、发展我国金融体系，通过加快推进金融体制市场化改革，加快金融创新，大力推进金融业双向开放，健全多层次资本市场体系，提高直接融资比重，促进实体经济发展，全面提高全要素生产率，完善收入分配机制，实现精准脱贫等方面提出新思路、新策略、新措施，对在世界经济复苏乏力、国际政治复杂多变、动荡频发的环境下保持经济稳定健康可持续发展，解决我国经济社会发展中面临的深层次矛盾和问题，全面建成小康社会，都具有重要的现实意义和实践价值。

二、研究目的

本研究紧密联系中国经济发展进入新常态时期的宏观环境和政策，立足发挥金融对资源配置的有效作用，提升金融服务实体经济质量和效率，金融提高全要素生产率的机制和渠道，金融改善收入不平等以及减少和消除贫困等中国当前最现实和最紧迫的实际问题，从多个角度展开系统的分析和研究，不仅可以为中国未来的金融制度和金融体系改革、创新提供全面而科学的参考，而且有利于引导金融体系对社会资源进行合理配置，缓解金融发展与经济发展不均衡问题，推动国民经济实现更高质量、更可持续、更加公平的发展。

第四节　研究内容与方法

一、研究内容和研究框架

在中国进入经济新常态背景下，本书将围绕金融发展和经济发展之间的关系，从理论研究和经验分析入手，探讨金融在中国经济发展中的作用，重点对金融发展与实体经济适度性、金融脱实向虚对实体经济的挤压效应，金融促进全要素生产率的机制和渠道，金融发展与收入分配、脱贫减贫的关系，以及深化金融体制改革，发展直接融资推进创新对宏观经济发展的影响等问题展开深入细致的研究。

本书的研究内容一共分为十章进行阐述。其中，第一章为绪论（即本章），主要阐述本书的研究背景、研究意义和研究目的、研究内容和研究框架、研究方法以及研究的创新点、难点。

第二章金融体系的内涵、功能与分类。本章首先深度阐释金融体系、金融结构和金融中介的概念和内涵，并进一步从正反两方面详细探讨金融体系在经济发展过程中的作用，主要体现在对经济社会发展所起的推动作用，可以说它是研究金融与经济相互关系的主轴、核心与关键。随着金融发展及金融创新，金融体系与实体经济之间的关系越来越紧密，对金融体系的功能探讨，也日渐成熟。然后，本章将金融体系分为可持续发展的金融体系和不可持续发展的金融体系，可持续发展的金融体系分为市场主导型金融体系和银行主导型金融体系、保持距离型金融体系和关系型金融体系，而不可持续的金融体系主要包括耗损型金融体系、依附型金融体系和泡沫型金融体系。

第三章金融发展对经济增长和收入分配的影响研究文献综述。通过阅读文献发现，目前国内外直接研究中国经济新常态下金融支持经济发展方式转变、经济发展动能转换的文献较少，更多是探讨金融发展与经济增长、收入不平等和收入贫困之间的关系，而实际上，厘清了这个关系，也就找到了本研究的逻辑起点，为后续研究奠定了理论和实证基础。因此，本研究首先梳理国内外有关金融发展、经济增长和收入分配的相关文献，全面掌握该领域的讨论热点和已有的研究结论，系统地归纳梳理学术界对金融与经济增长之间关系、金融发展促进经济增长和金融抑制经济增长的理论和实证研究方法和结果、金融发展与收入不平等和收入贫困的关系及作用机制的研究成果，总结当前新的研究思路以及未来的研究方向。据此为本研究的出发点，从不同角度勾勒我国金融支持国民经济结构优化、经济转型、质量提升以及改善收入不平等、脱贫减贫等问题的作用机制、渠道和有效路径。

第四章金融诅咒现象的表现、效应及对中国的启示。早在一百多年前，西方经济学家就开始关注金融体系对经济增长的作用，认为一个运行良好的金融体系，在经济增长中发挥着不可替代的重要作用。然而，20世纪90年代以来相继出现日本房产泡沫破裂、墨西哥金融危机、东亚金融危机、巴西金融危机等程度不等的市场震荡，人们开始重新思考金融发展与经济增长之间的关系，直到2008年美国次贷危机的爆发将"金融发展过度"的讨论推向了高潮。本章通过总结西方发达国家的经验，发现金融诅咒的爆发往往具有以下征兆：（1）债务规模迅速扩大，杠杆率不断攀升；（2）金融投机泛滥，商品过度金融化；（3）金融机构盲目扩张、关联复杂，以至大而不能倒；（4）就业过度金融化，教育显现金融热；（5）货币资金空转，金融体系自我循环。而"金融诅咒"带来的结果是抑制经济增长、诱发金融危机、左右政策制定和扩大收入差距。本章针对中国的现实条件，提出五点启示：一是高度重视高杠杆累积的潜在风险，防范系统性金融风险的发生；二是高度重视金融过度发展带来门槛效应，谨防金融过度发展；三是改善金融资源错配，提高全要素生产率；四是抵制金融投机过度，维护市场稳定秩序；五是调整财税政策，缩小收入分配差距和分配不公。

第五章金融发展过度对经济增长的影响：金融与实体经济失衡的视角。尽管从金融总量和金融发展深度等指标来看，中国与发达国家还有相当大的差距，金融发展是不充分不成熟的，但是金融与实体经济发展之间却出现了严重的失衡，主要表现为金融与实体经济发展脱节、金融服务实体经济的质量和水平不高。然而，鲜有人就金融与实体经济失衡对经济发展的负面效应给出可靠的估计。该章通过模型构建和实证检验来尝试回答该问题，研究发现人才的稀缺是金融部门与实体经济部门之间存在负外部性的重要原因之一，并且不同于前人研究金融发展的绝对程度对实体经济发展和经济增长的作用，本研究重点考察金融发展的相对程度，即金融发展与实体经济发展速度差距在金融发展过度对经济增长影响中的调节作用，进一步通过机制检验发现人力资本的提高、直接融资渠道的扩张，会缓解并改善金融与实体经济失衡所带来的负面效应。

第六章金融发展与全要素生产率促进效应及作用机制检验。实现经济高质量发展的落脚点在于推动全要素生产率提高。在后危机时代，就绝大部分发达国家和发展中国家而言，财政政策和货币政策的刺激效果捉襟见肘，不足以帮助国家重振经济活力。并且，随着一国不断靠近全球技术前沿（Global Technology Frontier），单纯的技术模仿已经失去了促进经济增长的显著作用，只有新一轮的创新才能够带动国家经济的再一次腾飞，这一点已经从美国和日本的不同发展道路上明显体现出来，而对于中等收入国家来说，提升创新能力是走出中等收入陷阱的唯一路径。无论是世界发达国家恢复经济增长，还是中国等亚洲国家走出中等收入陷阱，研究金融发展促进创新的有效机制，都是新时代的重要历史使命。因此，本章利用2002—2015 年中国省际层面数据，借鉴郑文（2014）的研究框架，从间接融资渠道和直接融资渠道的角度出发，探索金融发展对全要素生产率的影响，并加入人力资本、创新投入以及长期投资与金融发展的交互项，研究金融发展与全要素生产率的作用机制。

第七章金融发展与收入不平等的关系及作用机制检验。金融与实体经济失衡在于两部门之间存在人才竞争关系，而收入不平等通过制约教育投资等一系列途径限制了全社会人力资本的提升，因此，通过金融发展降低收入不平等是缓解金融与实体经济失衡的有效途径。而且，促进城乡间、区域间的均衡发展，尤其是缩小收入差距，提升中等收入群体比重，是"十三五"期间完成全面建设小康社会宏伟目标的重要内容之一，是解决经济社会发展不平衡不充分的重要方面。因此，本书在前人研究的基础上，研究金融在改善收入分配方面的作用，尝试从"投资领域分割"和"多级信贷约束"视角切入，构建模型，考察金融发展对收入不平等的微观影响机制，进而结合中国 2002—2013 年省际层面的经验数据，考察金融发展对收入不平等的具体影响。研究金融发展对收入不平等影响的微观机制，并检验二者之间的关系，既可以建立金融体系和收入分配之间的理论关系，亦可为收入分配领域的改革提供参考依据。

第八章金融发展对收入贫困的影响及作用机制检验。作为中等偏上收入国家的发展中大国，改善收入分配不仅仅包括降低收入不平等程度，还包括脱贫减贫工作。本书依托中国新时期的宏观背景，在已有研究基础上，探索新阶段下金融发展对收入贫困的影响，并着重考察中国经济步入新常态时期金融发展影响收入贫困的内在机制。第一，不同于前人一般性研究，本章以当前中国减少和消除贫困的时代背景为切入点，着重考察经济新常态环境下的金融发展对中国减贫任务的影响；第二，利用 2010—2015 年省际层面的经验数据，检验新的扶贫环境下金融发展在消除收入贫困方面的积极作用；第三，采取中介效应模型检验金融发展影响收入贫困的作用机制，尝试剖析二者之间的微观联系。

第九章资产证券化的宏观经济效应分析。资产证券化是一种重要的直接融资方式，2016 年中国政府工作报告提出要"深化投融资体制改革，推进股票市场和债券市场的改革，提高直接融资比重，探索基础设施等资产证券化，扩大债券融资规模"。资产证券化作为一种结构性融资工具具有拓展经济主体的直接融资渠道、降低融资成本、实现表外融资、增强资产的流动性、提升资产负债管理和应用范围广泛等诸多优势。在本章中，我们在 Bernanke 和 Blinder（1988）提出的 CC-LM 模型基础上，引入资产证券化因素，从理论角度考察了资产证券化的宏观经济效应的主要内在机制，并利用多国面板数据，从实证角度研究资产证券化对广义货币供应量、信贷市场和 GDP 增长的影响效果及作用机制，发现利率作为货币政策中间传导机制的实施效果十分显著。最后，针对发展资产证券化和防范相关风险提出了政策性建议。

第十章结论及展望。总结了全书的主要结论，提出了完善金融体系，深化金融体制改革，加快金融业双向开放，提高直接融资比重，以促进实体经济发展、提高全要素生产率，改善收入不平等、降低减少贫困的政策建议，并对本书的不足以及未来的研究方向做了进一步展望。

二、研究方法

1. 文献研究法

本书就金融发展与经济发展（经济增长、收入分配）相关的国内外文献进行了梳理，试图准确、全面地把握相关理论和实证研究的方法、结果。并对当前及未来的新的研究思路进行总结。在此基础上，形成本书的研究框架。

2. 定量研究方法

一方面，本书大量运用了现代经济学的理论方法。例如，第五章，在

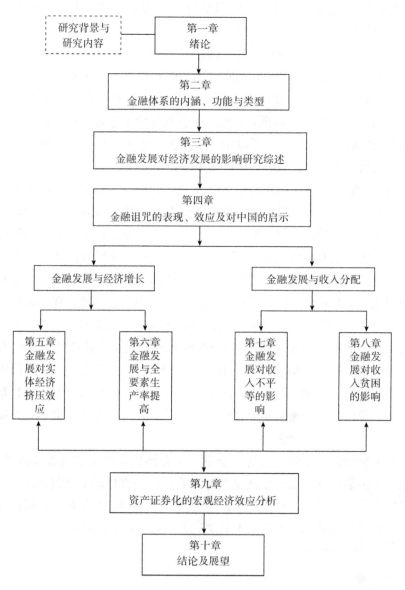

图 1.3　本书分析脉络

Holmstrom 和 Tirole（1997）的金融中介与信贷约束模型基础上，通过加入新的变量——高素质人才竞争，构建了刻画金融部门对实体经济部门挤出效应的模型，并通过模型推导出金融发展与实体经济发展的均衡点；第七章，在 Holmstrom 和 Tirole（1997）借贷门限约束模型的基础上，借鉴

Galor 和 Zeira（1993）关于信贷市场不完美的论述、Graham 和 Temple（2006）关于经济增长的多重均衡解释以及李志阳和刘振中（2011）在考察金融发展影响收入差距时的分析思路，将前人的两级信贷约束扩展为多级信贷约束来构建模型，考察金融发展规模（信贷规模）对收入不平等的影响；第九章，在 Bernanke 和 Blinder（1988）提出的 CC-LM 模型基础上，引入资产证券化因素，从理论角度考察了资产证券化的宏观经济效应的主要内在机制。

另一方面，在研究金融发展与实体经济失衡、金融发展与收入不平等以及金融发展与全要素生产率提高等章节中，本书应用了多种现代计量经济学的实证研究方法，主要包括最小二乘法（OLS）、随机效应估计、固定效应估计、动态面板差分 GMM 和系统 GMM 估计（系统广义矩估计法 system generalized method of moments，sys GMM）对相关问题进行了科学探索和检验，尤其是利用了中国面板数据，对中国的实际情况进行了准确的分析。

第五节　本书的创新

尽管金融发展和经济发展的相关研究，在学术界由来已久且热度不减，但围绕中国新常态背景，进行系统性研究的著述并不多，尤其是将新常态时期的经济发展重点分解为经济增长和收入分配两方面来进行考察的更是寥寥，而且从理论和实证两方面就资产证券化的宏观经济效应进行客观分析的也不多见。本书立足经济新常态阶段的现实需要，从金融发展角度出发，以中国实践为研究对象，考察金融发展对中国经济增长和收入分配的具体影响，具有一定的创新性。

本研究的逻辑起点在于金融是经济发展的功能核心，在经济发展进入新常态的背景下，需要发挥金融配置资源的作用，推动中国实现经济发展质量变革、效率变革、动力变革，提高全要素生产率，同时要使改革成果更多地惠及普通群众。因此，研究把着眼点分别放在金融与实体经济关系上，放在金融提高全要素生产率上来，落脚点放在改善收入不平等，推进金融脱贫减贫，实现精准扶贫目标上来。本书的主要创新点包括以下几个方面：

第一，与前人研究金融发展的绝对程度对实体经济发展和经济增长的作用不同，本书重点考察金融与实体经济发展的相对程度，即金融发展与实体经济发展不均衡对经济增长的作用，发现人才的稀缺是金融部门与实体经济部门之间存在负外部性的重要原因之一，进一步通过机制检验发现人力资本的提高、直接融资渠道的扩张，会缓解并改善金融与实体经济失衡所带来的负面效应。

第二，丰富了国内关于金融发展与全要素生产率之间关系的研究。现有国内大多数文献对金融发展与全要素生产率作用机制的认识和探讨多从动员储蓄、分散风险、降低信息交易成本、推动资金流向更有效率的项目以及促进创新的角度进行分析，而鲜有文献系统研究人力资本、创新投入以及长期投资在该过程中的作用。同时，区别于以金融发展规模和金融发展效率来考察金融发展与全要素生产率之间关系的做法，本书结合中国高储蓄率、银行主导、股票市场快速发展的金融结构特点，分别考察了金融机构存款、金融机构对私人部门信贷以及股票市场交易额三个指标对全要素生产率的作用；而且，本书以金融危机发生时间为分界点，考察了金融危机发生前后，这二者之间关系的变化，这是以前文献中较少关注的。

第三，剖析了金融发展与收入不平等之间的关系和作用机制。本书从金融发展的角度出发，将前人的一级信贷约束扩展为两级信贷约束来构建模型，分析金融发展与收入不平等之间的关系，并利用中国的面板数据，对中国当前金融发展与收入不平等关系的现状进行了实证检验，探索了提高居民收入、放松教育投资的资本约束来提高人力资本的作用机制。

第四，探索中国新阶段下金融发展对收入贫困的影响，并利用中国 2010年以来的省际面板数据，通过中介效应模型考察了金融发展影响收入贫困的内在机制，揭示新的扶贫环境下金融发展如何更有效地消除收入贫困。

第五，从宏观层面研究资产证券化与经济增长、信贷规模、货币政策传导机制的影响，在 Bernanke 和 Blinder（1988）提出的 CC-LM 模型基础上，引入资产证券化因素，从理论角度考察了资产证券化的宏观经济效应的主要内在机制，对于资产证券化宏观经济效应的实证检验建立在理论模型分析基础上，相比仅从回归分析和对比分析角度出发的检验，使用面板数据利用系统 GMM 估计结论更为准确可靠。并且，本书在资产证券化对货币市场、信贷市场和经济增长的实证检验基础上，发现利率作为货币政策中间传导机制的实施效果十分显著。

第二章　金融体系的内涵、功能与类型

第一节　金融体系的内涵

一、金融体系的释义

金融体系（Financial System）的概念在学术界并没有统一的定义。例如，陈雨露、马勇（2013）认为，"金融体系发展至今，已经形成一个非常复杂的系统，既包括体系内部的金融工具、金融中介和金融市场，也包括与体系外部不同的经济主体（包括市场主体和监管主体）之间的各种往来关系"。

马宇（2006）认为，"金融体系是一个经济体中资金流动的基本框架，它是各种金融资产、各方参与者、各类交易方式和政府金融监管形式的综合体"。

贝塔菲朗（1973）率先从系统论的观点，将金融体系看作一个由多种类型的金融组织有机组成的开放的复杂系统。在长期演化过程中，这些金融组织通过相互作用形成内生规则，并且外部也会引导和施加某些强制性规则，整个体系中的金融组织在这些规则中活动，实现金融体系作为整体所应具有的经济功能。作为一个有机复杂体，金融体系功能的实现程度，不仅取决于其组成单位个体的健康程度和竞争力，同时还取决于内部组织之间的相互作用关系，即金融体系的内在结构。

张跃文（2010）认为，金融体系是相互联系着的金融机构、金融市场、金融产品和相关政府组织的总称，按照服务区域的大小，可以分为地方性金融体系、国家金融体系和国际金融体系。它是一个经济体中资金流动的基本框架，是市场参与者（金融机构，包括交易主体和监管主体）、交易场所（金融市场）、交易工具（金融产品）、交易制度等各种金融要素构成的庞大综合体。

但本书中，对金融体系的界定我们基本采用国内流行科教书的定义，"金融体系是一个极其庞大的复杂系统。现代金融体系有五个构成要素：（1）由货币制度所规范的货币流通；（2）金融机构；（3）金融市场；

（4）金融工具；（5）制度和调控机制。"（黄达，2014）。需要指出的是，由于翻译的问题，国内还有不少金融学者将金融体系称为金融系统。

传统上，很多学者将金融体系进一步划分为金融机构体系、金融业务体系、金融市场体系和金融监管体系进行研究。但从五个构成要素来看，金融体系主要包括货币流通、金融机构、金融市场、金融产品、金融调控监管体系五个方面。

（1）货币流通。如果把经济体比作一个生命，那么作为计价单位和支付手段的货币，就是这个金融体系的血液。货币制度所规范的货币流通，是指货币作为流通手段和支付手段在经济活动中所形成的连续不断的收支运动，是金融体系得以发展的基础要素。

货币流通主要是通过银行进行，在高效率的金融体系当中，国家往往发行或者回收少量的基础货币，就可以通过银行的信用扩张来增加或是减少社会中的流通货币数量。

（2）金融机构是主要的金融市场参与者，是指专门从事货币信用活动的中介组织，主要包括银行类金融机构及非银行类金融机构。前者包括政策性银行、各类商业银行、村镇银行以及农村信用合作社；后者包括证券公司、保险公司、信托公司、财务公司等。

（3）金融产品，又称为金融工具，是金融机构和金融市场上交易的对象，主要体现为一种信用关系的契约。在特定的金融市场上，会有相对应的金融产品作为金融交易的载体。这些金融产品既因其法律效力能够保护投融资活动受到法律保护，又因其流动性能够充分满足投融资双方对于资金的需求，最终能够克服借贷双方在期限、数量方面存在的障碍。

金融产品一般包括储蓄、证券、基金、理财、保险、期货、黄金、外汇和金融衍生品等。通常而言，金融产品的丰富与发展，是一国金融发展程度以及金融创新程度的重要特征。

（4）金融市场是金融工具发行和交易的场所，是资金流通和运转的空间。通过金融市场的制度设计，引导资源合理配置，能够充分发挥资金在经济增长中的作用。金融市场上众多的投融资者根据自己不同的融资需求和融资条件，形成了不同的交易区域，投融资者在特定的金融交易场所内完成金融交易。重要的金融市场包括货币市场、股票市场、债券市场、外汇市场、黄金市场、期货市场和衍生品市场。

（5）金融调控是国家宏观调控体系的组成部分。一方面，通过调节货币政策，保持币值稳定、防范通货膨胀、促进充分就业以及经济增长；另一方面，合理安排金融发展战略，稳步推进金融要素市场化，提升金融实力和竞争力。金融监管是一种政府规制行为，是政府通过特定机构对交易行为和交易主体进行一定的限制和规定。从狭义上来说，金融监管是中央银行以及监管当局依据法律法规对金融机构和金融业务实施的监督管理。从广义上来说，除此之外，还包括金融机构自身的内控及稽核，同业自律性组织的监管、社会中介组织的监管等。

在现实中，世界各国具有不同的金融体系，很难用一个相对统一的模式进行概括，甚至同一个国家的金融体系在不同时期也在不断发展和变化。如德国，大银行在金融体系中起着支配作用，金融市场力量薄弱；而在美国，金融体系主要依靠金融市场，银行的集中程度较小。更多国家的金融体系则是介于两者之间，其最终形式由多方面因素共同决定形成。

二、金融结构

金融结构是学术界使用最频繁的一个词语。那么金融结构与金融体系是一个什么关系呢？

一般来讲，"金融市场和银行中介在金融体系中所占地位的不同称为金融结构"（马宇，2006）。金融结构是指构成金融总体的各个组成部分的规模、运作、组成与配合的状态。一般来说，一个国家或地区的金融结构是金融发展过程中由内在机制决定的、自然的、客观的结果，或金融发展状况的现实体现，在金融总量或总体发展的同时，金融结构也随之变动（王广谦，2002）。金融结构反映了一定时期各种金融工具、金融市场和金融机构的形式、内容、相对规模和比例，也反映一定的金融功能及效率。从存量角度看，金融结构反映的主要是金融资产与实物资产在总量上的关系；金融资产与负债总额在各种金融工具中的分布；金融资产与负债在各个金融机构和非金融经济单位中的分布；金融资产与负债在各个经济部门的地位；金融流动对社会资源配置及对经济增长的影响等（李量，2001）。因此，我们将金融结构视为金融体系的一个特征属性。由于经济金融在发展过程中很大程度上是由政府主导，并受其制度安排的强烈约束。因此，本书倾向于将金融结构理解为在特定的经济制度安排背景下，构成金融体系的各种金融成分的规模、比例变动和相互作用方式，是金融机构、金融工具、金融市场和金融资产在结构意义上的总和。金融结构对实体经济发展的影响正是在特定制度安排的约束下，通过金融中介、金融市场配置要素资源和金融服务来影响企业、行业和产业进而整体经济的运行与发展。

对于金融结构的调整，分为主动式调整和被动式调整。前者是指因经济金融发展引发的金融体系结构在时间序列上的调整，后者则指通过变革金融制度安排来主动引导金融结构朝着不断优化、合理的方向调整。此外，本课题重在分析在金融制度安排的作用下，中国的金融结构如何在调整中通过金融资源、金融服务对实体经济的发展产生影响。

在不同的国家和不同的社会发展阶段，金融结构的具体表现形式也不尽相同，并且随经济社会形势的发展而不断变化。从根本上讲，经济结构决定金融结构，但金融结构并非是完全被动地取决于经济发展状况，它对社会经济结构和社会经济发展具有能动的反作用。金融机构的发展变化，也会在一定程度上影响经济结构的发展和变化，特别是经济发展的阶段越高级，金融结构的影响也就越大，并在一定程度上起决定作用。因此，金融结构不仅是经济发展和金融发展状况的具体体现，而且对一国或一个地区的经济与金融的发展具有重要的决定作用和影响力。金融结构状况，对于金融功能的发挥有着极为重要的影响。通过金融结构的优化，可以提高金融对经济发展的支撑功能，可以提高金融体系的运转和经济增长的效率，可以优化资金配置与改善资金结构，可以增强金融体系的稳定性和抵御金融风险的能力，从而保证宏观经济持续、稳定、协调发展。因此，对于一国金融结构的研究，不能仅仅限于探究金融组织结构和相对结构在某一时点上的存在和表现状况。更重要的是，要在把握金融体系功能的基础上，探究金融结构与经济增长、经济效率提高之间的关系，以及金融结构与金融危机防范的关系，使金融结构优化服务于经济增长和经济稳定。

三、金融中介

金融中介是一个涵盖范围相对广泛的概念。从传统理论上来看，金融中介主要是针对储蓄转化为投资的中介而言的，也就是说，凡是能导致货币资金在不同经济主体之间转移或者融通的金融服务活动和相应的金融机构，都称为金融中介。本书中所指金融中介主要为其静态概念，即专门从事金融性服务活动的机构，包括商业银行、投资银行、保险公司、证券公司、证券交易所、信托公司、养老基金等。

在一个发达的金融体系中，经济主体所从事的主要金融活动离不开金融中介的服务，所不同的是每一种金融中介分别以其特殊的角色、特殊的服务方式和工具等服务于经济主体的金融活动。在直接金融活动中，资金供给者和需求者通过互相买卖有价证券等直接实现资金的融通，金融中介为他们提供相应的信息、设施、场地、信贷服务、结算服务、投资服务、保险服务、信托服务等金融性服务。在间接金融活动中，资金的供给者和需求者不直接进行交易，而是通过商业银行、储蓄机构、保险公司等金融中介作为债务人和债权人介入其中，为交易的实现提供信用媒介、安全保障和支持系统等。

传统的金融中介功能理论强调了金融中介在降低交易成本与减少信息不对称方面的重要作用，并将之作为金融中介存在的基础。而随着经济的发展和理论的突破，经济学者开始注意到金融中介在风险管理、降低参与成本以及价值增加等方面发挥的重要功能与作用。从过去将金融中介功能视为"消极"的将储蓄转化为投资，逐渐转变为金融中介在转换资产的过程中发挥"积极"的作用，可以为最终储蓄者和投资者提供增加值的服务。风险、不确定性、信息成本和交易费用构成了金融中介演化的客观要求，而制度、法律和技术则构成了中介演化的现实条件。

由于金融中介克服了货币供求双方在资金供求的数量、期限、利息条件、信用状况等诸多方面互相不了解和信任的矛盾，因而极大地促进了货币资金由盈余者向短缺者之间的转移，同时也促进了现代经济生活的发展。

第二节　金融体系的功能和作用

金融体系的功能主要体现在对经济社会发展所起的推动作用，可以说它是研究金融与经济相互关系的主轴、核心与关键。随着金融发展及金融创新，金融体系与实体经济之间的关系越来越紧密，对金融体系的功能探讨，也日渐成熟。

一、金融体系功能的传统观点

金融发展通常是指金融体系朝着好的方面变化，体现在金融活动的数量与质量的提高，体现在金融中介或金融市场规模的扩张、功能的强大或者复杂程度的提高上。

学术界最早系统地进行金融与经济之间关系研究始于格力和肖（1955、1967、1969），他们从初始经济的角度着手分析，认为金融资产单一化不利于吸引储蓄，因此会限制经济增长，要冲破这一限制，必须进行金融创新。Patric（1966）给出了一个分析框架，区分了"需求跟随型"和"供给引导型"两种不同的金融模式。并且指出供给引导型的金融发展模式在经济增长初期处于主导地位，而且这种模式使得更多专注于技术革新的投资成为可能，一旦经济发展进入成熟阶段，需求跟随型的金融发展将成为主流。

对金融经济关系的开创性研究来自 Goldsmith（1969），他采用金融中介资产对 GNP 的比重这一指标代表金融发展的水平，并收集了 35 个国家 1860—1963 年的数据，发现金融和经济增长之间存在着某种联系。麦金农（1973）通过实证研究，发现较好的金融系统能够支持更快的经济增长。并且，进一步提出了"金融抑制理论"，指出发展中国家存在广泛的金融抑制现象，即这些国家的金融市场是不完全的，大量中小企业被排斥在金融市场之外，而不得不依赖内源融资进行技术创新和发展，而大量社会资本却被错配给了那些低效率的公司和产业部门，从而减缓了技术进步和经济增长速度。肖（1973）进一步提出金融深化的概念，即金融资产以快于非金融资产积累的速度积累。他指出，发展中国家的经济改革首先应该从金融领域入手，减少人为因素对金融市场的干预，借助市场力量，实现利率、储蓄投资和经济增长的协调发展。

尽管学术界对于金融与经济之间的关系已经进行了相当深入的研究，但是并没有从概念上清晰界定金融体系的功能。Levine（1992）首先研究了金融中介体系与实体经济之间的关系，认为这二者之间是相互促进的。当经济发展水平较低时，经济体会选择相对简单的金融体系类型，其主要功能是动员储蓄、分散投资风险以及风险流动性管理。随着经济发展水平的提高，金融体系形式也将更加复杂，其功能也更加完善和强大，从而能够推动经济更加有效地运转。

在此基础上，莫顿（Merton，Robert C，1995）总结了金融体系的基本功能，他认为金融体系在时空上便利经济资源的配置和拓展，金融体系有六大核心功能：为货物和服务贸易提供支付系统；为大规模、技术上不可分的企业提供融资机制；为跨时空和跨产业的经济资源转移提高路径；

为管理的不确定性和控制风险提供手段；提供有助于协调不同经济领域分散巨册的价格信息；提供处理不对称信息和激励问题的方法。时隔两年，列文（Levine，1997）从交易成本的角度解释了金融体系的作用，释放了新古典经济理论关于不存在交易成本的模型假定，他认为交易成本产生了市场摩擦，金融中介的作用就在于降低交易成本，减小摩擦，起到促进资本积累和资本配置的作用。他还总结了金融体系的五大功能：提高转移风险的便利、配置资源、监督公司管理者和强化所有者对公司的控制、将储蓄转化为投资以及提供商品和服务贸易的便利性。

综合莫顿和列文的分析，我们可以总结出金融体系主要有以下五大功能：动员储蓄、风险管理、促进公司治理、信息揭示、便利商品与劳务交易。通过这些功能，金融体系最终实现资源优化配置，从而促进资本积累和技术创新，推动实体经济增长。

（1）动员储蓄。动员储蓄的成本包括从单个不同储户聚集储蓄的交易费用、克服因储户对于信息不对称的担忧。金融中介可以借助于其卓越的信誉或者政府支持，充当储蓄流动的媒介。许多具体的金融安排在发挥着减轻上述储蓄流动成本并方便储蓄聚集的作用。比如人们所熟知的银行储蓄合约和股份公司制度，都是聚集资金的有效金融安排。通过这些金融安排，成千上万的投资者能够很信任地把钱交给金融中介或者投资到公司里。较好的储蓄流动除了对资本积累产生直接影响之外，还能够进行资源配置、激励技术创新。

（2）风险管理。我们主要考虑金融体系在消除或者减弱流动性风险和非系统性风险方面的作用。由于流动性风险的存在，投资者不愿意将资金投资于长期高收益项目，而是偏爱短期投资。从而出现低流动性、高收益的长期投资不足的问题。但是，如果存在金融市场，受到流动性冲击的投资者就可以将长期证券出售给其他投资者，从而摆脱流动性风险的困扰。此外，金融体系还通过风险交易和风险分散机制减少投资者的非系统性风险。金融工具、金融技术和金融市场的不断创新为市场参与者之间的风险交易、风险共担提供了低成本、高效率的风险管理工具。

（3）促进公司治理。金融体系能够为投资者提供适当的金融安排，使得投资者减少事后监督和企业控制成本。与每一个投资者对企业经理的直接监督相比，通过金融中介机构的代理监督可以减少监督成本。除此之外，股票市场也是改善企业治理结构的有效手段。在信息不对称的环境下，不能保证作为股东代理人的企业经理能够忠实于股东利益。如果股票市场是有效的，股票的价格就能准确反映所有信息，股东可以将经理的报酬与股份联系起来，从而使企业经理与股东目标一致。如果在发育良好的股市上，公司接管可以顺利完成。由于接管后表现欠佳公司的经理会立即被解雇，因此，接管威胁也有助于激励管理者与股东利益保持一致。

（4）信息揭示。金融体系的信息揭示功能对于经济增长有着重要作用，因为信息揭示不仅降低了资本积累的成本，而且帮助投资者以低信息成本寻找到最优价值的公司和经理，这不仅会使资源配置更有效率，而且会推动经济更快发展。金融中介还通过识别最优机会在新产品、新工艺上取得成功的企业家而提高技术创新水平。股票市场也能够影响公司信息的获取和传播。当股市变得规模更大且更具有流动性时，市场参与者就有更大的激励去获取公司信息，因为获取信息的人更容易利用其私有信息获利。大的、有流动性的股市可以促进信息的获取，而且又能提高资源配置进而促进经济增长，关于股市对提高公司信息生产与传播方面的重要性还存在争议。股票市场通过公布的价格进行信息整合与传播，经济人即使不对企业、经理及市场状况进行直接评价，也可以通过观察股票价格获得信息。

（5）便利商品与劳务交易。专业化是生产效率提高的主要动力，专业化程度越高，工人们越有可能发明更好的机器设备或者扩展生产过程。而低交易成本会导致更高程度的专业化，因为专业化要求更多的商品和劳务交易发生。货币而非物物交换更能降低交易成本，促进技术创新。信息成本也促进了货币的产生。因为对各种商品估价是有成本的，物物交换成本非常高。而一个非常容易辨认和衡量的交换媒介，比如货币就可以大大降低此类成本。现代理论家一直试图把交易、专业化和创新之间的联系阐释得更为清楚。更多的专业化要求更多的交易，而每一笔交易都是有成本的。金融安排降低了交易成本，会促进更大的专业化。通过这种方式，市场推动交易刺激了生产率的提高。生产率提高还会反馈到金融市场的发展。如果金融市场的成本是固定的，则较高的人均收入意味着相对较低的人均固定成本。这样，经济发展又促进了金融市场的发展。

二、金融体系功能的新观点

对于金融体系到底具有哪些功能，还存在一些不同的观点。Allen 和

Gale（2001）认为金融体系的功能主要是风险分散、信息提供、企业监控等。张晓晶（2002）从实体经济和符号经济的角度对金融功能进行了界定。孙立坚等（2003）认为金融体系有六大基本功能：投融资服务、流动性供给、风险分散、价格发现、信息传递和公司治理。他们从金融微观传导机制的角度界定了金融功能，并利用数据进行实证检验，探讨中国金融体系的功能缺陷。白钦先（2003）曾指出金融功能主要包括资源配置功能、资金媒介功能、资产避险功能、产业结构调整功能、引导消费功能等。劳平（2004）则从功能演进的角度提出了自己对金融功能的理解。徐良平、黄俊青和覃展辉（2004）基于功能观对有关金融与经济关系的研究进行了梳理，提出了功能分析的概念性框架，指出金融功能分为基本功能和辅助功能，其实现机制包括交易和支付清算、资本形成、创新等。这里的实现机制与前面对金融功能的具体表述存在许多重叠，可以视为另一种形式的表述。

虽然不同的学者表述的金融功能不完全相同，但这只是认识角度与层次深浅的差别，其实质性的内容却是基本一致的，这就为后续研究提供了一个较为统一的基础或平台。白钦先和谭庆华（2006）对金融功能进行了重新界定，他们认为金融功能具有客观性、稳定性、层次性和稀缺性四大基本特征，其本质含义是金融对经济的功效、效用、效应或作用，可以说它是研究金融与经济相互关系的主轴、核心与关键，金融功能的发展与金融的发展、经济的发展具有极大的相关性、协同性和一致性，是质性金融发展的直接结果和观测器。由于各种金融功能并不是杂乱无章地被堆砌在一起的，而是处在不同层次上并具有一定的内在逻辑关系，他们把金融功能划分为四个具有递进关系的层次并重新界定：基础功能、核心功能、扩展功能、衍生功能，并用一个图形来初步表示金融功能不同层次之间的关系。

图 2.1 揭示了随着金融发展程度提高，金融功能不断扩展和提升，实现了从基础功能到核心功能，再到扩展功能，最后到衍生功能的演进过程，这显示出一种递进关系，即在前面功能的基础上当经济金融发展到一定程度，后面功能的重要性才逐步显现出来。同时，递进关系也意味着这四个层次并不是截然分开的，而是有着千丝万缕的联系甚至某些重叠，例如，核心功能和扩展功能在时间上具有极大的重叠性，二者合在一起可以

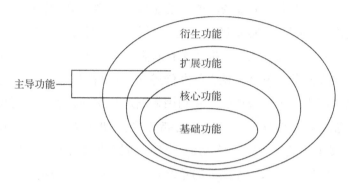

图2.1　金融体系功能示意图

称为金融的主导功能。

　　1. 基础功能：服务功能、中介功能

　　金融体系的基础功能是服务功能和中介功能。也就是说，金融产生以后在相当长的历史时期内主要是为经济社会活动提供交易、兑换、结算、保管等服务功能以及进行简单资金融通的中介功能，最终都是为了便利与促进价值的运动。

　　服务功能主要是指金融为整个经济运行所提供的便利，包括为现实经济活动甚至社会活动提供一个统一的度量标准（就是作为最基本金融要素的货币）、为拥有剩余物质财富的人提供跨时消费的可能途径（例如通过贮藏货币或其他金融工具）、解决物物交换的需求双重巧合困境从而便利交易（一般等价物、提供流动性）、为大宗跨地交易提供汇兑结算服务、为富有者提供财富保管服务等。服务功能是金融最基础的功能，货币从而金融正是因此而产生，也是其存在和发展的基础。

　　中介功能主要是指金融作为中介机构实现的简单的资金融通，即在资金赤字者和资金盈余者之间进行调剂。由于资金赤字者和资金盈余者的并存几乎是经济的一种常态，那意味着金融的中介功能也属于基础功能。

　　2. 核心功能：资源配置

　　金融体系的核心功能是资源配置功能。如果从广义上来理解资源配置，货币的价值尺度功能（价格）本身就是一种重要的资源配置功能，前面的中介功能也可以视为资源配置功能的萌芽状态，而资源配置功能可以理解为金融中介功能的复杂化和主动化。中介功能只是便利价值运动，而资源配置功能则直接是引导价值运动实现资源有效配置。资源配置功能主

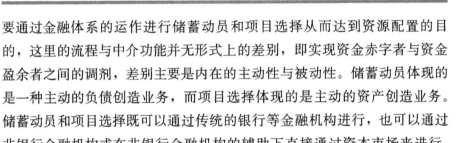

要通过金融体系的运作进行储蓄动员和项目选择从而达到资源配置的目的，这里的流程与中介功能并无形式上的差别，即实现资金赤字者与资金盈余者之间的调剂，差别主要是内在的主动性与被动性。储蓄动员体现的是一种主动的负债创造业务，而项目选择体现的是主动的资产创造业务。储蓄动员和项目选择既可以通过传统的银行等金融机构进行，也可以通过非银行金融机构或在非银行金融机构的辅助下直接通过资本市场来进行。金融体系通过其资源配置功能，建立起整个经济中资金赤字者（需求者）与资金盈余者（供给者）之间的联系，调剂整个社会中资金的余缺（或不平衡），以达到对资金（进而对实际经济资源）的更有效利用进而提高整个社会的福利水平。更有效一方面体现在通过金融体系动员储蓄把社会上的闲散资金聚集起来，使资金的利用率大大提高，另一方面体现在金融体系对好项目的选择上，使资金的使用效率大大提高。

3. 扩展功能：经济调节、风险规避

金融体系的扩展功能是经济调节功能和风险规避功能。扩展功能并不是意味着在核心功能充分发展以后才出现的，而是金融功能在横向上的一种扩展。其实从历史过程进行考察，两者在时间发展顺序上具有较大的重叠性。经济调节功能从严格意义上来说并不是金融的功能，而是通过金融手段发挥的功能。在金融的核心功能显现出来以后，尤其是随着经济金融化的不断发展，金融在整个社会资源配置过程中日益居于主导地位，通过金融手段对经济进行调节便显得那么有效和直接。具体来说，金融的经济调节功能主要是指货币政策、财政政策、汇率政策、产业倾斜政策等通过金融体系的传导实现调节经济的目的。另外，政府也可以通过设立专门的政府金融机构（主要是政策性金融机构）引导经济发展，实现特定的战略目标与目的。由于经济金融活动本身具有极大的不确定性，因而可以说从经济金融活动产生之日起就面临着如何规避风险的问题。

金融体系的风险规避功能主要是利用大数定理把风险分散化、社会化，例如，货币便利与促进了价值运动，体现了初步的风险规避功能；股票除了筹措大额资金以外，还可以把投资风险进行分散，由众多的投资者或股东来共同承担投资风险；票据承兑、信用证、备用信用证等也都是为了避免经济交易中的风险；保单则体现了更为明确的风险规避功能。以上这些金融工具或金融契约以及相配套的金融机构，如保险公司、信用担保公司等金融要素则是实现风险规避功能的具体手段。

4. 衍生功能：风险交易、信息传递、公司治理、引导消费、区域协调、财富再分配

衍生功能是金融体系为了进一步提高资源配置效率而在微观与宏观两个层面的"衍生"，其内容比较丰富，包括风险交易、信息传递、公司治理、引导消费、区域协调、财富再分配等功能，并可以概括为（微观）风险管理和宏观调节两类。风险管理主要包括风险交易、信息传递、公司治理等，而宏观调节主要包括财富再分配、引导消费、区域协调等。

风险来源于知识或信息的缺乏也即信息不对称，信息不对称会使整个经济的资源配置发生扭曲从而降低资源配置效率。而金融通过相关的金融工具、金融机构、金融市场和金融交易可以有效地回避风险，并实现风险的主动管理。例如，上市公司的投资者与管理层是一种委托代理关系，由于双方掌握信息的不同而容易出现内部人控制，损害股东及广大投资者的利益，而一个有威慑力的股权收购市场，加上强制性的信息披露制度，就可以较为有效地解决上市公司的内部人控制问题、改善公司治理结构。再例如由于未来汇率的不确定性，进出口贸易中收款的时滞风险就可以通过一项与实际交易相对冲的期货交易从而把未来的损益固定下来以消除风险。随着金融工具和金融市场的发展，金融体系已不再是被动地去管理风险，而是主动地进行风险的分拆与打包。

经过对金融体系、金融结构如此漫长的研究和争论，无论是学术界还是实务界，已经达成共识，即金融是现代经济的核心，金融结构深刻地影响着经济运行、经济增长以及经济结构。金融结构对经济的影响，源于金融体系利于储蓄流动、资源配置、风险管理、公司治理及产品交换等功能。这些功能最终通过资本积累、投资、技术创新，推动经济增长。

三、现代金融体系的功能

党的十八大报告提出，要深化金融体制改革，健全促进宏观经济稳定、支持实体经济发展的现代金融体系。现代金融体系以金融市场（主要是资本市场）为基础和核心，更加强调市场的主导作用，其功能主要表现在以下四个方面。一个是宏观调控的功能强化。创新传统货币政策工具，发挥货币、财政及产业政策的合力调控作用，引导和促进经济健康发展。二是金融机构的功能提升。金融服务实体经济是现代金融体系的本质要

求。一方面通过金融机构的合理布局，鼓励民间资本参与，扩大金融对实体经济的服务覆盖面和融资渠道；另一方面，通过推动大型金融机构完善公司治理，形成有效的决策和制衡机制。三是通过多层次资本市场的建设，同时增强直接融资和间接融资的效率。债券市场的建设、主板、中小板和创业板以及新三板、地方股权交易市场。四是要素价格市场化，继续推进利率市场化和汇率市场化，积极与国际资本市场接轨。

在莫顿和列文的观点中，金融体系的基本功能是资源配置，并且这几大功能是平行排列的。但是要深入理解现代金融体系，还需要更深入地去考察基本功能的实现机制以及制约条件，而金融功能的深层次体现，功能发挥的状况，往往体现为金融效率状况。

金融效率就是指金融部门的投入与产出，也就是金融部门对经济增长的贡献之间的关系。如果在一个金融体系中金融资源没有得到最优的配置，相反而是产生了大量的资源浪费、投融资双方付出高昂的成本与代价，对经济增长没有发挥应有的贡献，甚至制约了经济增长，显然这样的金融结构是缺少效率的，不是一个合理的金融结构。按照不同金融机构在经济中的作用，可以将其划分为宏观金融效率和微观金融效率。宏观金融效率既包括微观金融运作对整个国民经济运行的作用效率，货币量与经济成果的比例关系，金融市场化程度和金融体系动员国内储蓄上的效率，也包括金融宏观调控效率。金融作用于经济增长，主要体现在投融资效率。因此，投融资的成本大小和价格的合理程度、金融资源的开发利用程度以及资金配置的优化程度等都是衡量投融资效率的主要指标。金融宏观调控效率，亦即货币政策效率，它体现了中央银行对货币和经济的调控能力。一般而言，金融效率越高的国家，中央银行对货币的调控能力就越强，预期目标与调控效果的偏离程度也就越小。微观金融效率主要是指金融机构的经营效率、发展效率和金融市场的运作效率等。衡量微观金融效率指标体系主要包括金融机构的盈利水平和业务增长率、金融机构人均资产持有量和人均利润水平、金融机构资产盈利水平、金融工具的数量和创新能力等。

同时，现代金融体系的功能有效发挥更加趋向于回归实体经济，注重金融体系与实体经济之间的关系。由于处于不同发展阶段的实体经济有着差异化的金融服务需求，只有金融结构体系与经济发展的各种内涵相适应，才能最大限度地发挥金融体系的功能，促进实体经济的有效发展。反之，当金融结构体系与经济发展需要不相吻合时，就有可能引发金融体系的低效运行，并进一步制约实体经济的发展。尤其是金融体系脱离实体经济而自我扩张和自我膨胀，严重超过了实体经济需要时，就会产生大量资金在金融体系内部空转，为金融危机的爆发埋下隐患。失去实体经济支撑的金融膨胀，必然是一种泡沫，其结果只能是泡沫破裂，经济崩溃。在经历了2008年的金融危机之后，世界各国都在反思实体经济与金融发展之间的关系以及金融体系的功能定位，重新推动金融资本向实体经济领域回归。

当前，在推进经济转型升级和深化金融体制改革的关键时期，深入探讨中国金融体系与经济发展方式转型的关联机制，构建与实体经济紧密结合的金融保障体系，对我国经济持续健康发展以及和金融发展和金融创新既是必要的，也是有利的。

从经济发展方式转型来看，由于经济转型和再平衡过程会降低经济增长速度，但同时能促进经济结构调整和创新；经济结构调整导致就业结构调整，贸易部门就业下降，非贸易部门就业增长加快，产业结构调整和技术创新加快，非贸易部门和中高技术产业在国民经济中的份额明显提高，在国际分工价值链中的地位提升。因此，在我国进入经济增速换挡期、调整转型阵痛期、前期刺激消化期的三期叠加的新常态时期，从提高金融服务实体经济的广度和深度两个维度入手，构建金融服务实体经济的支撑体系和保障体系，加大金融对相关领域的支持，利用金融手段加快改造提升传统产业、培育推进战略性新兴产业，加快发展生产性服务业，促进实体经济的存量调整和增量优化，促进金融体系与实体经济的适应性发展，是一个富有现实意义的论题。

第三节　金融体系的分类

世界各国的金融体系，没有统一的发展路径和模式，不同国家和地区的金融体系具有较大差异。将金融市场、金融机构、金融产品或金融工具等构成要素进行有效配置并形成相应的制度安排就是我们所说的金融体系，它规定了体系类的不同要素或成员间的行为准则与选择空间。金融体系可以通过降低交易成本和转移风险来实现帕累托改进，进而提高资源配置的效率。促进经济繁荣的金融体系是可持续发展的金融体系，而最终引致经济危机的金融体系，往往不具有可持续性。对于金融体系的分类，主流做法是依据金融体系的结构，将结构相似的划为一类。目前学术界对金融体系有多种分类，大致将可持续发展的金融体系分为市场主导型和银行主导型、保持距离型和关系型。而不可持续的金融体系主要包括耗损型金融体系、依附型金融体系和泡沫型金融体系。

一、银行主导型金融体系和市场主导型金融体系

在金融体系里，最常见的划分类型就是把金融体系分为市场主导型和银行主导型。市场主导型金融体系是指以金融市场（主要是资本市场）为基础和核心构建的金融体系，在这种体系里，资本市场比较发达，直接融资是主要的融资方式。企业的长期融资以资本市场为主，银行更专注于提供短期融资和结算服务。市场主导型金融体系的典型国家是美国与英国。而在银行主导的金融体系中，银行体系发达，企业外部资金来源主要通过间接融资，银行在动员储蓄、配置资金、监督公司管理者的投资决策以及在提供风险管理手段上发挥主要作用。银行主导型金融体系的典型国家是德国、日本。

衡量一国金融体系是市场主导型还是银行主导型的划分标准是 Demir-guc-Kunt 和 Levine （1990）等人提出来的。他们使用 150 个国家的截面数据，分别以规模、行为和效率为标准，确定了相关衡量指标，然后根据这些指标，将市场发展与银行发展进行比较，进而依据比值大小确定是市场主导型还是银行主导型。具体来说，基于规模的金融结构衡量指标是存款货币银行的资产与股票市值之比；基于行为的金融结构衡量指标是存款货币银行发放的贷款额与股票交易所内股票交易总值的比值；基于效率的金融结构衡量指标是股票交易总值占 GDP 的份额、交易对一般管理成本以及交易对利差。

对于这两种金融体系优劣势的争论在学术界存在已久。银行主导型金融体系的支持者认为，银行主导型金融体系至少有以下优势：一是银行可以减少证券市场的重复劳动和搭便车问题；二是银行可以通过降低交易成本提供跨代风险分担和流动性保险；三是银行可以更好地动员储蓄。而金融市场却存在很多缺陷：一是搭便车行为；二是无法进行有效的跨代风险分散；三是导致股权分散至众多投资者中，减少了投资者监管企业的激

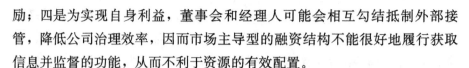

励；四是为实现自身利益，董事会和经理人可能会相互勾结抵制外部接管，降低公司治理效率，因而市场主导型的融资结构不能很好地履行获取信息并监督的功能，从而不利于资源的有效配置。

而市场主导型论的倡导者认为，市场至少有以下优点：一是股票市场的良好运行有利于信息获取和扩散，还降低了通过兼并和收购实现有效的公司治理的成本；二是股市可以有效地实现跨部门风险分散；三是市场通过减少交易成本和信息不对称，可以更加有效地动员储蓄。而银行导向结构却存在以下问题：一是银行容易控制企业，出现信贷配给现象；二是银行通常审慎经营，反而阻碍创新；三是银行会影响公司治理，不利于治理效率的提高；四是银行通常提供的是标准化的服务，难以适应企业的特质需求。银行主导型融资结构中银企之间的复杂关系可能会对企业的经营带来负面影响。

这两种金融体系，在微观结构上具有根本的差异。主要表现在功能结构、风险的形成及其处置机制、财富形成过程、投资决策机制、收益与风险的匹配机制等方面。在资金增量方面，银行体系的功能比资本市场要强大，但是在盘活存量方面，资本市场具有天然的优势。不仅如此，市场主导型的金融体系更有利于分散风险，可以吸纳更广泛的投融资主体，使更多人受惠。

在银行主导型金融体系中，银行处于绝对的核心地位，起到配置资源的主导作用。但是在市场主导型金融体系中，银行只是资本市场当中的一艘航空母舰，主要功能在于为资本市场的运行提供流动性。而其他非银行金融中介则更多地为市场化的金融活动过滤风险，创造产品，并基于市场的定价，提供风险组合或资产增值等金融服务。

在现实中，世界各国具有不同的金融体系，很难应用一个相对统一的模板进行概括。从直观上来看，发达国家金融制度之间一个较为显著的区别体现在不同的国家中金融市场与金融中介的重要性上。这里有两个极端，一个是德国（日本、法国），几家大银行起支配作用，金融市场很不重要；另一个极端是美国，金融市场作用很大，而银行的集中程度很小。在这两个极端之间是其他一些国家，例如日本、法国传统上是银行为主的体制，但是近年来金融市场发展很快，而且作用越来越大；加拿大与英国的金融市场比德国发达，但是银行部门的集中程度高于美国。

二、关系型融资体系和距离型融资体系

由于现实中不同国家的金融制度在上述分析框架中差异较大，因此很多研究认为，至少在理论上，存在着不同的金融体系。他们根据融资模式在金融体制中的地位，将金融体系划分两种不同的融资模式，即关系型融资（relationship lending）和距离型融资（arm's-length lending）。两种融资体系的重要区分，不在于资金盈余者和资金需求者之间的亲疏关系，而是融资过程中的信息生产方式的差异。

从融资方式与企业控制权的关系来看，保持距离型融资把企业控制权的分配与企业能否实现一定的目标相联系。投资者只要得到了合约规定的给付，就不直接干预企业的经营战略决策。如果企业履行了向出资者支付的义务，企业的控制权交由内部人，反之，控制权自动转移到出资者手中。正是由于这种融资方式与企业能否实现给付的目标有机结合在一起，所以，保持距离型融资所引起的公司治理结构称为"目标性公司治理"。保持距离型融资的融资方式非常依赖于企业资产市场的流动性，因而非常依赖于产权行使能力的大小和总体商业环境。由于控制权在企业不能履约的情况下自动转移给投资者，所以企业的资产应具备性能比较稳定，其市场价值波动性较小的基本特征，同时，这种资产在市场上也必须具有较强的流动性，以便能及时变现。如果企业的资产价值波动大，且不能提供足够的现金流量，那么，投资者的相机控制权就没有意义，以此为基础的治理结构就失去了其赖以存在的依据。因此，在企业资产结构中，有形资产特别是不动产比重较大，且这种不动产的流动性较强的企业采用这种融资方式对投资者而言风险较小，因为它们的价值波动的程度相对于无形资产来说要小。反之，当资产具有很大的企业特征（资产具有较强的专用性）时，即在其他企业里，资产价值较低，采用这种融资方式将会增大违约风险和清偿契约的契约成本。与保持距离型融资方式相对应的主要融资工具是债权融资。

关系型融资（relational financing）是一种初始融资者被预期在一系列法庭无法证实的事件状态下提供额外融资，而初始融资者预期到未来租金也愿意提供额外资金的融资方式。由于关系型融资是通过意会信息而非数码信息来获取经济租金，因此，关系型融资制度形成了与保持距离型融资制度不同的监督和治理机制。这里的监督是指融资者有关借贷计划、经济

活动和金融状况的信息加工活动。

以关系为导向的贷款注重的是贷款过程中的私有信息，关系型投资者通过提供甄别（Allen，1990）与监督（Diamond，1984）服务获取信息，并不依赖于第三方的服务，这些信息获取之后处于相对保密的状态，使得投资者能够在与同一客户的多重交互中重复使用，从而使投资者从信息的跨期再利用中获利。"私有信息生产"是关系型融资区别于距离型融资的本质特征，而且信息的生产活动是在双边的框架下进行的，从而保证了信息生产及其结果的私有性。由于信息的不完备性和可重复利用性，长期的互动关系有利于信息的不断收集和降低信息处理的边际成本。当然，私有信息的生产，具有很高的边际成本，对于还没有建立起自身信誉，无法在市场上直接融资的企业来说，这是一个可行的融资方案。

而以交易为导向的贷款注重的是特定的独立业务，不是与客户之间信息密集的关系，因此被看作一种保持距离型的融资。在该模式下，相应的机制是信息的强制公开披露和处理。这种信息生产的边际成本被摊薄，但是企业需要具备较高的信誉，才能够通过这种公开的信息披露，进行保持距离型的融资。

与第一种分类方法相对应，关系型融资对应于间接融资，而距离型融资对应于直接融资，之所以被冠之以不同的名称，是因为考察的角度不同。因此，以关系型融资为主的金融体系就被称为关系型融资金融体系，以保持距离型融资为主的金融体系，则被称为保持距离型金融体系。

三、攫取型金融体系和共容型金融体系

赵昌文和朱鸿鸣（2015）从金融与实体经济的竞争与合作关系的角度，提出攫取型和共容型金融体系的分类。他们认为，攫取型和共容型的概念是建立在金融发展的"合作性维度"和"竞争性维度"上。所谓"合作性维度"是指金融与实体经济不能分离，金融需要在实体经济当中发展，实体经济需要金融的支持这种合作关系。而"竞争性维度"则是指两者在生产要素、政策、利润和企业决策行为等方面的相互排斥和竞争性。在攫取型金融体系下，金融对实体经济构成显著竞争，金融对于实体经济的发展存在明显的负外部性。在共容型金融体系下，金融与实体经济之间的竞争关系体现得并不显著。

攫取型金融系统是一种与实体经济关系失衡的金融体系，现阶段的中

国金融系统是攫取型的，在这种金融体系下，金融"发展过度"，主要表现为金融业利润率过高和金融从业人员收入过高。金融"发展过度"使各类创新要素"脱实向虚"，如潮涌般流向金融业这一非生产性的领域，导致经济系统资源配置效率的降低。

金融业产生攫取性的原因是金融层面的原因和金融之外的因素共同造成了攫取型金融体系的形成和不断强化。就金融层面而言，主要原因是未及时退出金融约束制度所造成的竞争不足，即利率市场化滞后、准入放开滞后和多层次资本市场发展滞后所带来的银行业内部、银行与资本市场之间、银行与非银行业金融机构之间的竞争不足。就金融之外的层面而言，主要原因是由于国企改革滞后、存在政策性负担和房地产业"大而不倒"所带来的对国有企业、地方政府融资平台和房地产企业的隐性担保。

金融体系的攫取性是具有危害性的，这种危害体现在金融的发展不仅没有发挥对创新和经济增长的促进作用，成为创新和经济增长的助推器，反而成为创新和经济增长的阻碍。这种危害对经济的伤害存在五种作用机制："虹吸效应""侵蚀效应"、利益集团机制、公司金融机制和金融不稳定机制等。其中"虹吸效应"在中国的金融系统中体现得已经较为突出，主要体现在产业的脱实向虚，就业的"金融热"和高考的"金融热"以及产融结合、民间金融泡沫与互联网金融热。

学者们认为，金融的攫取性会自然地消失，市场本身可以自发纠正这种不平衡（Richard Sylla，2011）。由于市场的冷清，利润降低，银行和中介机构规模缩减，金融行业所能提供的工作岗位会减少，商学院和金融专业的大学生会逐渐分流到其他的行业中去，市场本身可以纠正这一问题。但这种自发纠正的启动必然意味着过度金融化的程度已经十分严重，以至于严重伤害到经济社会，并且这种自发纠正机制的启动十分困难。另外，自发纠正启动的后果也是巨大的，往往伴随着大危机或是大萧条。

那么如何形成共容型的金融体系？共容型的金融体系下，金融与实体经济之间的竞争性体现得不显著，无负外部性或不存在明显的负外部性。相较于攫取型更加有利于金融和经济的长期稳定发展。中国攫取型金融体系之所以形成，一个关键因素是金融体系的市场化程度不足。提高市场化程度是将金融体系从攫取型向共容型转变的关键途径。

金融市场发展是一个自然过程，从荷兰开始，对东印度公司的投资，

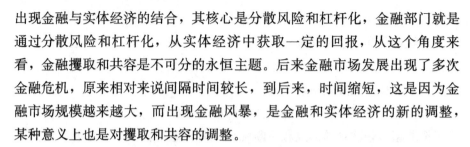

出现金融与实体经济的结合，其核心是分散风险和杠杆化，金融部门就是通过分散风险和杠杆化，从实体经济中获取一定的回报，从这个角度来看，金融攫取和共容是不可分的永恒主题。后来金融市场发展出现了多次金融危机，原来相对来说间隔时间较长，到后来，时间缩短，这是因为金融市场规模越来越大，而出现金融风暴，是金融和实体经济的新的调整，某种意义上也是对攫取和共容的调整。

四、耗损型金融体系、依附型金融体系和泡沫型金融体系

陈雨露和马勇（2013）提出了金融体系是否具有可持续性的概念，他们认为金融体系可持续取决于两个条件：第一，金融体系内部结构必须是结构健全和功能稳定的；第二，金融体系的功能必须以实体经济为最终载体，任何脱离实体经济而自我膨胀的金融模式都会以崩溃告终。他们总结出三种不可持续的金融模式，分别是耗损型金融体系、依附型金融体系和泡沫型金融体系。

1. 耗损型金融体系

耗损型金融是指金融资本主要不是用于实体经济投资和扩大再生产，而是被浪费在过度的政府购买和消费上。在这种模式下，由于资金并没有流入实体经济和用于提高生产效率，这使得净金融资本的拥有国很难将金融优势最终转化为实实在在的经济基础优势。

较为典型的例子是 16 到 17 世纪的西班牙。作为最先移民新大陆的国家，早在 16 世纪初期，西班牙就在殖民地通过杀戮和掠夺等方式，获得了大量黄金。据统计，1503—1660 年，西班牙从美洲殖民地拿到的白银共计1860 吨、黄金共计 200 吨，在 16 世纪末西班牙的黄金数量占到了全球的83％。天量的黄金输入让 16 世纪上半叶西班牙快速发展，但到了 16 世纪中期西班牙就开始衰落了。导致西班牙昙花一现的原因，除了 16 世纪末新大陆白银逐渐枯竭外，更主要的原因在于前期所积累的黄金和白银并没有投入生产，提高农业和制造业的生产水平。

西班牙所掠夺回的财富，主要用作两个部分：一是用于支付政府和军队的开支，这维系了西班牙的世界霸权，但长期的天量公共部门支出掏空了国库，16 世纪开始西班牙就出现了皇室破产，到了 17 世纪后更是愈演愈烈；二是巨量的财富流入后，王公贵族们的生活越来越奢侈，也带动了社会风气物质化。这些钱并没有进入生产企业，生产能力也并没有改善，

西班牙落后的生产力，导致它在国际市场上的竞争力很快被英法等国所取代。

2. 依附型金融体系

依附型金融是指金融的发展缺乏内生性的增长动力，要么被动地依附于产业结构，要么在政府的政策保护下生存，这就导致金融发展对产业资本和政府干预的过度依赖，最终导致金融体系的低效率。

典型的例子是20世纪后期的日本。20世纪70年代，凭借电子和汽车等行业的振兴，日本经济崛起，成为仅次于美国的全球第二大经济体。1985年《广场协议》签订后，日元大幅升值，日元开始在国际市场上走俏，很多日本金融机构步入全球顶级之列，日本的金融实力得到了很大提升。但在繁荣的背后，一直存在的两大弊端并没有解决，并随着总量的上升而恶化：一是依附于产业而非市场的国内金融体系；二是依附于国际贸易而非国内经济的日元。

日元的升值战略，直接降低了日本产品的出口竞争力，以商品输出为主的贸易优势地位被削弱。转为以资本输出后，由于日元并没有被广泛接受，结算时仍然使用美元。但依附于国际贸易，导致日元丧失了主动性的政策，日元被迫接受美元政策。日本学者吉川元忠认为，受制于美元并深陷美元圈套，是日本经济陷入萧条的最主要原因。

3. 泡沫型金融体系

泡沫型金融是指经济的过度金融化，即由于金融发展和金融创新过度脱离实体经济而导致的失控性金融膨胀，最终导致泡沫经济和金融危机的出现。这类的事例很多，历史上许多国家的衰落都与金融泡沫和崩溃相关。

从17世纪荷兰的郁金香泡沫，到20世纪30年代的美国大萧条，再到20世纪80年代的拉美债务危机和90年代的东亚金融危机，再到2008年席卷全球的金融危机。金融危机后经济增长缓慢，也激化了社会矛盾，如20世纪30年代的大萧条之后世界大战即爆发。频繁发生的金融危机，不仅成本巨大，而且形态也越来越复杂。在某些国家，银行危机、货币危机和债务危机接踵而至。

由于金融处理的过程中，直接与货币相关，金融事件始终与人性问题相纠缠。而在多数情况下，人性的失控程度将最终决定金融的泡沫化程

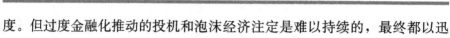

度。但过度金融化推动的投机和泡沫经济注定是难以持续的，最终都以迅猛的崩溃而收场。

第四节　金融体系的影响因素以及我国的选择

上节我们对金融体系的最优结构进行了一般性的理论分析。事实上，通过第三节对金融体系的分类的描述，我们可以看出，金融体系从本质上看是一种制度安排。这种制度安排的根本目的是集聚社会闲散资金，评估潜在的投资机会，便利风险管理，改善和促进公司的治理，增强流动性，从而在较长的时间和较大的空间范围内有效配置稀缺资源。从这个意义讲，金融体系特有的"支持机制"和"筛选机制"，会使全社会资本和资源得到有效的配置和利用，从而促进一国经济结构与产业结构的优化，实现产业的整合和集聚，为发展高科技产业进而为创新及其扩散创造有利的条件。在而一国的金融体系，既受到经济发展程度和路径的影响，也受到非经济因素的影响，包括政治、法律、文化，甚至是关键事件的驱动等各方面潜在因素。

一、经济因素

从根本上来说，一个国家或地区金融体系结构主要是由该地经济社会发展过程中的内在因素所决定的，其中最为重要的是经济发展和经济结构变动情况。金融体系结构的变动与经济结构的变动和发展的水平保持大体相一致的关系，并且随着经济发展和经济结构变动而相应发生变动。这是由金融和经济二者之间的关系所决定的。从大的方面而言，金融属于经济的范畴，金融体系结构必然由经济发展和经济结构所决定；从小的方面来说，经济与金融是两个联系较为密切的系统，金融需要为经济服务。因此，经济对金融具有最终决定的作用，金融体系结构的变动最终取决于经济发展和经济结构变动状况。有怎样的经济发展和经济结构，就有怎样的金融结构与之相对应。例如，在经济发展的低级阶段，金融需求相对较为简单，金融活动为经济服务，只需解决货币流通、资金融通等基本的问题，此时，金融机构的主体较为单一，金融交易量较少，因此金融体系结构也就相对较为简单。在经济发展到高级阶段后，对金融就会产生许多更为复杂的需求，金融规模随之扩大，这时只有金融工具、金融机构、金融市场等需要随之变动，才能满足经济发展的需求，因此金融体系结构也变得日益复杂，并且经济越发展，经济结构越复杂，金融结构的层次越高，其复杂程度也越高。

国内外学者在 20 世纪中期就开始了关于金融体系与经济增长之间关系的研究，Goldsmith 开启了这个领域开创性研究的先河，之后的实证研究支持了金融体系与经济增长之间的相互影响关系。近期的一些研究也都表明，金融体系的形成和演进，紧密伴随实体经济的发展，实体经济对金融体系具有直接的引导作用，二者之间存在着内生互动关系，并且越来越多的研究开始试着打开这个互动的"黑箱"，探寻实体经济与金融体系之间的影响机制。Tadesse（2002）经过研究表明，对于欠发达地区来说，以银行为主导的金融体系比以市场为主导的金融体系，能够更加有效地推动经济增长。Allen（2006）发现，金融体系的类型由实体经济结构决定，实物资本密集型的企业倾向于建立银行主导型的金融体系，知识和无形资产密集型的企业倾向于建立市场主导型的金融体系。林毅夫等（2006）认为最优金融体系结构不是静态的，而是随着一国经济要素禀赋结构的变化而变化。也就是说，金融体系不能脱离实体经济而独立存在与发展，实体经济的发展路径和发展程度，直接影响和主导了金融体系的形成和演变。

当前我国正处于"三期叠加"的新常态阶段，面临着前期经济增长过快带来的债务规模过大、杠杆率高企的严峻考验，国内外对中国金融风险的担忧和对经济去杠杆的呼声日渐高涨，信贷扩张刺激经济的政策空间显然越来越小。在这种情况下，经济持续发展的资金需求如何满足？唯有加快建设和完善直接融资体系、提高直接融资比例，才能有效破解这一难题。因此，从经济增长的角度考虑，发展直接融资市场已经成为历史使命。

二、政治因素

Rajan 和 Zingale（2000）指出，金融体系自身会向着最优结构演化，但是在这一过程中，会受到政治团体的强烈影响，并且金融体系的结构会被政治多数派强制改变。现代观点认为，一些欧洲大陆国家，譬如法国、比利时和德国的资本市场并不重要，但是在 20 世纪初，这些国家都有着规模较大的资本市场，是国家的开放政策以及政治体系集权化在强烈主动干扰着这些国家的金融体系。近年来，包括法国和德国在内的一些欧洲国家，其资本市场重新变得重要起来，并朝着市场化的方向前进。这些大逆转的发生，都与政治因素密不可分。Rajan 和 Zingle（2003）指出已有利益集团和大企业享有的"在位租金"，将导致这些利益集团反对金融的内生发展，而选择对自己有利的金融体系。这些大的企业集团能够依靠自身收益或者通过抵押已有项目为项目融资，从而获得后期收益。当金融体系的发展导致更多的企业能够自由在证券市场进行融资时，这些"在位租金"就稀释了。Rajan 和 Zingle 指出这些利益集团不喜欢金融发展，更不喜欢市场主导金融体系。市场主导型金融体系要求更加透明，这对它们通过合约和关系等传统方式进行商业活动造成伤害。在位企业通过广泛的非正式合约而不是从公开可获得的来源处收集信息，也不是通过法律而是通过威胁、哄骗和非正式力量进行支付。Rajan 和 Zingle 并且认为只有当国家的政治结构发生剧烈变动或当这些企业集团想发展时，金融体系才能获得发展。Perotti 和 Thadden（2006）研究发现，在民主社会中，受政治影响的收入和财富的分配会在很大程度上决定着不同经济体的金融体系结构。Allen（2006）认为政治因素对经济的影响是重要的，但政治事件的不确定性和内在复杂性阻碍了对这一问题的深入研究。

从中国金融体系的发展路径来看，当前形成以银行为主导的金融体系并非偶然，而是有一定的政治必然性。新中国成立之初，中国实行计划经济体制，后逐渐向市场经济转轨，而在这个过程中，政府仍然起到了极大的主导和调控作用。而只有建立在银行系统基础之上的金融体系才有利于政府进行必要的调控和把握。当前中国正处于改革关键期，存在着更多的不稳定性和不确定性，作为功能核心的金融体系需要保持一定的稳定性和连贯性才能有效支撑经济发展方式的转型升级，并且诸多事实证明，相较于市场主导的金融体系，银行主导的金融体系更加稳定，有利于我国平稳地渡过改革期。因此，尽管当前经济发展阶段要求我国大力推进直接融资市场的建设，但是其基础仍然要维持银行主导不变。

三、法律因素

不同法律体系及其渊源对金融体系结构也具有重要影响，前人从理论、案例和实证角度分别进行了大量的研究，并且形成了金融法律理论（Law and Finance）。该理论认为，世界各国之所以形成不同的金融体系，主要是因为这些国家在历史上采取的法律体系是不同的。通过法律制度的设计，可以引导企业自主选择融资方式，最终形成稳定的金融体系。法律对金融体系形成的影响主要从法律起源上的差异、法律准则的差异、合约执行的差异以及腐败程度来考察。

Sylla 等（1999）分别对美、德两国早期金融史进行了研究，发现在英美的盎格鲁—撒克逊金融模式中，对银行业的限制较多，而对证券市场的管制则相对放松。但在德国恰恰是相反的情形，结果形成了不同的两种金融体系。LLSV（1998）分析了不同国家的法律在投资者保护上的差异，重点比较了各国有关投资者权利的法律规定和执法效率，并且研究了不同国家的公司是通过股权融资还是通过债务融资与法律体系的关系。结果发现，普通法系国家能更有效地促进法律的贯彻实施，从而能比民法系国家更灵活有效地保护股东和债权人的权利，因此，普通法系国家的金融体系结构偏向"市场主导"，而民法系国家的金融体系结构则偏向"银行主导"。

已有研究用大量样本国家金融发展案例，证实法律起源有助于解释金融发展跨国差异。并且越来越多的研究进一步深入到微观层面，去探寻法律对金融体系塑造作用的机制和途径，包括法律机构和公司价值、法律和证券市场信息有效性、法律与资本配置关系等。

如果某个国家对银行业进行严格的管制、干预和立法，但允许证券市场按照市场机制与约束相对自由地发展，那么企业将会更多地通过证券市场获得资金，预期结果就是出现市场主导型金融体系。相反，如果另一个国家运用法律和税收来严格规制证券市场，而允许银行机构按照市场机制与约束自由发展，则预期结果将是产生银行主导型金融体系。

如果腐败存在，会严重破坏法律准则的执行，损害市场的发展，因为股东权利的较好执行对于市场主导型的金融体系是非常重要的。Asli Demirguc-Kunt 和 Ross Levine（1999）利用腐败指数CORRUPT进行实证研究，发现，不发达的金融系统的国家，其腐败程度更高。

我国属于大陆法系国家，并且法律的完备性以及执行情况仍旧处于较低水平，基于这一现实条件，当前继续保持以银行为主导的金融体系，有利于提高金融支持经济增长的效率。

四、文化因素

文化是核心价值观，每个国家、民族甚至地区都有自己独特的文化。文化支配着人们方方面面的行为。金融体系的形成是一种历史选择，但归根结底是人们在各种显性和隐性契约下所进行的自主选择。文化是金融体系塑造过程中的隐形推手，虽然不可见，但是却发挥着至关重要的作用。

　　LLSV 对比了英国、美国、欧洲大陆国家以及日本之间的文化差异。英美推崇个人主义精神，民主程度比较高，最终孕育出市场导向的金融体系。而日本则更注重劳工利益和非股民利益，风险规避程度高，最终形成以主银行为核心的金融体系。不同国家的金融体系结构与国民偏好密切相关，国民对不确定性有着更高厌恶程度的国家往往更倾向于建立"银行主导型"的金融体系。在社会信用文化与金融体系发展的关系上，陈雨露和马勇（2008）的实证分析表明，社会信任关系越强的经济体往往更倾向于孕育出"市场主导型"的金融体系。之后，二人基于 1990—2009 年间 78 个主要国家和地区的面板数据，对影响一国金融体系结构的相关因素进行了系统的实证分析，得到崇尚规则和权威的制度文化更容易孕育出"银行主导型"的金融体系，而崇尚自由和民主的制度文化则更容易孕育出"市场主导型"的金融体系。

　　文化影响人们的行为，当然也包括消费、投资等金融领域的行为，久而久之，形成与该国文化相契合的金融文化，金融文化对金融体系的演进、金融结构的形成有直接影响。并且，文化一旦形成，就具有稳定性，虽然可以改变，但是历时久远。所以，文化对金融体系的影响，是潜移默化的，是稳定的，人为操作的空间虽然存在，但是效果往往并不明显。若要改变文化的影响，将付出巨大成本。因此，虽然世界范围内的金融体系的基本功能趋于一致，但是其自身的特点将会长期存在。

　　中国是一个具有典型儒家文化的国家，重亲缘信用、轻契约信用，人与人之间的信任往往建立在无形的关系之上。根据前面的叙述我们可以看出，这种文化环境下更适合于银行主导的金融体系，因此，我国的基本金融体系仍旧应该保持银行主导不变。

五、地理因素

　　关于地理因素对金融体系的影响，主要是从殖民的历史和资源禀赋差异的角度进行研究。由于资源禀赋不同，国家对财富的控制手段就不一样，有的国家和地区建立了完善的私人产权制度，有利于促进金融的快速发展，而私人产权制度不健全的地区，金融不能健康发展，金融体系的建立就更加困难。Acemoglu，Johnson 和 Robinson（2001）讨论了地理因素对制度持久性的影响。首先，他们注意到欧洲采取了不同的殖民策略。一种是欧洲国家居住下来并建立制度支持私人产权。这种"居住殖民"的国家包括美国、澳大利亚和新西兰。另一种是尽可能多地从殖民地榨取。在这种"榨取殖民"的欧洲国家没有建立支持私人产权的制度，而是建立了加强权利榨取金银等财富的制度。其次，他们认为殖民战略受居住可能性的影响。在不友好的环境下，欧洲人倾向于"榨取殖民"。在适于居住的地区，欧洲人倾向于居住殖民。最后，他们认为被殖民的国家建立起的制度在国家独立后仍然持续，由于路径依赖，这种影响是长期存在的。

从这个角度来看，我国并未成为其他资本主义国家的殖民地，受西方思想影响较少，因此，在发展金融体系的过程中，具有较强的自主性，依据我国金融经济的发展历史和现实条件而定。

六、事件驱动因素

除了上述一些深层因素之外，关键事件在金融体系的形成中起到了重要的引导作用。世界上很多国家和地区都经历了这样的关键事件，并且直接影响了金融体系的走向。

17世纪初，英国和法国几乎经历了相同的事件，但是其不同的处理方式，最终导致这两个国家走向了不同的金融体系制度安排。

英国的南海公司（South Sea Company）成立于1711年，是一家协助政府融资的私人机构。1719—1720年，英国南海公司的股价连续上升了8个月，由100英镑上升到1000英镑，随后泡沫破裂，急转直下。为了稳定股票市场，英国国会通过《泡沫法》，规定成立上市公司必须经过议会批准，但是南海公司的股价还是一路下跌，最终在半年之后跌掉了90%，1824年，英国废除了《泡沫法》，成立上市公司不再需要议会批准，直接导致了在伦敦证券交易所挂牌上市公司的井喷。此时，英国及其他国家的建设需求旺盛，金融体系的大量资金有效地推动了实体经济的发展，而实体经济也为金融资本提供了消化的场所，英国的金融业健康快速发展，最终走向了市场主导型金融体系。

美国也经历了类似的事件。1929年的金融危机导致美国大批银行破产和股市暴跌。一方面，美国出台《格拉斯—斯蒂格尔法》，对商业银行从事投资银行业务和跨洲银行业务进行了严格的限制，直接束缚了美国银行业的发展；另一方面，证券交易委员会强化了对股票市场的监管，使之开始走向规范化发展的轨道。这就促成了美国证券市场的迅速发展，并且形成市场主导型的金融体系。

而与此相反，法国在1718年，皇家银行宣布与密西西比公司合并，引发了市场对密西西比公司股票的狂热投机，股价在大幅攀升之后急剧下跌，泡沫的破裂也最终引发了破产狂潮。法国的第一反应与英国类似，加强了对证券市场的监管，但是直到20世纪80年代才放松了这种限制。长达200年的限制，最终使法国走向了银行主导型的金融体系。

日本的关键事件与英法美不同，是战争驱动。"二战"期间，日本的银行不仅要保证军需企业的资金供应，而且要参与军需企业的经营管理和财务监管。这些指定银行在战后发展成相关企业的主银行，战后的经济重建也主要靠这些主银行，最终使得银行主导型的金融体系得以确立。

2013年银行系统的钱荒、2015年前后极力强调的杠杆问题以及2015年下半年到2016年上半年的股灾，都促使我国加强了对股票市场和债券市场的规范与完善，这是我国以银行为主导的金融体系的有效补充，一方面解决了当前金融体系的短板，另一方面也为实体经济的发展提供了更有效率的资金支持。

七、技术进步的因素

技术进步，不仅是促使经济结构变化进而推进经济发展的重要动力，而且也是推进金融结构调整和变化的重要动力。现代科学技术的迅猛发展及其在金融领域的广泛应用，导致金融结构发生了巨大、深刻变化，特别是对金融体系结构高级化的推进更是发挥了不可替代的重要作用。近些年来，信息技术、工程技术、数学分析技术等在金融业的使用，特别是计算机、互联网和其他电子信息技术的飞跃式发展，极大地降低了金融通信与金融数据处理成本，从而改变了传统的金融体系。金融业务处理电子化、交易活动电子化、资金流转电子化以及信息处理电子化等金融电子化和工程化的进展，为新的金融机构、金融工具和交易方式的产生提供了技术支撑。由于技术的发展，金融机构通过组合重构金融功能，并更新部分原有的机构形式，不断地进行各个领域的金融创新，创造出了丰富的衍生金融工具，不仅使金融理念、金融服务和金融设计发生了深刻变化，而且使货币市场与资本市场的界限日益模糊，功能越来越融为一体，从而导致金融市场结构、金融工具结构和金融产业结构等逐渐发生深刻的变化。

　　事实上，金融体系是在特定的经济环境中实现其各项功能的，金融体系必须适应其赖以存在的经济环境，同时经济环境处在不断的变化之中，金融体系也必须同步变化，即应该具备适应能力和创新能力。金融体系的适应能力即一国的金融发展应该放在强调金融体系基本功能正常发挥的制度建设和协调发展上，而不是脱离金融体系的基本功能去看重市场外部结构的发展和规模的扩充上，否则，忽视金融功能谈金融发展就有可能造成金融资源的严重浪费和扭曲。另外，值得指出的是，金融体系的活动存在外部性：偏重某一金融功能的发挥，有时可能会放大它的负面效应，比如为了提高金融体系的价格发现功能，市场的整合与利率和汇率的市场化是必要的，但是这些做法会增加市场风险，如果金融体系的风险防范和分散功能还不到位，那么这种不平衡的发展就会导致宏观经济的不稳定，最终会反过来遏制金融体系的价格发现功能的正常发挥。一个能保证金融发展和实体经济之间良性互动关系的金融体系，绝对不是单纯地在规模和数量上追求最好的投融资制度和金融工具的集合，而应该是能够平衡好各种利益冲突、效果冲突，在此基础上，能够有效地发挥金融体系六大基本功能，从而推动实体经济持续稳定地增长这样一种最优化的动态体系。

　　金融体系是在特定的经济环境中存在并发挥作用的，没有也不可能存在能够脱离经济环境而独立存在的金融体系。由于社会分工的不断深化、国际经济联系的进一步加强、技术手段和知识在经济发展中得到越来越多的应用、市场交易的方式日益增多，现代经济环境正在变得越来越复杂。与此相应，现代经济中所蕴藏的风险也越来越复杂。因此，在经济中发挥枢纽作用的金融体系必须具有随经济环境变化而变化的能力，只有如此它才能够正常行使其所承担的各项职能，才能满足经济发展对金融体系提出的各项要求。金融体系的创新与经济环境的变迁是互动的。一个僵化的金融体系只会使得经济运行受到阻碍，从而制约经济的进一步发展。

　　对广大发展中国家和转型国家而言，金融体系和金融制度设计不仅是一个重大理论问题，而且具有很强的现实意义。结合我国实际，从功能与结构的视角来选择中国的金融体系是我们应该坚持的原则和方向。

　　目前，我国金融体系的银行主导型不仅体现在银行的功能和作用上，而且体现在资产和机构等规模结构方面。在功能和作用上，虽然随着金融机构和金融市场的多元化发展，金融的功能逐渐趋于健全，但银行的功能和作用在多元化的金融结构体系中仍居于主导地位，这不仅体现在聚集和配置资金的功能上，也体现在金融服务和风险管理等功能上。在资产和机构等规模结构方面，银行更是占据主导地位。经过 40 年的改革，虽然我国已经形成了包括银行业、证券业、保险业、信托业和金融资产管理公司、基金管理公司等其他新型金融机构在内的多元化金融结构，产业种类齐全，金融机构多样，但目前的金融结构仍然以银行为主导。

可以发现，当前以及未来很长一段时期内，我国适用银行为主导的金融体系，这是符合我国经济、政治、法律、文化等各方面因素的。然而，现阶段表现出的一些制约因素，促使我们要加快推进直接融资市场的建设，构建一个以银行为主导，以直接融资模式为重要补充的金融体系。

第三章　金融发展对经济增长和
收入分配的影响研究综述

目前国内外直接研究中国经济新常态下金融支持经济发展方式转变、经济发展动力转换的文献较少，更多是探讨金融发展（Financial Development）与经济增长（Economic Growth）之间的关系。而实际上，厘清了这个关系，也就找到了本研究的逻辑起点，为后续研究奠定了理论和实证基础。因此，本章首先从梳理国内外有关金融发展和经济增长的相关文献入手，在较为全面地了解熟悉目前该领域讨论热点问题和研究结论的基础上，系统地归纳梳理学术界对金融发展与经济增长、收入分配之间的关系，以及当前金融发展促进经济增长或者抑制经济增长的理论、实证方法和研究结果，总结当前新的研究思路以及未来的研究方向。

在西方国家，早在一百多年前，就已经展开了相关研究，并且取得了一系列突破性的发现和成果。在中国，该领域的研究则较为滞后，直到进入 21 世纪才逐渐被重视起来，并且多数研究以经验数据的实证检验为主，较少在理论方面有所突破。因此，在本章中，主要集中梳理国外相关的研究脉络以及最新研究进展。

第一节　关于金融发展与经济增长关系的研究回顾

一、金融发展与经济增长：从福音到诅咒

金融发展与经济增长关系的研究长期以来都是各国最关注、最吸引人、最富有挑战，讨论最激烈的热门话题。早期的文献可以追溯到 Bagehot（1873）和 Schumpeter（1911）。他们认为一个运行良好的金融体系，在经济增长中发挥着不可替代的重要作用。尽管以后有多篇文献支持了上述观点，但是在金融发展与经济增长关系这个问题上，学术界一直没有达成共识，不断有学者提出相反的意见。Robinson（1952）提出，金融只是被动地随着实体经济的发展而发展，金融体系存在的意义和作用是满足实体经济的资金运转需求。Lucas（1988）则认为，金融发展和经济增长之间没有必然联系，学术界不应该过分强调二者之间的所谓因果关系。

从 20 世纪 90 年代开始，随着新经济增长理论的流行，许多金融学者受到内生增长理论的启发，开始将金融发展纳入经济增长的模型中去探索二者的关系；与此同时，越来越多的学者也从实证的角度研究金融与经济增长之间的关系，特别是伴随着经济全球化、金融全球化步伐的加快，有关收入和金融发展等数据的可得性大大增强，使得这个领域的实证研究更为严谨。Levine（1997）是研究金融发展和经济增长关系的先驱和权威，他在论文中率先采用金融发展深度（Financial Depth）这一指标，来研究金融发展和经济增长的相互关系和作用机制，得出了金融发展可以促进经济增长的结论。他的研究得到了学术界的热烈回应，随后有许多人采用相同指标和方法展开了大量研究，并得出了相同的类似结论。可以说，金融发展促进经济增长是长期占据学术界的主流观点。

然而，随着 20 世纪 90 年代以来金融危机的不断爆发，人们重新审视金融发展与经济增长之间的关系。诸如"金融发展是血脉还是毒药"等有关金融发展抑制经济增长的质疑和研究开始增多。在次贷危机爆发之前，学者认为金融发展和经济增长之间的促进关系在一个体制不健全、宏观经济不稳定的国家是不成立的。例如，De Gregorio 和 Guidotti（1995）发现了高收入国家 1960—1985 年间的金融发展与产出增长之间的正相关关系，然而，当对 12 个拉美国家进行同样的分析时，却得到了负相关关系。作者认为，上述现象是由于高收入国家的发展已经到达一个临界点，再继续发展金融无法提高投资效率，反而会吸收过多的资源，对经济增长造成不利影响。Arestis（1997）等人比较了美国和德国的情况发现，制度是影响金融发展和经济增长之间关系的关键因素。Deidda 和 Fattouh（2002）利用 1960—1989 年间 119 个国家的数据，对金融发展和经济增长的关系做了实证研究，研究结果表明，人均收入不同对经济增长的作用是不同的。在高收入国家，金融发展对经济增长的促进作用比较明显，但是在低收入国家，这种关系和效果就不显著。Rousseau 和 Wachtel（2011）的实证研究结果发现，一个国家国内的通货膨胀率一旦超过 13%，金融发展对经济增长的作用就会消失。Demetriades 和 Law（2015）利用 1978—2000 年间 72 个国家的数据，对两者关系进行实证研究，发现体制不健全的国家，金融发展对经济增长不会产生影响。

面对金融危机的愈演愈烈，尤其是 2007 年美国次贷危机全面爆发，学者们发现即便是国家体制健全、宏观经济稳定，金融发展也不一定是一国的福音，其对经济增长的促进作用也会逐渐衰退，甚至成为一种诅咒。Krugman（2009）发表声明称，"金融业的过度发展弊大于利"，"金融吸纳了整个社会太多的财富与人才"。层出不穷的金融产品创新，使得虚拟经济部门的规模日益膨胀，从实体部门赚取大量租金，而且孕育了巨大的经济泡沫，随时可能破裂引发全面经济危机。英国前金融服务管理局主席Adair Turner（2009）更是大声疾呼，"不是所有的金融创新都是有价值的，不是所有的金融交易都是有用的，过大的金融系统不一定更好，金融部门已经超过其社会最优规模"。上述观点迅速得到了社会各界的响应。许多学者此后利用不同的模型、数据和估计方法，发表多篇文章，从多个角度支持了这些金融发展过度或者金融发展对经济增长具有负效应的观点。

关于金融发展过度的实证研究，以 Rousseau 和 Wachtel（2011）做了开创性研究。当把 20 世纪 90 年代和 21 世纪初的数据纳入实证研究中时，Rousseau 和 Wachtel 发现了 "消失效应"（Vanishing Effect），即当金融深化达到一定程度之后，金融发展对 GDP 增长的促进作用就消失了。Rousseau 和 Wachtel 猜测消失效应可能来自 "卢卡斯批判" 的思维，即当政府并没有刻意通过加快金融发展来促进经济增长的时候，金融发展与经济增长之间才存在着促进关系，而当政府刻意推进金融发展以促进经济增长时，这种关系和效应就消失了。进而，他们通过实证来检验这种猜测是否成立，但并没有发现有效证据。尽管二人没有解释清楚消失效应出现的机制，但是这项研究正式开启了人们对于金融发展过度的反思。

可以说，对于消失效应的探索与解释进一步揭开了罩在金融发展和经济增长之间的面纱，加深了人们对于金融过度发展会损害经济增长的理解。这类研究主要分为两派观点。一派认为这种效应来自研究方法的制约，并对研究方法进行了优化改进，这一派观点以 Arcand（2015a）等人的研究结果为代表。Arcand（2015a）等人在传统模型中加入了关键自变量的二次项，并利用多种计量方法、宏观和微观数据检验，认为 Rousseau 和 Wachtel（2011）发现的消失效应是源于研究方法的制约，而非金融发展与经济增长之间的本质发生改变。首先，传统研究模型为单调变化的模型，无法反映金融发展与经济增长之间可能存在的非单调变化关系；其次，过去的研究样本年代较早，通常截至 20 世纪 90 年代初，而那个时候全世界的金融发展程度普遍不高，只有少数国家具备较为发达的金融体系。另一派认为消失效应的出现来源于实证中金融发展的内涵与理论之不同，理论推演中的信贷或用于资本积累或用于投资，而实证中的信贷则包括了企业信贷和家庭信贷，这种差异导致实证结果与理论推演产生了反差，这一派观点以 Bertay（2015）的研究为代表。Bertay（2015）的实证研究表明，流入企业的信贷资金对经济增长的促进作用明显，但是流入家庭的信贷资金对经济增长的作用并不显著。

这就是说，人们开始逐渐认识到，金融发展并不总是能够促进经济增长的，一旦金融发展过度进入畸形发展的轨道，就会反过来成为诅咒，损害经济增长。不过，尽管"金融过度发展"（too much finance）"消失效应"（Vanishing Effect）"金融诅咒"（finance curse）等观点得到了学术界的热烈响应，并且有大量学者利用不同的模型、数据和估计方法，倾注心力从多个角度进行了细致的研究和讨论，但直至今天，金融发展和经济增长两者之间的关系是促进还是抑制仍然处于莫衷一是的状态。

二、金融发展促进经济增长的作用机制

在次贷危机爆发以前，金融发展能够促进经济增长的观点在学术界占主导地位。诸多的研究大多数是围绕如何解释和验证金融发展促进经济增长而展开的。为了更好地评述国际学术界的最新争论，我们先对 20 世纪后期的研究作一简要回顾。当时研究的主要切入点是经济运行中的摩擦和障碍会降低效率，例如，信息不对称带来的逆向选择和道德风险会导致市场失灵，而金融体系的存在能够在很大程度上减少此类现象的发生，从而提高效率、促进经济增长。Levine（1997，2005）等一系列的开拓性研究，奠定了金融发展促进经济增长的理论基础。他在继承前人研究成果的基础上，归纳总结出金融体系的五大基本功能，至今仍被学者视为经典。本书将其功能简化总结为以下四个方面。

1. 金融发展有助于风险管理

Levine（2005）认为，银行主导型的金融体系可以用较低成本提供标准化的风险管理措施，而市场主导型的金融体系可以通过创造更多产品和工具来增加风险管理的灵活性。具体而言，一个发达的金融体系可以降低三方面的风险：一是在不同项目之间分散风险。由于知识和经验等方面的

不足，投资人往往难以评估和应对高收益项目所伴随的高风险，因此，投资人往往选择风险较低但是收益稳定的项目，那些高风险高收益的项目就会因为缺少资金而失去发展机会。金融体系可以通过专业化的分析和操作，将吸收的资金合理配置到不同项目中，不仅可以满足那些"两高"项目的资金需求，还能够给予投资人以稳定的回报。二是降低流动性风险。很多优秀的投资项目，往往具有相对较长的周期，这与人们对于流动性的需求相矛盾。如果没有金融体系的存在，投资人会追逐流动性高的项目，而回避那些可能具有更高回报的长周期项目。金融体系通过产品设计和创新，大大提高了这些长周期项目的投资流动性。投资者通过持有证券（例如股票债券等）间接投资到项目中，而这些有价证券可以随时变现，满足投资人对于流动性的需求。并且，相比个人筹集基金投资项目，金融体系可以更加准确地预测流动性需求，从而有更高的投资效率。Levine（1991）建立了一个内生增长模型，试图解释投资行为对经济平衡增长路径的影响，在这个模型中，股票市场起到分散风险的作用，人们根据自己的判断和预期，随时改变手中的股票投资组合来获取收益、规避风险，从而影响经济增长的均衡点。三是平滑跨期风险。Allen 和 Gale（1997）建立了一个世代交叠模型，作为资金流转中介的金融体系能够帮助投资人进行跨期的投资，使得风险在不同的代际分散，通过这样一个传递机制就可以平滑不同经济周期的收益。

2. 金融发展能够吸收居民的储蓄，进而将储蓄资金合理分配到投资项目中去

从传统意义上来看，吸收储蓄的功能主要靠拥有众多分支机构的银行来完成。随着金融机构的发展与金融工具的创新，吸收储蓄的渠道越来越多，并且延伸到互联网金融领域。在一个封闭经济体当中，投资等于储蓄，储蓄的增加使得投资有了更多的资金来源。但是，也有不少研究发现，并非金融体系越发达，储蓄额越高。在那些金融体系不发达、金融工具不完善的发展中国家，由于投资和避险途径较少，多数居民会选择通过储蓄的方式来规避风险，从而导致储蓄的比例更高。总之，金融体系创造了储蓄资金池，为投资积累了源头活水。Greenwood 和 Jovanovic（1990）认为，发达的金融机构能够降低储蓄资金向投资项目流动的成本，增加产出，从而加快经济增长。Bencivenga（1996）等人认为，金融体系的关键

作用在于通过期限搭配实现短期储蓄支持长期投资项目。然而，Trew（2008）构建了一个存在借贷摩擦的模型并结合经验数据进行理论推演，结果发现，金融发展效率（用银行盈利能力以及银行存贷利差衡量）促进经济增长的关系总是存在，但是金融发展深度（用复杂公式衡量投入产出比，包括存贷总额与 GDP 的比例等）与经济增长之间的关系并不总是存在。也就是说，金融体系只有真正起到高效配置储蓄资金的作用时，才能够促进经济增长。

3. 金融发展能够降低信息获取成本，促进储蓄资金向效率更高的投资项目流动

信息不对称一直是影响社会经济运行效率的重要因素之一。对于借贷双方来说，信息的匮乏是制约交易的最主要障碍，而金融体系是生产信息的重要环节。借贷发生之前，金融中介能够帮助投资人了解借款人的情况，降低考察成本；借贷发生之后，金融中介能够帮助投资人了解借款人的经营情况，降低监管成本。Boyd 和 Smith（1992）建立了一个逆向选择模型，模型的重要前提假设是衡量产出的成本很高，而金融机构在获取信息方面具有比较优势，因此，由金融机构来完成事前的评估工作能够避免投资者自己评估所带来的逆向选择问题，降低潜在优秀项目被驱逐出市场的可能性。Blackburn 和 Hung（1998）重点关注了借贷合同的道德风险问题，认为企业在获得资金之后有动力谎称亏损以拖欠借款，而一份激励相容的合同可以监督企业的行为。然而，合同的设计和执行成本较高，如果由专业的金融机构来完成就可以降低每一单位合同的平均成本。因此，金融体系既可以降低事前逆向选择的可能性，又能够在一定程度上防范事后的道德风险。

如果没有金融机构的存在，投资主体需要外部融资时，不得不在市场上进行大量的搜寻和匹配，产生高昂的成本。金融体系的一个重要角色是提供信息流动的场所，通过专业化的操作来有效获取借方信息，从而在一定程度上缓解因信息不对称造成的障碍，平滑交易，促进经济增长。Greenwood 和 Jovanovic（1990）把金融发展和经济增长视为内生变量，通过建立理论模型发现，更发达的金融机构能够降低储蓄资金向投资项目流动的成本，从而增加产出、加快经济增长。Greenwood 和 Smith（1997）认为，银行和股票市场能够帮助投资者找到更好的投资机会。Bencivenga

（1996）等人认为，通过期限搭配可以实现短期储蓄支持长期投资项目，使经济增长具备了可持续的基础。具体来说，金融体系降低信息获取成本的途径有两方面：（1）在一般的信贷业务中，金融体系能够在事前帮助投资人了解借款人的情况，降低考察成本，同时又能够在事后帮助投资人了解借款人的经营情况，降低监管成本；（2）较之一般投资人，金融体系能够与借款人建立关系型借贷关系，加强彼此之间的互动沟通与了解信任，从而进一步降低交易过程中的信息搜集成本，提高效率。Khan（2001）建立了一个动态一般均衡模型来研究金融发展是否能够降低信息不对称，从而促进经济增长。在资金借出者事前分辨风险以及事后验证产出的成本很高的假设下，金融体系能够降低相关成本，不但可以帮助效率高的企业从低信息成本中获益，而且可以促使其他生产者进行技术改进，以更便利地获取贷款，最终降低融资成本，促进产出增长。关系型借贷的研究主要集中在金融体系对中小企业的金融服务中，Peterson 和 Rajan（1995）通过实证研究表明，关系型借贷有助于放松中小企业的信贷约束。Auria（1999）等人研究了意大利公司的关系型借贷，结果发现，那些与银行关系良好的公司，借贷成本更低。甚至有学者认为，当贷款人对借款人的信息掌握比较充分时，即使借款人被意外降级，也不易引起融资方面的剧烈波动。

4. 金融发展能够促进创新

Schumpeter 既是创新理论的倡导者，也是提出金融发展促进经济增长的先驱和代表人物。Schumpeter（1911）认为，金融体系在获取信息以及事后监管上都具有比较优势，能够对创新和研发项目做出专业评估，进而通过合理的资金搭配以分散创新带来的风险，最终起到促进经济增长的作用。Morales（2003）通过建立把资本积累和研发活动纳入经济增长的影响因素中的模型发现，金融体系能够减少研发过程中的道德风险，提高监管水平，进而增加研发成功的概率。同时，金融部门对于研发活动的影响还会产生两个结果：一方面，金融发展促进创新，并给社会其他产业部门带来溢出效应，从而带动整个社会的经济增长；另一方面，创新的活跃使得已有的生产者会认为自己很有可能很快被创新者取代，因此会降低他们研发的动力。而 Stiglitz（1985）此前就已经对该问题做出研究，认为金融部门对研发活动的作用受到金融体系类型的影响，在市场主导型的金融体系中，信息会很快传递到竞争对手那里，因此生产者创新动力不足，而在银行主导型的金融体系中，信息相对保密，生产者更愿意进行研发活动。但Mayer（1996）认为，市场主导型的金融体系下，所有权更加分散，道德风险和逆向选择相对较少，因此，往往会产生相对多的创新活动，而银行主导型的金融体系，所有权比较集中，这些企业主体更加注重长期投资的效果，倾向于选择模仿而不是创新。

关于金融与创新之间的关系，至今仍然是讨论的热点。Benfratello（2008）等人分析了20世纪90年代的6000多家意大利公司，结果发现，银行网络越密集的地区，企业的创新活动越活跃。而Minetti（2011）补充研究表明，银行在培育累积性创新方面更有效，原因在于银行并不能够充分理解突破性创新的新技术，所以，对突破性创新会有所回避。Demirguc-Kunt（2008）等人通过对47个发展中国家的19000多家企业开展研究发现，一家企业能否获得外部融资，会极大影响到其创新活动，特别地，从境外银行获得融资的企业，创新活动水平高于从境内银行获得融资的公司。在国内，苏基溶和廖进中（2009）进行了类似的研究，他们的论文首先建立了一个金融内生经济增长模型，然后利用实证分析得出，中国金融发展主要通过提高研发（R&D）产出效率和技术吸收能力两种渠道促进经济增长，其中第二条途径——提高技术吸收能力起到主要作用。

总之，内部融资往往无法满足创新活动所需要的大量资金，金融体系的出现和发展在很大程度上放松了创新的融资约束，使得创新活跃成为可能。

三、金融发展抑制经济增长的作用机制

随着金融理论和实践的深入推进，越来越多的人都认识到金融发展的两面性，它是一把"双刃剑"，和经济发展的关系不是线性的，而是非线性的；对经济增长的正向促进作用是有条件的、有门槛的，在一定的条件下和范围内金融发展能够促进经济增长。金融发展一旦超出限度，就会走向反面反而伤害实体经济，抑制、阻碍经济增长。金融对经济的负作用主要体现在金融过度发展会吸收社会过多的资源，从而降低整体效率，并且给经济带来更多的不稳定性，诱发金融危机。

1. 金融部门吸收了社会过多的资源，制约了其他产业的发展

Tobin（1984）曾提出，金融部门的过度发展会吸收过多的人才。Philippon 和 Reshef（2013）认为，金融部门的规模与该部门人均收入成正比。Kneer（2013）认为，一个较大的金融体系会损害到其他的产业，尤其是那些需要技术人才的科技产业。Cecchetti 和 Kharroubi（2015）将劳动力因素加入到信贷配给模型中，求解得到一系列发散的无效均衡解。在这个不满足帕累托最优的均衡里，人才被过度集中到金融部门，如果能够向实体部门分散一些，社会总体福利就会提高。他们通过理论模型推导发现，当金融部门的议价能力比较强的时候，人才会集中向金融部门流动，而此时实体经济部门会选择一个产出效率不高但是风险相对较小的项目来运作，因此会降低整个社会的产出效率。

2. 金融部门的盲目扩张使得金融部门暴露在更大的风险中，并且运作效率更低

Arcand（2013）等人在题为《在信贷配给模型中的金融和经济发展》（*Finance and economic development in a model with credit rationing*）论文中，通过建立信贷配给模型对金融过度扩张行为进行了研究。他们的模型包括企业家、金融部门和政府三类参与者。在信贷配给和外生违约可能性的情况下，金融部门由于存在"大而不能倒（too big to fail）"的救助预期，因而将激励金融部门发展过度，会超出社会需要的最优规模，而注资约束的不完善和政府监管体制的不完善，均会引发道德风险，导致政府在危机时倾向于向金融部门注资的次优选择。具体而言，银行破产威胁以及政府注资的巨大外部成本将会使得金融业成为政府管制最为严厉的部门。但与此同时，为维护存款人的利益，政府会提供多种显性或者隐性的担保，例如存在保险制度、最后贷款人等所谓金融安全网制度。而这些制度反而诱导金融部门冒更大更高的风险，进行规模的盲目扩张、过度发展，成为大而不能倒的系统性重要金融机制，从而铤而走险诱发金融动荡和金融危机，最终危害金融安全和经济稳定，损害经济增长。

3. 金融发展过度导致经济不稳定，极易诱发金融危机

Rajan（2005）和 Torre（2012）等人认为，金融发展对经济增长的促进作用呈现边际效应递减的趋势，最终会减少到小于其负面影响所带来的成本，超过一定程度就会引致金融危机，最终对经济增长起到反向作用。

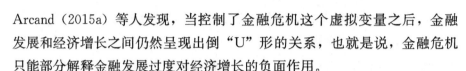

Arcand（2015a）等人发现，当控制了金融危机这个虚拟变量之后，金融发展和经济增长之间仍然呈现出倒"U"形的关系，也就是说，金融危机只能部分解释金融发展过度对经济增长的负面作用。

四、金融发展与收入分配之间的关系

国内外学术界在讨论金融发展与经济增长的关系时，还有更多的人把视野和领域拓展到金融发展与收入分配的关系研究中。因为经济增长、经济发展的目的之一就是提高人们的收入水平，改善收入分配不合理、不平等和减少贫困，让经济发展的成就惠及更多的普通老百姓。同时，收入分配的不合理，收入不平等；差距过大以及收入贫困等现象的存在，又会严重影响居民储蓄行为、资产配置行为等金融活动、资源的有效配置以及激励创新活动，从而极大地抑制经济发展的潜力和活力，对经济发展带来严重的负效应（Barro，2000）。由于收入公平和贫困问题是长期困扰世界各国的普遍现象，因此，研究金融发展、收入分配和贫困之间的互动关系，有助于更好地理解金融发展通过其他间接机制（改善收入不平等、减少降低贫困）影响经济增长的效果。例如，Beck（2007）等人的实证研究表明，金融体系和金融发展对改善一个国家的收入不平等、减少贫困都有重要的促进作用，在那些最贫困国家和地区，其中 40%是通过金融发展对最贫困家庭收入增长的长期影响实现的，其余 60%则是通过金融发展对总体经济发展的影响达到减少收入不平等的。

国内外学者对金融发展与收入分配之间的关系的研究，集中在金融发展对收入不平等影响、金融发展对改善收入贫困等方面的研究。关于金融发展对收入不平等影响的研究主要集中在两个方面：一是考察金融发展扩大还是缩小了收入不平等；二是研究金融发展影响收入不平等的主要机制。

关于金融发展扩大还是缩小了收入不平等，主要存在以下三种观点。

第一种观点：金融发展加剧收入不平等。一些学者认为，金融市场的发展会加剧收入不平等。从微观层面看，富人有比穷人发现更多投资机会的潜力，并且由于各种信贷约束的桎梏，穷人进入金融市场的相对成本较高，因而金融市场的不完美（信息不对称、交易成本、合同执行成本等）很可能降低资本流动的效率并强化收入不平等（Banerjee，1993；Clarke et al，2003）。此外，Aggarwal 和 Goodell（2009）指出，市场主导型的经济体可能会加剧不平等，因为那些大企业从金融市场获取了不成比例的高额回报。Wahid（2012）等人通过自回归分布滞后模型（ARDL）结合孟加拉国 1985—2006 年的数据进行分析，发现对于孟加拉国这样的小型发展中国家，金融发展在一定程度上扩大了收入不平等，Tiwari（2013）等人运用类似的方法分析了印度 1965—2008 年金融发展对印度城乡收入不平等的影响，也发现金融发展和经济增长均加剧了印度的城乡收入差距。Seven 和 Coskun（2016）运用动态面板数据分析了 1987—2010 年新兴市场国家的金融发展对收入不平等的影响，作者通过多个金融发展指标（银行发展、股市发展和整体金融发展）进行考察，发现金融发展促进了新兴经济体的经济增长，但并未使低收入群体受益，因而加剧了收入的不平等程度。此外，国内学者杨俊（2006）等人基于 1978—2003 年的时间序列数据检验了中国金融发展与居民收入分配之间的关系，结果表明，居民收入的不平等程度会随着金融发展水平的提高而增大，余玲铮和魏下海（2012）结合 1996—2009 年面板数据也得出了类似的结论。

第二种观点：金融发展可以改善穷人收入状况并降低收入不平等。Beck（2007）等人认为金融发展对收入不平等的影响取决于其是增加了富人的收入还是穷人的收入，作者利用 1960—2005 年间 72 个国家的数据进行实证检验，发现金融中介机构的发展，的确使得穷人的收入增长速度要快于人均 GDP 的增长速度，因而起到了降低收入不平等的作用。Akhter 和 Daly（2009）基于固定效应的向量分解（FEVD），结合 54 个新兴市场国家 1993—2004 年的数据检验了金融发展和消减贫困方面的关系，他们指出，平均来看，金融发展的确会起到减少贫困、改善不平等的作用。Mookerjee 和 Kalipioni（2010）以每 10 万人口银行分支机构数量衡量了金融服务业的发展对收入不平等的影响，他们基于发达国家和发展中国家 2000—2005 年的面板数据进行实证检验，发现金融服务业的发展确实使穷人受益，起到了降低收入不平等的作用。Prete（2013）也通过实证研究指出，随着金融市场日趋成熟，投资机会大量涌现，收入不平等现象会有所缓和。Naceur 和 Zhang（2016）从金融发展的过程、效率、稳定性和自由化程度四个维度考察了金融发展对收入不平等的影响，结果表明，除了金融自由化之外，其他三个维度的发展均能显著起到减少贫困和不平等的效果。

第三种观点：金融发展对收入不平等的影响是非线性的，遵循倒"U"形规律。支持这个观点的学者认为在金融发展的不同阶段，金融对收入不平等的影响机制是有所差异的（Greenwood & Jovanovic，1990；Matsuyana，2000；Galor & Moav，2004；Kim & Lin，2011）。在金融体系发展的早期，金融中介的存在会促使资金向物质资本积累较快的部门流动，这在一定程度上加剧了收入不平等，但随着经济发展水平的提高，金融体系日趋完善，会使更多的低收入人群受益，因此不平等程度又会降低。Park和Shin（2015）通过实证研究表明，金融发展对于改善收入不平等的有利因素和不利因素同时存在，并没有确切证据表明，金融发展到底会提高还是降低收入不平等。国内学者中，胡宗义和刘亦文（2010）结合中国2007年县域截面数据，采取非参数方法检验了金融发展对收入不平等的影响，指出随着金融发展阶段的不同，金融发展对收入不平等影响的方向有所不同。

关于金融发展影响收入不平等的机制的研究，可以追溯到20世纪90年代。长期以来，关于金融发展和收入分配关系的研究在学术界被严重忽视，一直隐含在金融发展和经济增长关系的研究当中，直到20世纪90年代Greenwood和Jovanovic（1990）发表《金融发展、经济增长和收入分配》（*Financial Development，Growth，and the Distribution of Income*）的论文，金融发展对收入分配影响机制问题才真正得到人们的关注。两人根据库兹涅茨（Kuznets，1955）提出的经济发展与收入分配之间的倒"U"形假说，通过建立一个包括金融中介、经济主体在内的动态均衡理论模型，来研究金融发展、经济增长和收入分配三者的非线性关系，他们在理论研究方面做出了开拓性贡献。他们认为，在经济发展的不同阶段，金融市场和金融结构的发展是不同的，居民由于收入差距的不同会享受不同的金融服务。穷人由于个人和家庭收入较少，其储蓄水平很低而无法进入金融市场，进而无从获得金融投资收益，从而导致富人和穷人之间的财富和收入差距进一步扩大。随着经济发展水平的提高，居民的收入水平也会逐步提高和改善，金融中介机构同时也会发展壮大，为穷人提供相应的金融服务，从而导致收入差距的缩小，贫困的减缓。可见，他们的研究实质上是库兹涅茨假说的一种扩展，即在不同的经济发展阶段，金融中介的服务门槛对不同人群的财富积累的影响不同，金融发展与收入分配之间的关系呈现倒"U"形特征。

此后，学术界在两人研究成果的基础上，从金融发展可以降低金融市场的进入门槛、加大人力资本投资、降低融资成本/提供资金支持以及改善金融服务等多个角度，开展了有关金融发展与收入分配、贫困互相关系的理论研究。例如，一些学者基于微观模型指出，通过提高资本配置效率和放松个体的信贷约束（抵押品的使用、信用记录等），可以影响个体投资决策，进而影响收入不平等（Galor & Zeira，1993；Aghion & Bolton，1997）。Matsuyana（2000）从信贷约束和最低投资回报视角构建了信贷和收入不平等之间的关系，指出财富分配会影响信贷市场供给，而信贷市场的均衡又会反过来影响不平等。Matsuyama（2004）还进一步在代际交叠模型框架下考察了金融市场的一体化对不平等的影响，发现金融市场的一体化会改变收益递减技术和借贷约束，导致经济出现多重均衡，即拉大穷人和富人之间的差距。此外，Galor 和 Moav（2004）也曾构建了包含物质资本和人力资本积累的微观机制，指出随着工业化进程的不断深入，人力资本成为经济增长新的引擎，因而放宽人力资本的信贷约束可以起到改善不平等的作用。Ehrlich 和 Seidel（2015）构建了一个包含信贷约束和产品贸易、劳动力流动的异质性企业模型，认为金融发展可以在提高工资收入和促进区域发展两个维度上降低不平等。

由此可见，信贷约束是金融体系影响收入不平等的重要原因，而信贷约束对收入不平等的影响可以通过金融投资、实体经济发展和人力资本投资积累等方面发挥影响。此外，也有部分学者结合实证指出，政策干预（如信贷控制）、金融结构等也会影响收入不平等。例如，Gimet 和 Segot（2011）结合 49 个国家 1994—2002 年的年度面板数据，运用贝叶斯方法构建结构向量自回归（SVAR）模型检验了金融发展和收入分配之间的关系，指出在控制相互因果关系和其他因素之后，金融部门的发展对于收入不平等的影响非常显著，并且这一影响对金融部门的结构而不是规模依赖很大。Johansson 和 Wang（2014）结合 1981—2005 年间 90 个国家的数据进行实证检验，结果发现，信贷控制和金融部门进入障碍是影响收入不平等的两个重要原因。

综观国内外学者的研究可以看出，金融发展过程中，信贷约束是影响收入不平等的重要原因，信贷约束发挥作用的路径主要有人力资本投资、金融投资、实体经济发展等。并且，在不同的金融发展阶段，金融发展对收入不平等的影响也有所不同。

金融发展对贫困的影响直到 20 世纪 90 年代才逐渐走入学术界的视线。关于金融发展改善收入贫困的研究主要从小额信贷和普惠金融两个角度切入。（1）小额信贷理论。小额信贷（Microfinance）是一种服务于城乡低收入阶层的小规模的金融服务方式。小额信贷能够帮助穷人获得资金（平滑消费、发展微型企业、有效管理风险等）而脱贫。Shastri（2009）分析印度的小额信贷发展对改善贫困的作用时指出，政府部门和非政府组织均认为小额信贷是消除贫困的有效工具，进而有意识地推动了小额信贷的发展。Rahman（2013）以发展较为落后的伊斯兰国家为例指出，政府部门应当发展小额信贷来刺激经济活动和促进就业，以精准地使这些国家尚处于赤贫状态的大量人口及时脱贫。Onwuka 和 Udeh（2016）结合尼日利亚的数据进行分析发现，小额信贷的发展扶持了小微企业，在一定程度上减缓了贫困现象。（2）普惠金融理论。按照世界银行的定义，普惠金融（Inclusive Finance）是指能全方位、有效地为社会所有阶层和群体提供金融服务的一个金融体系（李涛等，2016）。李善民（2014）指出，普惠金融模式下，金融扶贫可以通过降低农业生产的劳动力成本和融资成本提高农民的收入。普惠金融是一种包容性金融，着重强调通过多种金融服务为不同群体提供致富机会。因此，对穷人直接提供贷款可能不是帮助穷人的最好方式（Beck & Demirgüç-Kunt，2008），而改善要素市场和产品市场的运行效率，通过促进金融业竞争、降低准入门槛等，比直接提供贷款给穷人更有利于改善贫困问题（江春和赵秋蓉，2015）。从改善贫困角度而言，小额信贷与普惠金融既有联系又有区别，前者是对后者的实践，而后者则是在扶贫理念上对前者的深化和发展（李明贤和叶慧敏，2012）。

然而，也有一些学者对此持反对意见，从金融排斥的角度认为金融发展会使贫者更贫，进一步扩大贫富差距。金融排斥（Financial Exclusion）一般指某些弱势群体，因为缺少抵押资产等限制而没有能力进入金融体系，也就无法获得必要的金融服务。金融排斥现象的存在将使得大多数信用水平较低的贫困群体不得不转而求助于利率水平更高的民间融资渠道，最终陷入更难脱贫的贫困陷阱（Lenton & Mosley，2011）。Galor 和 Zeira（1993）从信贷市场不完美和人力资本投资角度阐述了金融发展对低收入者的不利影响，作者认为，信贷市场因准入门槛、监督成本等原因而不完美，当穷人不能通过信贷市场的借贷进行人力资本投资进而进入熟练劳动力市场时，就可能陷入"贫困陷阱"。Canavire 和 Rioja（2008）结合拉丁美洲和加勒比海地区相关数据进行实证检验发现，金融发展并未使最穷的五分之一的人口受益。杨俊（2008）等人结合中国农村和城镇住户调查数据进行检验发现，长期而言农村金融发展对贫困减少的促进作用并不明显，而短期城镇的金融发展加深了贫困程度，甚至恶化了收入分配状况。金融排斥是金融发展到一定阶段表现出的对部分群体收入增长促进作用有限的现象，金融排斥降低了金融扶贫的效力，很可能不利于贫富差距的缩小和收入分配的改善，进而使金融扶贫陷入困境（王鸾凤等，2012）。吕勇斌和赵培培（2014）也利用了 2003—2010 年中国省际面板数据分析了农村金融发展对反贫困绩效的影响，作者指出，虽然农村金融规模有利于减缓贫困，但农村金融效率对缓解贫困有负向影响。雷汉云（2015）认为，就业、收入、受教育程度、所在区域、年龄、房产权和家庭规模等均可能成为金融排斥发生的重要因素。温涛（2016）等人发现，由于乡村精英完成了农贷资金和贷款主体的对接，因而可能存在"精英俘获"机制使农贷市场的结构扭曲和功能错位，不利于普通农户的发展。

在这两种观点之外，还有一些学者认为金融发展对贫困的影响是非线性的，可能存在倒"U"形关系。Greenwood 和 Jovanovic（1990）基于具有微观经济基础的模型证实了"库兹涅茨假说"的存在，作者指出，在经济发展初级阶段，金融部门的准入门槛相对较高，很多穷人被排斥在外，贫富差距逐渐加大，而随着经济的繁荣，金融发展惠及越来越多的穷人，贫困现象因此而得到改善，贫富差距也随之缩小，也就是说，金融发展对收入改善的具体作用取决于经济发展阶段。崔艳娟和孙刚（2012）以人均消费水平作为贫困的代埋变量结合中国省际层面 1978—2010 年的面板数据考察了金融发展对改善贫困的影响，作者发现，金融发展在改善贫困方面的确存在非线性效应，金融发展可以通过经济增长和收入分配通道改善贫困，但金融波动不利于贫困改善。Donou-Adonsou 和 Sylwester（2016）采取固定效应的两阶段最小二乘法考察了 71 个发展中国家的金融发展对贫困减少的影响，作者发现，虽然银行体系的发展在贫困的改善方面具有显著的促进作用，但小额信贷机构的发展似乎对贫困没有显著影响。由此可见，金融发展对贫困的影响在不同的金融发展阶段可能会有所不同，并非所有的研究都证实了金融发展可以改善贫困。

第二节　金融发展与经济增长关系在实证研究中的争议

一、实证模型的选择

早期学者从单调变化模型出发开展研究，后期陆续有人采用非单调变化模型，但是并没有得到足够的重视。次贷危机之后，非单调变化模型逐渐占上风成为主流。非单调变化模型有三类：一是在原有单调变化模型的基础上加入关键自变量的二次项，二是采用门槛模型，三是利用半参数估计方法放松对模型的前期假设。

1. 单调变化模型

单调变化模型主要有以原始变量建立线性方程和以原始变量取对数之后建立对数线性方程两种形式。

（1）直接构造金融发展与经济增长间的线性函数。这种做法非常流行，目前依然占有重要地位。比较经典的是 Rousseau 和 Wachtel（2011）利用线性模型对 1965—2004 年间的数据进行实证检验发现，当金融深化达到一定程度之后，金融发展对 GDP 增长的促进作用就消失了，他们把这种现象称为"消失效应"（Vanishing Effect）。Arcand（2015a）等人随后提出非单调变化模型，研究结果发现金融发展和经济增长之间存在一个倒U形的关系，这个结论支持了"消失效应"，但是却对 Rousseau 和 Wachtel（2011）的研究方法表示质疑，认为他们并没有把出现这种"消失效应"的机制解释清楚，关键自变量的系数之所以会逐渐减小直至为零，一部分源于金融发展和经济增长之间的真实关系，另一部分源于模型的设定是错误的。如果正确设定的模型形式并非是单调变化的，那么一旦选择一个单调变化模型去估计金融发展与经济增长之间的关系，就一定会使关键自变量的估计系数出现向下的偏误，这个偏误随着金融发展程度的提高而增大，从而使得关键自变量的估计系数越来越小，最终减小到失去了统计上的显著性并逐渐为零。

尽管"消失效应"在统计上存在着严重的偏误，却为后续研究提供了重要的启发。Cournède 和 Denk（2015）建立了一个简单的线性方程来考察 OECD 国家的金融发展与经济增长的关系。作者用三个指标——金融产业增加值与 GDP 的比值、银行贷款总额与 GDP 的比值、股票市场市值与 GDP 的比值来衡量金融发展，并分别对经济增长进行回归。结果发现，金融产业增加值指标与经济增长负相关、银行贷款总额指标与经济增长负相关、股票市场市值指标与经济增长正相关。Capelle-Blancard 和 Labonne（2016）利用过去 40 年间 OECD 国家的数据，研究了 OECD 国家间金融发展和经济增长的关系，他们采用简单线性函数进行实证检验，结果并没有发现金融深化与经济增长之间存在显著的正相关关系。

（2）从生产函数出发，对变量取对数后考察对数线性关系。简单线性模型进行系数估计的一个重要假定前提是干扰项服从正态分布，而真实情况是，绝大多数情况下干扰项只是渐进服从正态分布。对变量进行对数化处理之后，只需要干扰项服从对数正态分布，这就大大提高了事前假定成立的可能性。而且，对数线性模型可以反映弹性系数大小，具有更明确的经济学含义。此外，对数化处理之后的模型可以使用自回归分布滞后估计方法（Auto-regression Distribution Lagged），该方法能够区分长短期影响，并且主要观察长期效果是否显著。例如，Rahman（2015）等人，利用过去 40 年间澳大利亚的金融、贸易和经济增长数据，对三者之间的关系进行了研究，他们从柯布-道格拉斯生产函数出发，将金融发展和国际贸易从全要素生产率中抽离出来单独研究，对因变量和各个自变量取对数之后建立对数线性方程，结果发现，从长期来看，金融发展通过促进国内投资而带动经济增长。

在实证研究中，两类单调变化模型都被学者广泛使用。Cline（2015a）利用与 Cournède 和 Denk（2015）相同的模型和数据，在对所有变量取对数之后进行回归，结果显示了更高的拟合优度（Goodness of Fit），但此时金融发展指标的系数非负，出现了与 Cournède 和 Denk（2015）相悖的结论。尽管拟合优度检验可以从统计上反映出模型对样本观测值的拟合程度，但完全依赖拟合优度去判断模型的优劣往往会脱离理论和本质。

此外，单调变化模型还存在着一个严重的缺陷，它在某种程度上掩盖了数据背后隐含的特征事实和发展趋势，可能造成数据的使用者无法完整描述和判断金融发展和经济增长之间的全景关系。例如，Cournède 和 Denk（2015）的研究结果看似违反常识，如果按照他们的结论，那么就可以推出"取消银行信贷就能够导致经济增长速度最大化"的荒谬结果。但是若仅仅从局部状态——样本国家异质性的视角出发去解释这个结论而不对其结论加以推广，那么其结果还是有重要经济学意义的。银行信贷总量与经济增长负相关关系表明，在当前条件下，住房和商业信贷的继续扩张对经济增长有害无益。但是这个结论并不能否定，在较长时间内金融可能都是促进经济发展的重要因素。因此，在进行研究设计以及结论解读时，要注意单调变化模型的这一缺陷。

2. 非单调变化的模型

单调变化模型的局限性促使研究者开始寻找其他的模型来刻画金融发展与经济增长之间的关系。进入 21 世纪以来，越来越多的学者尝试通过非单调变化模型开展研究。

Ergungor（2008）利用 1980—1995 年间 46 个发达国家和发展中国家的数据，采用最小二乘法进行估计检验，结果表明上述国家金融发展（银行部门）与经济增长之间存在非线性关系。Deidda 和 Fattouh（2002）利用 1960—1989 年间 119 个国家的数据，对金融发展和经济增长的关系做了实证研究，研究结果表明，人均收入不同对经济增长的作用是不同的。在高收入国家，金融发展对经济增长的促进作用比较明显，但是在低收入国家，这种关系和效果就不显著。Huang 和 Lin（2009）对 1960—1995 年间 76 个发达国家和发展中国家的数据进行了研究，他们将这 76 个国家划分为高收入国家和低收入国家两组样本，分别通过门槛模型（Threshold Mode）对金融发展和经济增长之间的关系进行回归，结果发现这两个样本组内金融发展和经济增长之间存在着非线性关系，而且这种关系在低收入国家中更加显著。Law 和 Singh（2014）利用 1980—2010 年间 87 个国家的数据，同样采用选取研究非线性关系的常用模型——门槛模型作为研究框架，用三个金融发展指标分别进行回归，得到私人信贷对 GDP 的比值、流动性负债对 GDP 的比值和国内信贷对 GDP 的比值的门槛值分别为88％、91％和99％。当低于这个水平时，金融发展对经济增长有显著的正向作用，而一旦超过这个门槛值就会有显著的负向影响。Shen 和 Lee（2006）利用 1976—2001 年间 48 个国家的数据，采取混合回归的方法进行检验，结果发现这些样本国家的金融发展（主要是股票市场）与经济增长之间的倒"U"形关系。Cecchetti 和 Kharroubi（2012）采用同样的方法，对 1980—2009 年间 50 个发达国家和新兴经济体的数据进行了实证检验，结果发现，金融业的发展对经济增长的影响呈现出倒"U"形关系。随后，Cecchetti 和 Kharroubi（2015）又对金融和实体经济的关系进行了理论和实证研究，结果也支持了信贷膨胀会伤害制造业的结论。Arcand（2015a）等人在题为《金融发展过度了吗》（*Too Much Finance*）的一篇论文中，对金融发展和经济增长的关系进行了系统全面的研究。他们采用多种计量方法，包括最小二乘估计、广义矩估计以及半参数检验，对 1960—2010 年间 130 多个发达国家和发展中国家的面板数据进行检验，稳健地支持了当私人信贷对 GDP 的比例超过 100％之后金融开始对经济增长产生抑制作用的结论。

与单调变化模型相比，非单调变化模型的显著优势在于，它改善了单调变化模型有可能掩盖样本数据背后隐含的特征事实和发展趋势的不足和缺陷，可以揭示出金融发展和经济增长两个变量之间更为细致的关系。但是，在刻画某一细分时间段的关系时，非单调模型显然不如单调模型那样简单明了。

3. 对非单调变化模型实证效果的争论

虽然非单调变化模型能够比较完整地刻画变量间的关系，促使人们更深刻地认识金融发展和经济增长之间的关系，但是近期学术界对非单调变化模型的实证效果也存在争议。

在金融危机之前，并没有太多学者重视金融发展过度的问题，而 2008 年金融危机全面爆发后，学术界在短时间内对该事件进行了广泛回应，多数支持用非单调变化的模型来解释此次金融危机出现的原因，这种现象不得不让人怀疑研究结果的客观性和可靠性。因此，虽然当前的主流观点认同金融和经济增长的关系受诸多因素的调节而表现出不稳定性，但是就倒"U"形曲线能否正确刻画这二者之间的关系则众说纷纭，反对金融发展过度学说的代表人物是 William Cline，他撰写多篇文章，通过数学模型推导，表明 Arcand（2015a）等人刻画的倒 U 形曲线的出现只是一种统计上的幻觉，并不能描述金融与经济增长之间的真实关系。

Cline（2015a）提出，只要初始人均收入与增长率负相关，而所关心的变量与人均收入正相关，那么在方程中加入所关心的变量的二次项，其系数必定为负。Cline 提出的数学模型中各个变量并没有实际的经济学意义，只是做了两个假定，分别是：Y 与 x 正相关，式（3-1）；z 与 x 负相

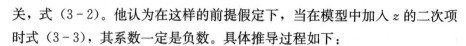

关，式（3-2）。他认为在这样的前提假定下，当在模型中加入 z 的二次项时式（3-3），其系数一定是负数。具体推导过程如下：

$$y=\alpha-\beta x \quad (\alpha>0, \ \beta>0) \tag{3-1}$$

$$z=\gamma+\delta x \quad (\gamma>0, \ \delta>0) \tag{3-2}$$

$$\hat{y}=\lambda+\eta x+\pi z+\theta z^2 \quad (\eta>0) \tag{3-3}$$

将式（3-1）、式（3-2）代入式（3-3），得到：

$$\hat{y}=\lambda+\eta x+\pi(\gamma+\delta x)+\theta(\gamma+\delta x)^2 \tag{3-4}$$

式（3-4）对自变量 x 求偏导，得式（3-5）

$$\frac{\mathrm{d}[\pi(\gamma+\delta x)]}{\mathrm{d}x}+\frac{\mathrm{d}[\pi(\gamma+\delta x)^2]}{\mathrm{d}x}=-0.5\beta \tag{3-5}$$

式（3-5）进行化简，得式（3-6）

$$\pi\delta+2\theta(\gamma+\delta x)\delta=-0.5\beta \tag{3-6}$$

式（3-6）整理之后，得式（3-7）

$$\theta=\frac{-0.5\beta-\pi\delta}{2(\gamma+\delta x)\delta} \tag{3-7}$$

因为分母为正，分子为负，所以 θ 一定为负。

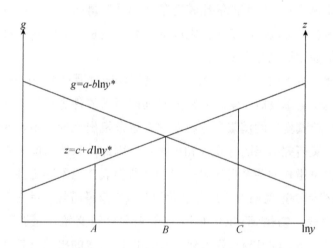

图3.1 经济增长、初始人均收入与关键变量 z 的关系示意图

从图中来看，g 表示经济增长，$\ln y$ 表示初始人均收入，z 是我们关心的变量。只要满足经济增速与初始人均收入负相关，而我们所关心的变量与人均收入正相关，也就是如图3.1所示的两条函数关系条件下，若要满足在 AB 区域，经济增速 g 随着 z 的增大而增大，超过了 B 点，g 就会随

着 z 的增大而减小，那么 z 的二次项系数必定为负。

进一步，Cline 利用三个与经济毫无关系的其他变量：每千人的医生数量、每百人的电话线数、每千人的研发人员数量，研究这三个变量与经济增长之间的关系，并且写出与 Arcand 等人研究相似的方程，包括所关心的变量的一次项和二次项，最终也产生一个倒"U"形的曲线。

Cline 的质疑马上受到了 Arcand（2015b）等人的回应，他们认为 Cline 的数学推导过程有误。Arcand（2015b）等人在这个数学模型的基础上加入了具有经济学意义的变量，G 表示经济增速，F 表示金融发展，Y_i 表示初始人均收入，由于趋同效应，所以增长和初始人均收入之间是负的线性关系，如式（3-8），而金融发展与初始人均收入之间是正相关关系，如式（3-9）。

$$G=\alpha-\beta Y_i \quad (\alpha>0, \beta>0) \tag{3-8}$$

$$F=\gamma+\delta Y_i \quad (\delta>0) \tag{3-9}$$

经济增长与初始人均收入以及金融发展的关系，如式（3-10），

$$G=\lambda+\eta Y+\pi F+\theta F^2 \tag{3-10}$$

将式（3-8）、式（3-9）代入式（3-10），得到式（3-11），

$$G=\lambda+\eta Y+\pi (\gamma+\delta Y) +\theta (\gamma+\delta Y)^2 \tag{3-11}$$

对 Y 进行一阶微分，得到式（3-12），

$$\frac{d[\pi (\gamma+\delta Y)]}{dY}+\frac{d[\pi (\gamma+\delta Y)^2]}{dY}=- (1-\sigma) \beta \tag{3-12}$$

进一步化简，得到式（3-13），

$$\theta=\frac{- (1-\sigma) \beta-\pi\delta}{2 (\gamma+\delta Y) \delta} \tag{3-13}$$

根据假设条件 $\alpha>0$，$\beta>0$，$\delta>0$，我们可以推导出 $\theta<0$，但是这些假设条件是不够的，我们还必须假设 $\pi>0$。而 $\pi-\frac{(\sigma-1)\beta-\theta2\delta (\gamma+\delta Y)}{\delta}$，在这个等式当中，只有当 $\theta<0$ 时，才能得到 $\pi>0$。也就是说，为了证明 $\theta<0$，我们需要假设 $\theta<0$，这就是 Cline 数学推导的矛盾所在。即，我们必须假设一次项系数一定为正，才能推导出二次项系数为负。但是 Cline 认为如果一次项系数为正，那么二次项系数必定为负，但是如果一次项系数为负，还要满足 $|\pi\delta|> (1-\sigma) \beta$，才能得出二次项系数为正的结论，而这种情况是不存在的，所以，仍然得到二次项系数必定为负的结论。

在实证检验方面，Arcand（2015a）等人在控制国别固定效应和时间固定效应的情况下，重新检验了医生数量和研发人员数量的模型，得到了一个"U"形的曲线，并且二次项系数不再显著。也就是说，Cline 的研究结果是不稳健的。

两人之间的争论并没有彻底结束，我们还难以判断，二次项模型及其所刻画的倒"U"形关系，能否真正反映出金融发展与经济增长之间的关系。目前为止，阐述这个问题较好的理论模型并没有出现，人们只能从实证的角度进行大量的重复检验，希望用更多的经验研究对金融发展与经济增长之间的倒"U"形关系的论点来证实或者否定。更为可靠的做法是，从理论层面出发建立一个有较强理论支撑的模型，然后利用数据对模型进行检验，而不是仅仅追求数据在统计上的意义。

二、测量样本和测量指标的选择

尽管当前的众多研究结果并没有对金融发展与经济增长之间的关系给出统一答案，但这并非意味着这些研究不科学、结论错误，而是上述研究受到样本、指标等诸多因素的影响，因而得到的具体结论大相径庭。

1. 样本国家的异质性是影响研究结果的第一个重要因素

从目前的实证研究文献来看，许多研究者为了力求研究结果更接近于现实或者更具稳健性，往往采用将越来越多的国家纳入样本空间的做法进行实证检验。然而，这种做法存在严重的缺陷和不足，一是它普遍采用的衡量金融发展的指标过于单一和粗略，二是这种方法忽略了许多异质性因素。样本国家的异质性主要体现在经济发展水平、金融体系结构、金融机构质量不同等方面，这些都会影响到金融发展和经济增长之间的关系。事实上，对于金融发展过度的担忧主要来自金融体系完善的发达国家，而发展中国家的金融体系相对落后，几乎不存在发展过度的问题。在选择样本以及进行估计检验时，需要充分考虑到这些异质性的存在，否则，实证结果将会出现偏误。

Rioja 和 Valev（2004）对 1961—1995 年间 74 个发达国家和发展中国家的面板数据进行了实证检验，并根据金融发展程度的不同将这些样本国家分成高、中、低三组。研究结果表明，对于中等水平的国家来说，金融发展对经济增长有显著的促进作用，这种促进作用在金融发展程度高的国家也是存在的，但是效果相对较弱，而在金融发展程度低的国家，这种促进作用不显著。Owen 和 Temesvary（2014）按照经济增长率的条件分布对样本国家进行分组，实证分析发现，不同国家以及不同类型（国内或者国外）的银行借贷对经济增长的影响是不同的，而这种差异主要来源于股票市场的发达程度、法律健全程度甚至是银行业的发展程度的不同。Beck（2014）等人利用 1980—2007 年间 77 个国家的数据，通过对金融中介机构发展程度考察了金融对经济增长及其稳定性的影响，他们的研究结果表明，从长期趋势来看，金融中介机构的发展会促进经济增长，同时降低经济的不稳定性。对于高收入国家来说，金融中介机构发展程度一旦超过平均水平，会促进经济增长，但代价是给经济带来更多的不稳定性。对于低收入国家来说，金融中介机构的发展程度与经济增长之间呈现出线性正相关关系，并且金融中介机构的发展会使经济更加稳定。

Samargandi（2015）等人则对中等收入国家的金融发展与经济增长之间的关系进行了研究，他们样本包括 23 个中等偏上收入国家和 29 个中等偏下收入国家，通过采用 M3 与 GDP 的比值、商业银行资产与所有金融机构总资产的比值、银行对私人的信贷与 GDP 的比值三个指标构建了一个金融发展指数（FD）。然后，分别对全部样本国家、中等偏上收入国家和中等偏下收入国家进行回归。在同样模型、方法和变量情况下，系数大小以及显著性在这三组间出现了显著差异。尤其是在门槛值的估计上，对于样本整体来说，门槛值为 0.915，而对中等偏上收入国家和中等偏下收入国家，则分别为 0.918 和 0.433。并且，样本整体的估计结果显示，金融发展与经济增长在长期内存在显著的负相关关系。然而，Jedidia（2015）采用与 Samargandi（2015）等人同样的估计方法（ARDL）对单一国家突尼斯的研究，却得出相反的结论：从长期趋势来看，金融发展与经济增长存在显著的正相关关系，会促进经济增长。为什么采用相同的方法会得出截然相反的结论？本书认为，造成结论反差最为关键的原因在于样本选择的不同，突尼斯仅仅是中等收入国家中的一个。因此，在解读此类研究结果时，首先要限定研究范围，充分考虑到样本异质性，不能离开研究对象而单纯分析这二者的关系。

此外，关键自变量的估计系数大小也会因为样本的不同而出现明显差异，这点在当前的文献中已有争论。对日本这个私人信贷占比（占 GDP 的比例）较高的国家而言，如果按照 Arcand（2015a）等人的拟合方程，

所有金融机构对私人部门的信贷占 GDP 的最优比例为 90％，并且以 2012
年的数据为例，若这一比例从当年的 178％下降到 90％，那么经济增长率
会增加 1.6 个百分点。而 Cecchtti 和 Kharroubi（2012）的研究与 Arcand
（2015a）等人类似，不同的是，他们只统计银行对私人部门的信贷，根据
其拟合方程，这一指标的最优状态是 94％，并且同样以 2012 年的数据为
例，把这一指标从当年的 105％下降到最优状态的 94％，也只会使经济增
速提高 0.02 个百分点。

Arcand（2015a）等人认为，研究结果出现显著差异的原因在于样本
的异质性。Cecchetti 和 Kharroubi（2012）的研究只包含了 50 个国家，而
他们的样本则包括了 130 个国家。国家之间的较大差异影响了关键自变量
的系数估计。可见，目前的研究结果严重地依赖于样本特质，因而研究结
论的普适性比较低。

因此，采用国别差异较大的样本进行研究时通常要固定国别效应以消
除国家之间的个体差异带来的内生性干扰。但学术界对此分歧较大。巴罗
（2012）认为，一旦使用国别固定效应，整个模型会遗漏很多重要信息。
Cline（2015b）是主张不用国别固定效应的代表，认为早期利用多国数据
研究经济增长的文献都没有使用国别固定效应，而是否使用该效应与该阶
段的增长趋同是"条件趋同"还是"绝对趋同"有关。1960—1990 年间，
世界经济增长表现出条件趋同的模式，即每个国家会趋同到自己的长期均
衡收入水平，这个阶段使用国别固定效应以控制国家之间的个体差异是有
道理的。但是这个阶段之后，表现出了绝对趋同，每个国家都会趋同到一
个相同的长期均衡收入水平，尤其是当研究的样本国家特征相似的时候，
继续使用国别固定效应就画蛇添足，干扰了模型中所有自变量的估计
系数。

然而，国家的经济运行是一个复杂的系统，每个国家都有自己独特的
环境，内部结构千差万别，在这种情况下，要利用跨国数据或者多国数据
来研究金融发展和经济增长之间的关系，通常使用国别固定效应得到的结
论更加稳健。

正因为如此，当前研究普遍意义上的金融发展和经济增长的文章并不
多，越来越多的研究是限定在某一类国家范围内，比如 OECD 国家、海湾
合作委员会国家、中等收入国家、伊斯兰国家甚至某一个单一国家，这些

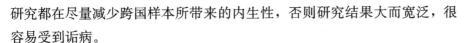

研究都在尽量减少跨国样本所带来的内生性，否则研究结果大而宽泛，很容易受到诟病。

2. 样本时间范围的不同是影响研究结果的第二个重要因素

研究结果随时间范围而改变的根本原因是一国或者一个地区的经济发展水平、金融制度环境等在不断演进，这些都会影响到金融发展对经济增长的作用。样本时间范围对研究结果的影响主要表现在以下两个方面：

（1）随着时间推移，自然增长改变了国家特质。针对这种情况，目前通常将较长的研究区间细分为几个部分来分别进行回归，不但能够观察各个不同阶段的变化，而且可以作为一种稳健性检验的手段。

Demetriades 和 Rousseau（2015）在简单线性模型的基础上加入银行监管强度、信贷控制强度、市场自由化程度、证券市场发展程度、银行业进入壁垒等变量，对 1975—2004 年间 84 个国家的数据进行三组回归，分别是全时间段、1975—1989 年以及 1990—2004 年。结果显示，在 1975—1989 年间，金融发展对经济增长起到了正向作用，但在 1990—2004 年间，这种正向作用消失了。作者认为在后一个时间段内银行监管起到了重要的作用，金融发展是不是能够推动经济增长取决于银行是不是被有效监管。Pradhan（2016）等人利用 1961—2013 年间 18 个欧元区国家的数据，对创新、金融发展与经济增长的关系进行了研究，将整个阶段分为 1961—1989 年、1989—2013 年以及 1961—2013 年三个阶段分别进行回归，实证结果表明，从长期来看，金融发展和创新都会促进经济增长，但是短期效果不显著。

（2）重大事件的干扰。研究期间若出现干扰经济的重大事件不加以处理，研究结果将会受到这个特殊值的影响而产生严重偏误。在当前关于金融发展与经济增长的文献当中，最重要的事件是 2008 年的金融危机。因此，有的研究把时间限定在 2008 年之前，以避免纳入金融危机的影响，而有的则选择用统计方法控制并观察金融危机的影响。例如，Breitenlechner（2015）等人对 1960—2011 年间 74 个国家及地区的数据，采用广义矩估计方法，并将金融危机是否发生作为虚拟变量，研究金融危机以及非金融危机期间，这些国家或者地区金融发展和经济增长之间的关系。他们的实证结果显示，在非金融危机时期，金融发展对经济增长起到正向促进作用，但是在金融危机期间，恰恰相反，金融发展会阻碍经济增长，对经济增长起到负面的影响。他们还进一步认为，在他们的样本国家中，金融发展对经济增长呈现的正向作用出现边际递减的趋势，而金融发展诱发金融风险酿成金融危机的概率则呈现边际递增的趋势。

3. 金融发展测量指标的不同是影响研究结果的第三个重要因素

学术界对于因变量的测量意见比较统一，绝大多数采用人均 GDP 增速这一指标来衡量经济发展。但是如何测量金融发展程度，则众说纷纭。根据研究目标的差异，当前的研究主要有两种选择标准：一是对于主题为探索金融发展与经济增长之间关系是正向还是负向的研究，最主要的考虑是选择能够反映金融发展程度且内生性最弱的代理指标，在这种情况下，主要采用单一指标，这个思路既包括直接用单一的金融发展指标（例如信贷类、货币供应量类的指标）对因变量进行回归，也包括通过主成分因子分析从多个备选指标中提取出因子载荷比较大的指标，然后用提取出来的因子对因变量进行回归；二是对于主题为剖析金融发展的内部结构、探析金融发展对经济增长影响渠道的研究，多采用能够测量金融发展不同维度的分类指标分别进行回归（见表 3.1）。

（1）单一指标测量金融发展程度。单一指标的研究主要还是延续传统的从信贷角度或者货币流通量角度入手的做法。例如，Arcand（2015a）等人沿袭了前人的做法，用私人信贷占 GDP 的比例作为衡量金融发展的指标，尽管这个指标并不完善，但是他们认为这是当前最为恰当的指标。具体来说，私人信贷包括所有存款性银行以及非银行的金融机构对私人部门的贷款。在 20 世纪 90 年代，银行对私人部门的贷款几乎就等同于所有金融机构对私人部门的贷款，因为那个时候银行是主要的信贷资源提供者。但是进入 21 世纪，环境发生了较大的变化，尤其是影子银行的出现和发展使得这二者不再相等，并且有着相当大的差异，因此，考虑到研究期限，他们选择的测量范围是所有银行以及非银行的金融机构对私人部门的贷款。Muhammad（2015）等人使用 M2 占 GDP 的比值以及国内信贷占 GDP 的比值作为测量金融发展的指标，针对 6 个海湾国家 1975—2012 年间的金融发展和经济增长的关系进行研究，结果表明上述国家金融发展与经济增长之间呈现出正向的相关关系。

不过，单一指标并非仅仅指用一个指标去衡量金融发展，可能也会有多个指标，但是这多个指标之间的相关性非常大，用多个指标进行回归是为了使研究结果更加稳健，这种研究也被归类为单一指标的研究。Capelle-Blancard 和 Labonne（2016）使用了金融部门信贷占 GDP 的比例、金融部门从业人员数量占总劳动力的比例以及单位人员信贷额作为金融发展的三个测量指标，研究了过去 40 年间 24 个 OECD 国家金融发展和经济增长之间的关系，但是最后并没有发现显著的正向或者负向关系。

单一指标的研究局限性较大，因为很难通过一个或者几个同类指标衡量一个国家或者地区的金融发展水平，通常这类研究只能给我们一些方向性的启发，并不能全面刻画该国或者该地区的金融发展状况。

此外，不少研究者利用主成分因子分析法测量金融发展程度，其好处是可以相对全面地反映该国或者该地区的金融发展水平。Da Silva（2015）利用 5564 个巴西城市在 2012 年的截面数据研究了巴西的金融发展与经济增长之间的关系，通过在三个金融发展维度（地理渗透度、人口渗透度、金融服务使用量）上使用 12 个指标进行因子分析，构建了金融发展指数。同时，考虑到一个国家之内的不同城市之间会有比较强的溢出效应，因此采用空间自回归的方法进行估计检验，发现相邻城市之间的经济发展程度显著正相关，并且金融发展对经济增长有显著的正向影响。

（2）多个维度测量金融发展，探析金融发展对经济增长的影响渠道。这样做主要是为了打开金融发展这个黑匣子，找到金融发展影响经济增长的途径和机制。Hasan（2015）等人从 4 个角度选取指标测量金融发展水平：用私人部门信贷占 GDP 的比例来测量银行的发展深度；用上市公司的市值占 GDP 的比例来测量股票市场的发展深度；用银行的净息差以及股票市场周转率来分别测量银行和股票市场的效率；用资本收益率加上股本比除以资本收益率的标准差来测量银行的稳定性。他们对 1960—2011 年间 72 个国家的数据进行贝叶斯估计之后发现，从长期来看，只有银行效率可以促进经济增长，银行系统在把资金从储蓄者传递到借贷者过程中发挥了重要作用，促进了整个经济的循环流动，对于经济增长具有重要意义。

Cournède 和 Denk（2015）的模型采用金融增加值占 GDP 的比例、银行等机构对私人部门的贷款占 GDP 的比例、股票市场市值占 GDP 的比例这三个指标衡量金融发展，研究结果发现，金融增加值指标与经济增长负相关，间接贷款指标与经济增长负相关，股票市场市值指标与经济增长正相关。从结果上来看，金融发展的两个指标都与经济增长负相关，似乎应当将金融增加值和间接贷款降低为零才能够促进经济增长。他们进一步用金融监管程度作为工具变量进行了两阶段最小二乘估计得到了同样的结论。对这个难以理解的结果的合理解释是，样本数据来自 OECD 国家，这些国家的特质可能会影响到研究结果，即金融发展促进经济增长的阶段已经过去，在当前的发展阶段中，金融发展处于过度状态，对经济增长起到负面作用。

表 3.1　金融发展的测量维度和指标汇总

测量维度		测量指标	相关文献
单一指标	信贷相关变量	私人信贷占 GDP 的比例、银行发放的私人信贷占 GDP 的比例、流动性负债占 GDP 的比例、金融部门从业人员数量占总劳动力的比例、单位人员信贷额、M2 占 GDP 的比值以及国内信贷占 GDP 的比值等	Arcand（2015a）等人 Mu-ammad（2015）等人 Ductor& Grechyna（2015）Capelle-Blancard & Labonne（2016）
	金融市场规模类变量	私人信贷占 GDP 的比例、市场交易股票价值占 GDP 比例、银行发行证券的价值占 GDP 的比例、金融增加值占 GDP 的比例、银行等机构对私人部门的贷款占 GDP 的比例、股票市场市值占 GDP 的比例等	Mishra & Narayan(2015) Cournède & Denk(2015) Jedidia（2014）等人
多维度测量	①银行的发展深度 ②股票市场的发展深度 ③银行和股票市场的效率 ④银行的稳定性	①私人信贷占 GDP 的比例 ②上市公司的市场价值占 GDP 的比例 ③金融市场的稳定性、净利息差以及股票市场周转率 ④资本收益率加上股本比除以资本收益率的标准差	Hasan（2015）等人

续表

测量维度		测量指标	相关文献
多维度测量	①金融发展深度 ②金融服务的可获得性 ③银行的效率 ④银行的稳定性	①银行信贷占 GDP 的比值、银行对私人部门的信贷占 GDP 的比值、银行资产占 GDP 的比值 ②每 10 万人的银行分支机构和 ATM 数量 ③净息差、ROA ④资本充足率、流动资金对存款的比例	Yusifzada &Mammadova (2015)
	①地理渗透度 ②人口渗透度 ③金融服务使用量	①每平方千米的银行机构数量、电子设备数量、银行服务站数量、高级服务站数量、联络员数量 ②每 10 万人的银行机构数量、电子设备数量、银行服务站数量、高级服务站数量、联络员数量 ③存款占 GDP 的比重、贷款占 GDP 的比重	Silva（2015）

总之，在测量指标的选择上，要根据研究目的进行设计，并没有统一的衡量标准去判断指标的优劣，指标选择的重要标准是能否准确表达研究意图。

第三节　当前新的研究思路和探索视角

一、重点关注金融与实体经济的协调发展

金融的发展是为了支持实体经济的发展，但是当前在世界很多国家和地区都出现了金融部门过度膨胀的现象，货币资金在金融体系内部空转，并没有起到支持实体经济的作用，金融发展和实体经济的不协调发展加剧了整体经济不平衡和不稳定，从而抑制经济增长。Ductor 和 Grechyna（2015）利用 1970—2010 年间 101 个发达国家和发展中国家的数据，研究了金融发展、实体经济部门发展和经济增长三者之间的关系，研究结果发

现，金融发展对经济增长的促进作用主要取决于私人信贷是不是流向了实体经济部门。如果私人信贷增长速度超过了实体经济的增长速度，那么金融发展就会对经济增长造成负面的影响。所以，就某一个特定国家或者特定地区而言，其金融发展水平（包括规模和速度）都需要与实体经济的发展水平保持均衡相匹配速度，金融立足于服务实体经济，才能推动整个国民经济的增长。

张金清、陈卉（2013）就金融与经济均衡发展的问题提出"金融相对经济增长适度"的观点，两人指出"金融发展相对于经济增长的适度性关系可划分为金融发展适度、超前和不足三种基本状态"，也就是说，金融资产规模与国民经济产出值应保持一定比例，只有在这个比例范围内，金融才能充分发挥支持实体经济发展和经济增长的作用，过低或者过高都不利于金融体系功能的发挥，金融资产规模过低，金融与实体经济都会陷入持续低迷；而金融资产规模过高，则会对实体经济造成挤出效应，进而伤害经济增长。这一观点已引起国内学术界的注意。

金融危机爆发的触发点在于金融的非理性繁荣。2008年金融危机全面爆发之后，世界各国在重创之下进行了深刻反省。合理引导金融发展、避免催生金融泡沫是各个国家的重要任务。因此，在今后的研究中，进一步关注金融与实体经济协调发展显得尤为重要。

二、分解因变量，研究金融发展对不同经济部门的影响

一直以来，对金融发展的测量有很多争议，但是对于因变量，学术界的观点保持高度一致，即用人均 GDP 增速作为衡量经济增长的指标。近几十年来几乎都没有在因变量方面有过深入探讨。Aizenman（2015）等人利用 41 个样本国家的数据就金融发展和经济增长之间关系的研究做出了新的尝试，创新之处在于研究了金融发展的数量和质量对 10 个经济部门（农业、采矿业、制造业、建筑业、公共事业、批发零售业、交通运输业、金融和商业服务、其他市场服务以及政府服务）的影响，将因变量由单一指标拓展为 10 个指标。研究结果表明，金融发展和经济增长之间确实存在着非线性关系，而且这种关系在不同的经济部门表现不同。

三、引入新变量，逐渐打开全要素生产率的黑箱

当资本和劳动生产率已经被开发到极致的时候，我们越来越关注全要素生产率的开发。全要素生产率是指那些能够促进经济增长但是不能被资

本和劳动力解释的要素。全要素生产率推动经济增长的主要途径是技术创新和生产要素的重新组合。技术创新为生产提供了新的工具，而生产要素的重新组合使得资本和劳动力的搭配更加高效。因此，随着经济发展水平的不断提高，资本和劳动生产率的边际效率不断降低，而全要素生产率对经济的贡献度越来越高。因此，从实证研究的角度来看，如果仍然把全要素生产率放在干扰项中，必然会产生严重的内生性，导致关键自变量的系数估计有偏。更为合理的做法是，逐渐打开全要素生产率的黑箱，在原有模型基础上纳入能够反映全要素生产率的变量，一方面可以更加准确地估计金融发展与经济增长之间的关系，另一方面也可以考察其他因素在这个关系链条中所起的作用。

Omri（2015）等人研究了金融发展、环境质量、贸易开放度和经济增长之间的关系。作者从柯布-道格拉斯生产函数出发，抽离出这些可识别的因素，并对变量取对数之后建立联立方程模型。通过使用1990—2011年间12个中东和北非国家（MENA）的数据，分别对每个国家的数据进行时间序列检验以及对所建立的联立方程（Simultaneous Equation）进行检验，发现了这四个变量两两之间的因果关系。就金融发展与经济增长之间的关系来说，在部分国家显示出显著的促进作用，而在部分国家则没有。

在我国，有关全要素生产率的研究早已有之，但主要集中在对全要素生产率的测算上，后来逐渐引入研究人力资本、进出口贸易、经济结构、政府行为等影响全要素生产率的因素。对于金融发展与全要素生产率的研究，兴起于2010年前后，并逐渐呈现出一定热度。姚耀军（2010）利用界限检验法、ARDL法的协整系数估计和向量误差修正模型及其格兰杰因果关系检验等计量分析技术对时间序列数据进行了考察，结果发现，从长期来看，金融发展、FDI、经济自由度都是全要素生产率的格兰杰原因，但是从短期来看，全要素生产率是金融发展的格兰杰原因，也就是说，金融发展呈现出需求追随的特征。陈启清和贵斌威（2013）提出金融发展对全要素生产率的提升表现在水平效应和增长效应两个方面，水平效应表示在金融发展水平高的地区，拥有更高的全要素生产率；而增长效应表示金融发展水平高的地区，拥有更高的全要素生产率增长率。作者用1978—2010年的中国省际面板数据进行实证检验，结果表明，我国金融发展对全要素生产率具有正的水平效应和负的增长效应，也就是说，金融发展的确能够提高全要素生产率，但是呈现出边际效应递减的趋势。李健和卫平（2015a）利用我国 2000—2012 年的省际面板数据进行实证研究，选取金融发展规模和金融发展效率两个维度作为金融发展的衡量指标，来考察金融发展与全要素生产率增长之间的关系和作用机制，结果发现，这两个维度下的金融发展都对全要素生产率增长起到了显著的促进作用，并且，相比较于金融发展规模，金融发展效率的促进作用更为明显。李健和卫平（2015b）又利用 2000—2012 年我国省际面板数据，采用数据包络分析测算了样本期间我国的全要素生产率，并用动态广义矩估计方法对两者之间的关系和作用机制进行了实证检验，发现民间金融发展对全要素生产率呈现显著的正向影响，而且 2006—2012 年期间民间金融发展的 TFP 增长效应显著地大于 2000—2005 年期间民间金融发展的 TFP 增长效应。黄燕萍（2016）利用我国 1997—2013 年的面板数据进行实证研究，发现相比于物质资本，全要素生产率对于一国的持续增长更有意义，进一步研究发现，与人力资本相比，金融发展对全要素生产率的提升影响更大。

四、探索金融发展对经济增长作用的内在机制

当前，越来越多的研究并不囿于将研究视角仅仅锁定在金融发展是否能够促进经济增长上面，而逐步拓展研究视野，开始探索金融体系这个庞大而复杂的系统是如何影响经济增长的，也就是研究这两个变量之间的作用机制。这个方向的研究主要有两类尝试：（1）剖析金融发展的内涵和外延，尤其是要先从理论上分析金融发展影响经济增长的渠道和途径，然后选取合适的测量指标进行实证检验。（2）检验金融发展和经济增长之间的因果关系，甚至是将金融发展这个大而宽泛的概念进行具体化之后，探求自变量和因变量之间的因果关系。

（1）对于影响渠道的辨识。Bezemer（2016）等人从功能金融说的角度出发，认为信贷功能是金融发展能够促进经济增长的主要动因，他们将信贷细分为四种类型：房地产信贷、消费信贷、非金融产业信贷和金融信贷（保险、养老金等其他非银行的金融机构），并进一步计算了信贷存量和信贷流动性。对 1990—2011 年间 46 个国家的数据进行系统 GMM 和双重差分的估计检验，发现信贷存量对于经济增长的影响是负向的，但是估计系数没有统计上的显著性，而信贷流动性对经济增长的影响则有显著的正相关关系，其程度随着一国金融发展程度的提高而降低。值得注意的

是，这个研究发现，当银行信贷流向金融部门的时候，其对经济的影响作用比其他流向要弱，这也从侧面反映了当金融部门集聚过多社会资源时会降低整体经济的效率。

（2）对于因果关系的探索。实证分析的重要目的之一是确定变量间的因果关系，这是一项非常具有挑战性的工作。在金融发展与经济增长之间关系的研究领域中，对因果关系的探索也是一个关键点，可以帮助我们清晰地看到金融发展对经济增长的影响机制。Peia（2015）等人将金融发展分为股票市场的发展和银行的发展，然后对 22 个国家的数据分别进行时间序列分析之后发现：在 11 个国家中，股票市场的发展和经济增长之间表现出了因果关系，而在 16 个国家里，银行的发展和经济增长之间表现出了反向因果关系。这一研究结果提醒我们，金融发展对经济增长的影响没有统一机制，在研究设计中要充分考虑样本国家异质性等具体情况，才能逐渐逼近变量之间真实的因果关系。

第四节　本章小结

本章通过对国内外学术界就金融发展和经济增长的研究进度进行了归纳和梳理，主要有以下几个结论：

第一，金融发展与经济增长、收入分配的实证模型的选择没有一定之规，要根据具体的研究目的去确定究竟用单调变化模型还是非单调变化模型，而不是仅仅依靠统计上的拟合优度指标去判断。如果研究目的是从广义上去分析金融发展和经济增长、收入分配的全景关系，那么更好的做法是选择非单调变化模型，甚至是用非参数检验或者半参数检验的方法，以避免单调变化模型掩盖数据背后隐含的特征事实和发展趋势的缺陷和不足。而如果研究目的是重点观察某一个较短时间段内的关系，研究当前时刻金融发展是否能够促进经济增长、降低收入不平等和改善收入贫困，那么单调变化模型能够清晰地刻画所要观察的对象的特点。

第二，金融发展与经济增长、收入分配关系的研究结论要谨慎解读。样本不同，研究结果往往相差甚远。在叙述研究结论的同时需要强调研究背景，否则并没有太多实际意义。在金融发展与经济增长、收入分配的关系链条上有很多因素在起着调节两者关系的作用，我们无法做到控制所有的干扰因素，那么就要在解读结论时做到严谨。

第三，测量金融发展的指标要根据研究目的去合理设计。如果仅仅是观察金融发展与经济增长、收入分配之间是正向关系还是负向关系，那么使用单一指标体系就足够了，但是如果要探索金融发展影响经济增长、收入分配的机制，就需要采用多指标体系。

第四，金融发展和经济增长、收入分配之间关系的争论已经白热化，未来的研究需要跳出窠臼，尝试探索新的方向和思路，才能从理论以及实践上产生新的意义。例如，我们可以结合中国当前的形势，研究中国的金融发展与实体经济发展的匹配问题，也可以在这二者关系的模型中加入新的重要变量，观察这些变量之间的相互作用，或者细致分析金融发展影响经济增长的机制等。

第四章　金融诅咒现象的表现、效应及对中国的启示

2008 年爆发的国际金融危机虽然已经远去，但它对世界经济造成的冲击至今仍未消除，发达经济体依然深陷低增长和高失业的泥潭不能自拔。这次金融危机影响的范围之广、时间之长、危害之深发人深省，并促使一大批学者开始全面反思金融对社会经济发展造成的负面影响。其中英国学者尼古拉斯·萨克斯森和约翰·克里斯坦森（Nicholas Shaxson & John Christensen）提出的金融诅咒（Financial Curse）概念引发了学界的强烈关注和共鸣。他们认为，如同资源依赖型国家受到"资源诅咒"而出现增长停滞甚至负增长现象一样，金融过度发展的经济体也会受到"金融诅咒"的威胁，也就是说，一旦金融发展过度甚至脱离实体经济进入无序、畸形的自我循环、自我膨胀发展轨道，就会损害经济增长和社会稳定，诱发金融危机，并超越国界，产生极具传染性的"多米诺效应"，导致全球市场动荡、经济衰退。

第一节　金融诅咒概念的由来及表现

萨克斯森和克里斯坦森提出的金融诅咒概念，一方面是借鉴了近年来学术界对金融发展和经济增长关系研究的成果，另一方面则是对发达经济体金融发展过度、金融部门规模过大造成的社会经济运行种种弊端、矛盾、恶果的集中提炼和概括。

众所周知，早在一百多年前，西方经济学家就开始关注金融体系对经济增长的作用，认为一个运行良好的金融体系，在经济增长中发挥着不可替代的重要作用。此后，有众多的文献支持了金融发展对经济增长有正向促进作用的观点。然而，20 世纪 90 年代以来相继出现日本房产泡沫破裂、墨西哥金融危机、东亚金融危机、巴西金融危机等程度不等的市场震荡，人们开始重新思考金融发展与经济增长之间的关系。例如，德格雷戈里奥和吉多蒂（De Gregorio & Guidotti）研究了高收入国家中金融深化与产出增长之间的关系，结果发现，在 1960—1985 年间，随着金融发展深度的提

高，产出也不断增长，但是在 1970—1985 年间，与金融发展深度提高相伴随的是产出的下降。2007 年美国次贷危机引发"占领华尔街"运动，并将金融发展与经济增长之间关系的争辩推向了新的高潮。克鲁格曼强烈质疑和抨击金融发展有利于经济增长的观点，认为"金融业的过度发展弊大于利"，"金融吸纳了整个社会太多的财富与人才"。英国金融服务管理局主席阿代尔·特纳（Adair Turner）认为，"不是所有的金融创新都是有价值的，不是所有的金融交易都是有用的，过大的金融系统不一定更好，金融部门已经超过其社会最优规模"。一旦金融发展过度，不但对经济增长没有明显的益处，反而会攫取大量租金收益，从而引致金融危机并使经济发生倒退。他们的观点得到了学术界的热烈响应，此后众多学者利用不同的模型、数据和估计方法，从多个角度得出了金融发展过度对经济增长带来抑制作用的结论。

卢梭和瓦赫特尔（Rousseau & Wachtel）利用线性模型，通过数据检验发现，在 1965—2004 年间，当金融深化达到一定程度之后，金融发展对 GDP 增长的促进作用就消失了，他们把这种现象称为"消失效应（Vanishing Effect）"。拉扬和拉托雷（Rajan & de la Torre）等人认为，金融发展对经济增长的促进作用呈现边际效应递减的趋势，最终会减小到小于其负面影响所带来的成本，超过一定程度就会引致金融危机，最终对经济增长起到反向作用。劳和辛格（Law & Singh）选取了研究非线性关系的常用模型——门槛模型作为研究框架，用三个金融发展指标对 87 个国家1980—2010 年间的数据分别进行回归，得到私人信贷对 GDP 的比值、流动性负债对 GDP 的比值和国内信贷对 GDP 的比值的门槛值分别为 88%、91% 和 99%。当低于这个水平时，金融发展对经济增长有显著的正向作用，而一旦超过这个门槛值就会有显著的负向影响。阿坎德（Arcand）等人采用多种计量方法，对 130 多个发达国家和发展中国家 1960—2010 年间的面板数据进行检验，结果表明，金融发展和经济增长之间呈现出倒 U 形的关系，即金融的增长效应存在"门槛"效应，当私人信贷对 GDP 的比例超过 100% 之后金融开始对经济增长产生抑制作用。人们将他们的观点称为"金融发展过度理论"。

从现实来看，金融诅咒现象被两位英国学者高度重视还在于发达经济体各国存在的种种乱象。

一、债务规模日益扩大，杠杆率不断攀升

在经济金融繁荣发展阶段，以美国为代表的西方主要发达国家普遍经历了债务规模迅速扩张的过程。以美国为例，1960 年到 2008 年间，债务规模，尤其是金融部门的债务规模以空前的增速扩张，而 2000 年的互联网泡沫破裂和 2007 年的次贷危机之后，各部门债务规模随即陡转直下，见图 4.1。

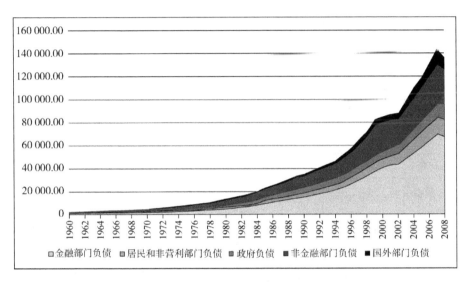

图 4.1　1960—2008 年美国各部门债务规模（单位：10 亿美元）
数据来源：国际清算银行、WIND。

较之债务规模的绝对值，杠杆率更能够体现债务负担水平，杠杆率的大幅度提高是金融发展过度最直接的一个表现。一般而言，发达国家风险管理能力较强，其杠杆率普遍较高，平均在 300% 以上，而发展中国家由于金融体系相对脆弱，可承受的杠杆率较低。在金融发展过度时期，杠杆率不断攀升的过程在国民经济的各个部门都有不同程度的体现。

从政府部门来看，杠杆率衡量的是中央政府和地方政府债务与 GDP 的比例。表 4.1 给出了美国、英国和希腊从 2001 年到 2016 年的政府部门杠杆率，可以看到美国和英国的杠杆率在次贷危机爆发之前呈现出稳定增长的态势，在金融危机过后由于政府为实施救助计划所采取的大规模举债措施而逐渐升高至 100% 左右。相比之下，希腊的政府杠杆率一直超过

100％，远超欧盟《稳定与增长公约》规定的 60％ 的上限，在 2009 年欧债危机爆发时一度高达 124.6％，几欲破产，在最终继续获得欧盟援助之后，主权债务进一步扩大至 170％ 以上，严重拖累该国经济复苏。

表 4.1　美国、英国、希腊政府部门杠杆率　　　　单位：％

年份	美国	英国	希腊	年份	美国	英国	希腊
2001	51.1	36.7	110.3	2009	80.6	68.2	124.6
2002	54.9	37.3	107.9	2010	90.2	81.7	118.3
2003	56.1	38	102.8	2011	98.7	95.6	98.9
2004	62.5	41.4	104.2	2012	101.6	97.9	152.3
2005	60.6	43.7	107.2	2013	98.3	94.3	170.1
2006	58.5	43.5	108.8	2014	100.6	105.5	171.6
2007	60	44.8	105.8	2015	99.6	104.9	171
2008	70.7	54.9	108.5	2016	100.8	116.6	175.4

数据来源：BIS. http://www.bis.org/statistics/c_gaps.htm? m=6％7C347.

从金融部门来看，杠杆率的提高来自金融衍生产品的层出不穷，再加上金融衍生产品大多采用保证金交易，杠杆率被进一步放大。例如，20 世纪 90 年代后，美国金融机构为了规避资本充足率的管制，纷纷设立特殊投资实体和进行资产证券化操作，将高风险的资产转移到资产负债表外，大大提高了贷款、债券的杠杆率。表 4.2 给出了 1999 年到 2008 年次贷危机爆发期间，欧元区国家和美国金融部门的杠杆率，其水平远高于国民经济其他部门，造成中央银行失去对货币发行量的控制能力，使得金融系统流动性风险大大加强。

表 4.2　欧元区国家、美国金融部门杠杆率　　　　单位：％

年份	欧元区	美国
1999	414	395
2000	424	397
2001	414	406
2002	401	402

续表

年份	欧元区	美国
2003	419	427
2004	435	443
2005	477	448
2006	509	468
2007	532	483
2008	522	459

数据来源：BIS. http：//www. bis. org/statistics/c_gaps. htm? m=6％7C347.

从非金融部门来看，在金融业繁荣发展、规模扩张时期，社会中的资金充裕、价格较低，实体经济往往也出现借贷高涨的现象。20 世纪 90 年代亚洲金融危机爆发之前，泰国非金融部门的杠杆率一路走高，最终随着金融泡沫破裂、社会生产萧条而逐渐下降。21 世纪初，英美国家的非金融部门也经历了同样的过程，见表 4.3。

表 4.3　美、英、泰 1990—2015 年非金融部门杠杆率（不包括政府部门债务）

单位:％

年份	美国	英国	泰国	年份	美国	英国	泰国
1991	121.4	115.7	100.9	2004	149.6	157.8	101.9
1992	117.6	116.7	107.8	2005	153.6	165.7	96.9
1993	117.5	115	117.3	2006	160.2	172.2	93.4
1994	117.9	111.8	135.6	2007	167.4	176.4	91
1995	119.9	113.6	150	2008	167.8	188.4	92.3
1996	120.6	109.8	158.2	2009	165.8	188.9	95.6
1997	121.8	112.7	181.9	2010	157.1	180.8	95.4
1998	126.3	120.6	165.4	2011	151.9	176.8	106.2
1999	130.8	128.6	140.5	2012	149.4	177.7	109.4
2000	133.9	135.1	117	2013	148.5	169.8	117.1
2001	138.4	144.4	104.4	2014	148.6	162.2	120.8
2002	142.3	153.7	106.7	2015	149.7	160.2	123.5
2003	145.8	153.7	99.4	2016	152	163.8	120.2

数据来源：BIS. http：//www. bis. org/statistics/totcredit. htm? m=6％7C326.

从居民部门来看，杠杆率的提高来源于信贷消费的扩张、家庭债务的增加。社会处于经济繁荣周期时，大量资金被配置到股市、楼市中，出现全民忽视高风险、一味疯狂追逐高利润的现象，而很少有人意识到自己背负的杠杆效应。例如，2001—2007年，美国家庭债务总额（含住房抵押贷款和信用卡消费额）由7万亿美元激增到14万亿美元，家庭债务占家庭收入的比重达到了"大萧条"以来的峰值水平。表4.4给出了美国、英国和欧元区国家在金融危机前后居民部门杠杆率的变化情况。

表4.4 美国、英国和欧元区居民部门杠杆率 单位：%

年份	美国	英国	欧元区	年份	美国	英国	欧元区
2001	73.6	69.1	48.3	2009	95.5	97	63.8
2002	78.2	74.6	49.6	2010	90.3	93.9	63.5
2003	83.9	79.5	51.4	2011	85.7	91.3	62.8
2004	88.1	85.8	53.4	2012	82.7	90.1	62.4
2005	91.3	86.3	56.1	2013	80.9	87.7	61.3
2006	95.5	90.1	57.8	2014	78.7	85.9	60.5
2007	97.7	93.2	58.6	2015	78.9	87.1	59.5
2008	95.2	94.4	60	2016	79.5	87.6	58.6

数据来源：BIS：http：//www.bis.org/statistics/c_gaps.htm？m=6％7C347.

二、金融投机泛滥，商品过度金融化

在一个金融发展过度的社会中，金融投机行为大肆蔓延，金融创新衍生产品层出不穷，并且越来越多流动性低的资产被转化为流动性高的金融资产，出现商品过度金融化的现象。

首先，传统金融产品通过证券化等一系列操作产生大量的金融衍生品。例如，2007年中期，美国影子银行的规模达到了67万亿美元，成为全球投资者进行金融投机获利的场所；而2008年末，随着金融危机蔓延扩大，大量投机资金撤离，美国影子银行规模急剧缩减到56万亿美元，一年半的时间内减少了11万亿美元。观察历年美国证券投资组合净流入，我们可以发现在每一次泡沫破裂之前的经济繁荣期，都会出现大量国际资本向美国潮涌的现象，并且这些投机资本会在金融危机爆发后迅速撤离，见图4.2。

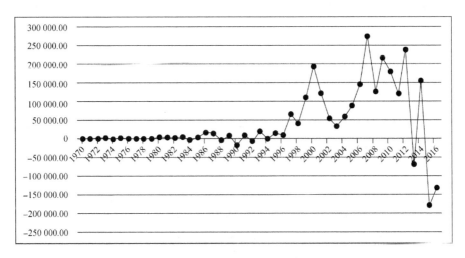

图 4.2 1970—2016 年美国证券投资组合净流入（单位：百万美元）
数据来源：世界银行，WIND。

其次，普通商品被赋予金融属性，按照金融规则进行交易。根据张成思的研究，商品金融划分为高中低三个层次，房地产可以被界定为高金融化层次的商品，诸如大豆、白糖、棉花等有期货市场的可以被界定为中等金融化层次的商品，而葱姜蒜等普通商品则被界定为低金融化层次商品。出现金融诅咒的社会，往往表现出在三个层次上的商品金融化程度同步加强的现象，具体来说，高金融化层次的商品，其金融属性被不断强化，甚至固化成为典型的金融工具，例如美国房地产抵押贷款已经脱离了基本的购房支持功能，几经打包出售成为金融投机的工具；中等金融化层次的商品，其交易更加频繁，交易规模不断增大，商品期货市场不再是为了规避现货价格的波动风险，而是成为金融机构投机的重要场所，例如，美国金融机构投资到各种与指数相关的商品期货市场的市值由 2003 年的 150 亿美元激增到 2008 年中期的 2000 亿美元；而低金融化层次的商品范围则不断扩大，居民生活用品的交易价格脱离使用价值，这个现象最早可以追溯到17 世纪荷兰的"郁金香泡沫"事件。

三、金融机构盲目扩张、关联复杂，以至"大而不能倒"

历史经验表明，越是规模大的金融机构，在出现问题时获得政府救助的可能性越大。例如，美国在 20 世纪七八十年代出现过银行倒闭高潮，但是并没有引发金融危机，主要原因在于大银行得到了政府的救助，而关门倒闭的都是规模较小的银行。在1998年俄罗斯金融风暴中，美国长期资本管理公司遭到了巨额亏损，考虑到该金融机构与其他金融机构之间的复杂关联性，美联储安排摩根、美林等15家金融机构向美国长期资本管理公司注资37.25亿美元，帮助其避免了倒闭的厄运。在本轮金融危机中，美联储同样救助了规模更大的花旗集团、AIG、美国银行等金融机构，放弃了规模相对较小的雷曼兄弟、美林证券等。这种现象激励了大型金融机构冒更高的风险，盲目扩张规模、过度发展，最终诞生了"大而不能倒"的系统重要性金融机构。

从表4.5中我们可以看到，2000年到次贷危机爆发前后，相对于全美十大跨国企业，美国五大银行的总资产经历了一个急剧膨胀时期，其坐拥的巨额资产以及相互之间的复杂网络关系，足以绑架政府在其资金链断裂时对其实施注资等救助计划。

表4.5　美国十大跨国企业①总资产与五大银行②总资产对比情况

单位：百万美元

年份	十大跨国企业总资产	五大银行资产
2000	1 477 085	2 675 313
2001	1 350 088	2 909 523
2002	1 867 712	3 057 856
2003	2 139 586	3 331 664
2004	2 314 670	4 374 758
2005	2 457 884	4 675 951
2006	2 185 687	5 395 085
2007	2 332 509	6 278 450
2008	2 185 093	7 513 846

数据来源：跨国企业数据来自 UNCTAD. http://unctad.org/en/Pages/Home.aspx，银行资产来源于各大银行年报。

---

①　十大跨国企业分别是通用电气公司、福特汽车、埃克森美孚、雪佛龙有限公司、康菲国际石油有限公司、宝洁公司、沃尔玛、通用移动、IBM、辉瑞公司。

②　五大银行分别是花旗银行、J. P. 摩根、富国银行、美洲银行以及美国合众银行。

四、就业过度金融化，教育显现金融热

金融业的利润过高、金融从业人员的收入过高，吸引了大量的人才从政府部门以及制造业等其他部门流向金融部门。不仅高端人才向金融行业聚集，大量不具备金融从业素质甚至文化水平较低的人，也在从事着与资金运转相关的金融工作。金融就业市场的火热也导致金融教育出现白炽化现象。

20 世纪 70 年代至今，美国生产性部门（采矿业、建筑业、制造业）的就业岗位呈现出震荡下滑的趋势，而金融部门的就业岗位却逐年增加，在金融危机之后出现了小幅下降，之后随着经济和金融的缓慢复苏而上升。

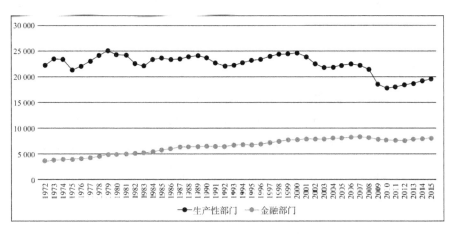

图 4.3 美国生产性部门与金融部门就业岗位对比（单位：千人）

数据来源：Economic Report of President（美国国情咨文 2016）。

1954 年，法国和德国的人均 GDP 只有英国的 93%，而到了 1977 年，两国的人均 GDP 已经分别达到英国同期的 141% 和 146%。英国著名外交官—尼古拉斯·韩德森在其离任报告中写道，"我们英国人对于在工业界谋职有不同的看法。在联邦德国，工业界总是把最优秀的人才吸引过去，这确实在俾斯麦时期就如此；在英国，大中学毕业生不太愿意进入工业界，而愿意在伦敦市商业银行或者政府机构就职。这既有对传统和名誉方面的考虑，也有经济方面的考虑。"伦敦作为世界著名的金融中心，带动了英国金融业的繁荣，金融从业人员的收入远高于实体经济

其他部门，最优秀的人才会在市场机制的支配下进入金融体系工作，从而使得其他部门人力资本不足而发展凋敝，进一步加大了其他产业部门和金融部门之间的差距，从而使得金融部门更加强盛，其他产业部门更加衰落。

金融行业不但利润丰厚，而且其轻资产的特点降低了该行业的进入和退出壁垒，这两大优势也吸引了大量不具备金融从业素质，甚至没有接受系统教育的人涌入金融业。他们多数经营着投资咨询公司、典当行、小额信贷公司等规模或大或小的借贷中介，从事着大量的民间借贷活动。

就业金融热会带来教育的金融热，在美国，金融、金融工程、经济、精算、市场营销等商科类专业受到了空前追捧，这就从人才培养链的上游深化了金融行业对于人才的攫取程度，导致未来的人力资本结构呈现出向金融行业倾斜的特点，也就使得其他产业人才流失的危害将在未来更长一段时间内持续显现。

五、货币资金空转，金融体系自我循环

20世纪70年代之后，西方发达国家推行新自由主义政策，极大放松了金融管制，促使金融行业繁荣发展，金融衍生品市场、虚拟经济部门在经济中的影响力与日俱增，金融资本摆脱了物质形态的束缚，具有极高的自主性和灵活性。当证券市场繁荣时，房地产市场相对萧瑟，资金流入股票市场、债券市场及其他金融衍生品市场；当证券市场疲软时，房地产市场必然崛起，此时大部分资金又会流入房市，进而形成在 FIRE（Finance、Insurance、Real Estate）行业内部自我循环的封闭链条。此时企业的主要目标不再是企业利润最大化，而是股东价值最大化。近三十年来，大量的企业资金被用于操纵公司股价，而非用于实际经营。在美国，2000年到2009年间，占上市公司总市值75％的 S&P 500强企业，用其净收入的58％进行股票回购以拉升股价。并且，美国非金融公司净股份发行与现金流量的比例在20世纪50—70年代中期一直保持正值的水平，进入70年代后期之后，开始出现负值，即股份回购超过了发行量，2007年更是达到了历史低点－50.7％。也就是说，货币资金大量在资本市场内部运作，抬高股价，而是不投入到实际生产中。

第二节　金融诅咒的后果及效应

一、抑制经济增长

2008 年国际金融危机重创发达经济体，世界经济因此受到严重拖累。据世界银行统计，美国、日本、欧元区的经济增长率分别从 2007 年的 2.2%、2.1%和 2.7%下降到 2008 年的 1.1%、−0.7%和 0.7%，2009 年又分别下降为−2.5%、−5.4%和−4.0%。世界经济的增长率从 2007 年的 3.6%下降到 2008 年的 1.9%，2009 年则降为−2.2%。危机至今，发达经济体经济复苏缓慢，美日欧主要发达国家的实际 GDP 增长均远远低于潜在产出的预测值。美国经济学家多明格斯和夏皮罗（Dominguez & Shapiro）的研究表明，尽管 20 世纪 50—80 年代美国出现了多次经济衰退，但之后经济复苏时期的增长率都要高于正常趋势。然而，2007—2008 年金融危机爆发以后，美国经济的增长率却始终低于长期趋势。发达经济体经济增长长期处于低迷的罪魁祸首就是金融诅咒，即金融的非理性发展抑制和损害了经济发展的动力。我们可以从以下几个渠道来进行考察。

一是造成资源错配，阻碍全要素生产率的提高。当前学术界一致认同，在影响经济增长的诸多因素中，全要素生产率扮演着日益重要的角色。但是在一个金融部门规模过大、金融产业过度繁荣的社会中，越来越多的企业和居民将更多的资金配置到金融投机中，导致与金融相关的领域投资过度，而与实体相关的领域投资不足，与提高全要素生产率相关的各项活动因面临较强的融资约束而无法实现，最终阻碍了一国的长期经济增长。

二是导致创新动力不足，妨碍社会创新能力的上升。一方面，创新需要科技人才，而早在 1984 年，托宾（Tobin）就提出，金融部门会过多剥夺制造业人才。科尔（Kneer）认为，人才流失，会严重伤害那些需要技术人才的科技部门，高科技行业由于缺少足够的研发人员而创新不足。另一方面，创新活动是一项投入较高，但是不确定性和风险也较高的活动，因此受到极大的融资约束，在一个经济过度金融化的社会，更多的公司会为了圈钱而上市，而上市之后由于代理问题，管理层的创新动力会大打折扣。沙伊·伯恩斯坦（Shai Bernstein）以美国公司为样本研究发现，上市会改变公司的创新战略，由内部创新导向转变为外部收购导向，内部创新水平和质量会出现明显下降。

三是加速虚拟经济膨胀，促使实体经济空心化。20世纪80年代中期以来，金融部门快速发展，金融创新层出不穷，新一轮的全球化显现出虚拟经济全球化的特点。切凯蒂和卡鲁比（Cecchetti & Kharroubi）指出，金融部门通过与其他国民经济部门竞争资源而挤压其他产业的发展空间，金融部门的非理性繁荣非但不能促进经济增长，反而会抑制经济增长。在那些以向全球提供金融服务作为支柱产业的国家和地区，大量资金以美元的形式涌入，导致对当地货币的需求增多，使得汇率上涨，同时大量的热钱涌入，购买房地产等资产，提高了当地的物价水平，汇率和物价的上涨，使得其他重要出口行业缺少竞争力而逐渐萎缩，该现象被冠以"泽西病"①。而本轮金融危机对金融经济的降温效应，也帮助部分国家减轻了"泽西病"症状，例如，2007年1月，英镑开始急剧贬值，英国经济学家威廉·比特（Willem Buiter）发表言论说，"这是一直以来被高估的英镑汇率的正确价值回归，长期以来，导致英镑汇率被高估的重要因素就是荷兰病，只是与传统的自然资源丰裕导致的资源诅咒不同，在英国，是银行业的过度繁荣和金融部门的巨大泡沫带来了诅咒，使得英镑汇率一直被高估，而伤害了英国其他产业的发展，现在英镑的价值回归是英国的福音"。

四是金融危机救助成本高，拖累经济恢复与增长。弗里曼（Freeman）提出，"金融发展过度带来的大衰退会给实体经济带来巨大成本，失业率提高、公共产品减少，以及为了重振经济而实行大规模救助和刺激政策"。从表4.6中可以看出，在本轮金融危机救助过程中，欧美主要发达国家的财政支出占GDP的比重较大，而与此同时，危机又导致财政收入的锐减，这就引起这些国家财政赤字的快速增加，给未来经济发展带来极大负担和隐患，挤压了未来经济发展的空间。从当前经济现状来看，只有美国的救助计划是相对成功的，不仅收回了当时的救助资金，还获取了一定的投资收益，其他国家仍然深陷经济危机的泥潭，进退维谷。

---

① 泽西岛以金融服务业为主要产业，导致该岛的其他产业逐渐凋敝，出现了类似"荷兰病"的现象，这种因为过度依赖金融产业而使得经济不健康的现象被称为泽西病。

表 4.6　欧美主要国家与危机有关的财政支出占本国 GDP 的百分比　单位:%

	与危机有关的财政支出占本国 2014 年 GDP 的百分比	
	2007 年次贷危机开始至 2010 年	2010 年至 2014 年年底
美国	4.8	—0.5
英国	4.7	6.9
荷兰	13.7	3.7
德国	4.4	7.9
爱尔兰	6.5	29.9
希腊	8.1	26.7
西班牙	3.6	4.3

注：表中数值为累计数值。

资料来源：IMF："Fiscal Monitor"，IMF Publishing，2014。

二、诱发金融危机

负债可以平滑消费和投资，从而熨平波动、稳定经济。但是若全社会负债水平过高，经济将非常脆弱，任何微小的负面冲击都可能会通过高企的债务水平、杠杆率以及错综复杂的金融网络被无限放大，进而引起全社会资产负债表严重失衡，最终导致金融危机。

一是高负债状态下借款人将面临更多风险。首先，高负债往往表现为短期债务水平较高，这就带来较大流动性风险和利率风险；其次，如果外币贷款占比较高，借款人还需应对较高的汇率风险；再次，过度依赖于债务融资而非股权融资的企业，对营收下降的敏感性较高；最后，过度借债的主体极易因偿债能力不足而面临破产厄运。

二是负债规模较高会扭曲经济的自动稳定机制。高杠杆状态下，资产价格的波动会严重干扰财富和消费。在经济繁荣期，资产价格高涨会带动抵押物的价值升高、债务贬值，从而进一步扩张全社会借贷规模，加剧泡沫的形成。在经济下行期，资产价格走低会拖累抵押物的价值下跌，从而限制借款人的借贷能力，使得本就萎缩的经济体进入去杠杆周期，不利于经济复苏。

三是金融部门在高杠杆状态下积聚大量潜在风险。流动性是金融部门健康运行的重要指标，根据《巴塞尔协议》，银行资金充足率与其风险加权资产数量有关，如果风险加权资产多，就需要更多的留存资金，可供借贷的资金就会减少，以控制借贷风险。但金融机构为牟取暴利，会进行一系列创新而无限放大杠杆以避开严格的监管，从而导致金融部门的流动性往往经历急剧变化，并通过溢出效应使得整个金融体系极不稳定。在美国，20世纪80年代前的投资银行，主要充当财务顾问并承销股票。但是随着金融衍生产品的不断发展，风险投资、资产证券化、项目融资等金融创新已经成为投资银行的核心业务。投资银行帮助传统银行将原始贷款打包成证券售出，或者换回更多的证券化贷款，原始贷款的风险权重比例要远远高于证券化贷款的比例，这样一来，在整个银行体系内，风险并没有真正化解，但是却通过一系列的操作，放大了信贷规模，积聚大量风险，最终引发次贷危机。

四是政府财政政策在高杠杆状态下失效。首先，李嘉图效应在政府大肆举债时期表现更加明显，公众对政府未来提高税收的预期在高杠杆时期加强而减少当前消费，从而使政府财政政策大打折扣；其次，为扩大投资的政府借贷行为会挤出民间投资，降低了政府投资对经济的刺激效应；再次，政府高负债使得社会怀疑政府的偿债能力，从而其主权信用评级可能遭到降低，进一步恶化一国企业债券的发行环境，最终对经济带来负面影响。

三、左右政策制定

1952年，美国的金融资产总量为1.47万亿美元，相当于当年GDP的4.11倍，1965年上升至4万亿美元，相当于当年GDP的5.5倍，到2007年年底，已经达到156万亿美元，相当于当年GDP的11.12倍，56年里增长了105倍。[1] 金融资产的庞大规模加强了金融部门的话语权，在很大程度上参与了政府的政策制定过程。西蒙·约翰逊（Simon Johnson）认为，金融部门过大对政治的影响主要来自三个方面：旋转门效应（the revolving door）、竞选经费支持（campaign contributions）和理念灌输（ideology）。[32]

---

① 数据来源：GDP数据来源于美国商务部经济分析局：http://www.bea.gov/industry/io_histannual.htm，金融资产数据来源于美联储：http://www.federalreserve.gov/releases/z1/20060309/。

一是"旋转门"效应。旋转门是指个人在私人部门和公共部门之间穿梭，为利益集团牟利。金融旋转门有两个表现：一方面，在金融业工作的原政府官员可以通过私人关系对政府官员和政策产生影响；另一方面，在政府部门就职的原金融从业人员可以将金融理念植入到政府部门中。美国多任财政部长，都曾经在高盛担任要职。甚至在一个少数发达国家的内部会议中一致认为，中央银行的主要管理者必须有投资银行的工作经验。美联储前任主席伯南克在《行动的勇气》一书中描述了美联储和美国财政部一道解决美国次贷危机的过程，最终方案依据的合理性和透明性到底有多少，并没有一个客观考量，很大程度上，是利益集团之间的博弈。

二是影响竞选活动。金融部门获取的巨额财富促使该部门掌握了更多的政治话语权。在通过武力获得权力的时代，流行一句谚语，"对通用汽车好的就是对美国好的（What is good for General Motors is good for USA）"，后来逐渐演变成"对华尔街好的就是对美国好的（What is good for Wall Street is good for USA）"。由此可见，话语权已经从制造业转移到金融行业中来。美国政府相信，美国庞大的金融机构以及自由的资本市场，是其维持霸主地位的关键因素。当前，金融业已经成为美国政治运动，例如总统大选的最大贡献者。

三是理念灌输。金融业蓬勃发展的影响，已经大面积浸润到学术界，潜移默化地影响人们的意识形态。从科学研究的出发点和意义来说，学术界应当与实业界保持一定的距离，以维持其客观性和独立性。但是由于现实的需要，越来越多的经济学家、金融学家，在金融机构担任兼职，而且往往越是顶尖的经济学家，在金融机构的影响力越大。这种交叉身份，严重干扰了学术研究的客观性和独立性，在潜意识中带有了主观身份，难免成为服务对象的喉舌，进而通过其课堂讲授和论文著作，对整个社会的意识形态产生严重影响。

四、扩大收入差距

经济金融化以及收入分配不平等是美国近50年来最为突出的问题。收入差距随着金融发展程度的提高而呈现出扩大化的趋势，其主要机制：

一是金融部门报酬过高。与其他国民经济部门相比，金融部门从业人员在高收入群体中的占比明显较高。在美国，收入最高的 1% 的人群当中，金融从业者占了 13% 的比例，而最高的 0.1% 的人群当中，金融从业者的比例高达 18%，远高于其他行业。鲍里斯·库尔内德（Boris Cournede）等人研究了 OECD 国家的收入分配情况发现，在收入最低的 1% 的人群当中，仅有 1% 的人从事金融行业，但是在收入最高的 1% 的人群中，有 19% 的人从事金融行业。金融从业人员享受着金融部门带来的"行业溢价"。

二是富人通过金融资产获得较高资本利得。金融资产主要掌握在富人手中，而随着经济的发展，资本利得在国民收入分配中占据的比例越来越高，成为拉大收入差距的主要因素之一。富人的收入占比受经济周期影响较大，尤其是统计口径包括资本利得时，波动更加剧烈。在经济繁荣时期，包括资本利得在内的收入占比会出现急速上涨的现象，而在经济衰退时期，该比值呈断崖式下跌态势（见图 4.5）。

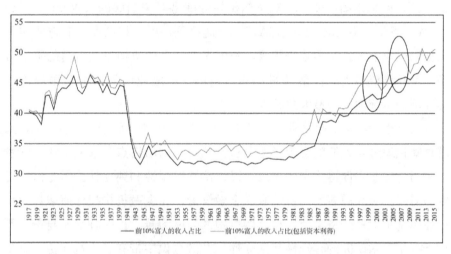

图 4.5　1917—2015 年美国前 10% 的富人收入占比情况（单位：%）

数据来源：世界财富和收入数据库 http：//www. wid. world/#Database。

表 4.7 给出了不同收入人群在不同经济周期中的收入增长波动的具体情况，可以发现前 1% 富人在经济繁荣期的收入增长率远高于后 99% 的人，而根据前文的研究，资本利得是该现象出现的重要推手。

表 4.7　1993—2015 年美国不同人群收入增长情况　　　单位:%

年份	平均收入增长率	前 1% 富人的收入增长率	后 99% 人的收入增长率	前 1% 富人在收入增长中的贡献
1993—2015	25.7	94.5	14.3	52
1993—2000	31.5	98.7	20.3	45
2000—2002	−11.7	−30.8	−6.5	57
2002—2007	16.1	61.8	6.8	65
2007—2009	−17.4	−36.3	−11.6	49
2009—2015	13	37.4	7.6	52

数据来源:世界财富和收入数据库 http://www.wid.world/#Database。

三是高收入者和中低收入者面临的信贷约束不同。个体能力差异、资本逐利性、金融资源获取的门槛效应、内部人设置障碍等都使高收入者更容易获得金融资源,从而撬动更多财富、实现收入的更快增长。蒂瓦里(Tiwari)等利用自回归分布滞后模型(ARDL)对印度的时间序列数据进行检验发现,金融发展在一定程度上加剧了该国的收入不平等。赛文和焦什昆(Seven & Coskun)对新兴市场国家 1987—2010 年的动态面板数据进行考察,发现金融发展促进了新兴经济体的经济增长,但并未使低收入群体受益,因而加剧了收入不平等。

第三节　金融诅咒假说对我国的启示

一、高度重视高杠杆累积的潜在风险,防范系统性金融风险的发生

2008 年以来,我国政府为应对全球金融危机带来的冲击而采取了多种强弱不等的经济刺激手段,以向社会注入流动性。在财政政策和货币政策的双重作用之下,全社会融资规模激增,企业和地方政府负债率高企,总债务占 GDP 比重不断攀升。2015 年以来,国际金融机构和组织对中国的杠杆率估计普遍在 200% 以上,甚至超过 300%,接近美国等发达国家的水平。[1] 穆迪于 2017 年下调中国主权信用评级的重要依据之一就是中国债务

---

① 凤凰国际. 中国债务情况非常令人担忧,因为没人知道实情。http://finance.ifeng.com/a/20160519/14396588_0.shtml, 2016-11-19。

规模过大、杠杆比例过高。更令人担忧的是，以地方政府融资平台、民间借贷等形式存在的影子银行体系，其信贷规模难以估算，真实杠杆率可能远高于当前公布的数据。而影子银行体系的资金来源和业务与正规金融体系盘根错节，极易向正规金融体系传递风险，一旦缺乏有效防火墙，会导致系统性风险的爆发和传染。

一路走高的杠杆率强化了经济金融体系的脆弱性。2016 年 8 月 5 日，央行下发了《二季度中国货币政策执行报告》，报告中强调要防范"系统性金融风险"而不再是"区域性金融风险"，从监管强度的角度反映了当前风险指数增加的事实。因此，当前的重要任务是通过多种改革措施逐步降低国民经济各部门的债务规模和比例。对于政府债务，尤其是地方政府债务而言，短期来看要尽快排查摸清债务规模，并积极推进地方债务置换工作，以快速降低地方政府债务风险；长期来看要改革税制，建立一般转移支付制度，构建地方政府债务防控的有效机制。对于金融部门来说，要加强对金融机构的创新监管，审慎推进金融衍生品业务的开展，强化有效的信息披露和风险揭示制度，严控金融过度创新带来的杠杆不断攀升。对企业部门来说，要认真领会 2016 年 10 月 10 日发布的《国务院关于积极稳妥降低企业杠杆率的意见》，以积极的财政政策和稳健的货币政策为导向，通过推进兼并重组、完善现代企业制度强化自我约束、盘活存量资产、优化债务结构、有序开展市场化银行债权转股权、依法破产、发展股权融资，积极稳妥降低企业杠杆率，① 就居民部门来说，要健全个人征信系统有效性，严厉打击违约行为，同时加强对居民贷款的审查，避免向不合格客户发放贷款，以确保不发生个人信贷风险引致的系统性金融风险。

二、高度重视金融过度发展带来门槛效应，谨防金融过度发展

诸多历史经验和学术研究表明，金融发展过度会通过多条渠道抑制经济增长，使社会遭受金融诅咒的严峻后果。虽然目前我国尚未进入金融发展过度阶段，但是相比实体经济而言，金融部门的发展步伐过快、过大，已经出现金融与实体经济发展速度和结构不匹配的种种迹象。因此，我们

---

① 国务院网站. 国务院关于积极稳妥降低企业杠杆率的意见. http：//www．scio．gov．cn/xwfbh/xwbfbh/wqfbh/33978/35225/xgzc35231/Document/1493392/1493392．htm，2016 — 12—01.

需要高度重视金融发展过度带来门槛效应的事实，防患于未然。一方面，从总量上匹配金融发展与实体经济，大力推进普惠金融体系的建设，扩大金融资源覆盖面，积极引导社会资金流向中小微企业、"三农"领域等薄弱环节；另一方面，从结构上布局金融改革与产业转型，确保金融产品或者衍生产品的设计和交易依托国内经济发展的内在需求，起到引导产业结构转型与升级的作用，逐步形成创新主导型的经济增长模式。

三、改善金融资源错配，提高全要素生产率

资本是最关键的生产要素之一，信贷市场的缺陷往往导致金融资源的错配，资本会流向利润高、周转速度快的行业，而不愿意流入那些回报周期长的项目中，这就加强了以高投入、高风险为典型特征的全要素生产率相关活动所面临的融资约束，最终导致产业结构失衡，转型升级无果。二十余年来，我国金融业经历了快速发展阶段，截至2016年年底，中国金融行业增加值占GDP的比例已经高达9%，房地产业产出增加值占比也一路高涨至7%，接近美国的水平。

在这种行业发展结构中，金融资源错配、货币在金融体系内空转的现象日益突出，一边是金融类领域投资过度，另一边是制造业，尤其是民营制造类企业融资难、投资意愿低。在供给侧结构性改革期间，要加快和促进产业结构调整，提高第二产业的发展质量，大力发展高新技术、绿色能源等产业；将出口驱动型的发展模式转化为依赖于技术创新型投资、出口和消费共同驱动的增长模式，确保实体经济的可持续发展，从而实现金融发展和实体经济增长的良性互动。

四、抵制金融投机过度，维护市场稳定秩序

近年来，我国的金融投机行为呈现出愈演愈烈之势。"温州炒房团""中国大妈炒黄金""唐高宗""姜你军""蒜你狠"等年度热词形象地刻画了国内外游资在市场上的此起彼伏。2015年以来，金融市场尤其不平静，先是股票市场在政策刺激之下一路飘红，出现了全民炒股的盛况，后数次急跌之后上证A股指数陷入低位徘徊状态。此时楼市出现高涨行情，社会资金大量配置在房地产开发以及楼盘购买中。在股市与楼市交替火热的当下，若不对金融投机加以有效控制，将会积聚大量风险，极易触发金融危机。

因此，未来一段时期，监管部门要用新的思维对金融创新加强监管，

加大对金融市场的干预和监管力度，维持市场中投机资金的适度规模，挤出金融市场泡沫。从短期来看，该做法会导致资本市场的进一步冷清，抬升流动性溢价；但从长期来看，会降低投机资金的机会成本，使得整个社会的资金面更加宽裕，有利于发展利率敏感型的金融产品，例如债券等固收类产品，降低实体经济的融资成本。

五、调整财税政策，缩小收入分配差距、改善分配不公

在我国，金融行业收入较高是被广泛认可的事实。在高收入的驱动之下，越来越多的毕业生在就业时选择了金融行业。根据我国教育部直属的75所高校发布的就业质量报告来看，综合类大学的就业去向中，金融类工作遥遥领先，以 2016 年为例，清华大学、北京大学、复旦大学等一流高校的金融类就业比例均为榜首，接近或者超过 20％。[①] 中国科学院院士施一公教授曾经说过，"清华 70％至 80％的高考状元去哪儿了？去了经济管理学院。连我最好的学生，我最想培养的学生都告诉我说，我想去金融公司。不是说金融不能创新，但当这个国家所有的精英都想往金融上转的时候，我认为这个国家出了大问题"。[②]

因此，从这个角度来看，宜透过财税政策的设计和转移支付制度的改善，实现税收对金融部门从业人员报酬过多以及资本利得畸高的控制，将金融部门的超额利润以合理高效的方式转移到提高社会和谐发展的方面中，以缩小收入差距，改善分配不公现象。

---

① 数据来源于各高校发布的就业质量报告。
② 凤凰教育. 施一公院士：中国大学的导向出了大问题. http：//edu. ifeng. com/a/20141207/40894968 _ 0. shtml，2016 - 12 - 07.

第五章　金融发展过度对经济增长的影响：金融与实体经济失衡的视角

　　20 世纪 80 年代以来，经济金融化现象在发达国家广泛铺开，并于 21 世纪初迅速蔓延到世界各主要国家。一时间，金融产品创新层出不穷，金融行业发展日新月异，发达国家和地区享受着金融空前发展所带来的经济盛宴。与经济金融化相伴随的是三十多年来频繁发生的金融危机，例如 20 世纪 80 年代的拉美债务危机、90 年代的东亚金融危机、21 世纪初的美国次贷危机、欧洲债务危机等。值得注意的是，受金融危机打击深重的往往是那些实体经济部门相对薄弱的国家，而诸如德国这样的传统制造业大国，则具备相对较强的抗风险能力和较高的经济稳定性。并且，金融危机之后的经济复苏过程，也与实体经济的发展情况密切相关，实体经济能否及时恢复元气是经济体能否率先走出危机阴霾的重要前提条件。

　　叶祥松和晏宗新（2012）认为，经济金融化主要表现为经济关系不再由贸易和实体经济投资这样的"物质关系"来主导，而是转变为由虚拟资本的"价值关系"来构建。金融不再是支持实体经济发展的功能核心，而是直接创造产值的产业核心。在一个经济金融化的社会中，大量货币资金脱离实体经济载体而在金融体系内部空转、自我循环，金融产品创新层出不穷，金融部门规模日益膨胀，金融体系从实体部门赚取大量租金，掠夺了实体经济发展所需要的资源，恶化了实体经济的经营环境。本轮金融危机之后，包括欧美发达国家在内的世界各国深刻反思了经济金融化、金融与经济发展不均衡带来的严重后果，并重新唤起了对实体经济的高度重视。美国提出回归实业和加快制造业发展的战略规划，欧洲各国也纷纷出台加快高端制造业发展的计划，提出"再工业化"进程等加快实体经济发展（李强和徐康宁，2013）。

　　中国同样存在着金融业与实体经济严重脱节的结构性失衡现象，金融业快速增长的同时，工业经济在经济中的占比却在下滑，表现出此消彼长的关系。自从 1991 年邓小平同志在上海考察时指出，"金融很重要，是现代经济的核心。金融搞好了，一着棋活，全盘皆活"（《邓小平文选》，

1993）之后，全国各地对于发展金融业的热情极为高涨，资本市场的功能被过分夸大，中国由"金融抑制"走到了另一个极端，金融业的发展速度是超预期的，金融对于 GDP 的贡献已经超过了发达国家的水平。

众多历史经验表明金融发展过度会伤害经济增长，而进一步思考会发现，金融与实体经济的发展步调是否一致是判断金融发展是否过度，是否会伤害经济增长的关键。也就是说，如果与金融深化发展速度加快相伴随的是更多金融资本流入能够提高全要素生产率、促进科技创新的项目中，那么国民经济将持续增长。但是，如果金融部门的快速发展是以吸收社会过多的人力物力资源、阻碍实体经济的发展为代价，则金融发展过度，对经济增长起到抑制作用。

本章首先在前人关于金融发展和经济增长研究，尤其是金融发展与实体经济的适度性研究基础上构建模型，核心思想是在人力资本是稀缺资源的情况下，金融部门的蓬勃发展会从实体经济部门掠夺大量人才，导致金融部门信贷规模由于借贷成本的降低而扩张，金融部门的借贷价格（利率）却由于其议价能力的提升而提高。由于信贷资源的风险规避属性，更多的资金会流入具有较高抵押率、低生产效率的产业中，因此，会从总量和价格两个方面阻碍了全社会的技术进步，挤出实体经济的增长空间。进而利用中国 2002—2014 年的省际面板数据进行实证检验，考察当前金融发展和实体经济增长之间的非均衡关系，并进一步探索这种非均衡关系会对国民经济产生抑制作用。

第一节　金融发展对实体经济的挤出效应：理论框架

在诸多研究金融发展过度伤害经济增长的理论与实证文献当中，有一派观点认为，发展过度的金融体系会吸收大量优秀人才，不利于实体经济部门融资约束的放松和企业家精神的释放，并催生资产泡沫，恶化实体经济的经营环境，在一定程度上阻碍技术进步和全要素生产率提高，进而抑制经济长期增长，产生"金融诅咒"现象（Shaxson & Christensen，2013）。而早在 1984 年，Tobin 就提出，金融部门会过多剥夺制造业人才。Krugman（2009）也在金融危机过后发表声明称，"金融业的过度发展弊大于利"，"金融吸纳了整个社会太多的财富与人才"。Ang（2011）通过实证研究表明，金融自由化导致人才从实体经济的创新部门转移到金融部门，放缓了科技进步的步伐，制约了经济增长。Kneer（2013）认为，人才流失，会严重伤害那些需要技术人才的科技部门。Cecchetti & Kharroubi（2013）对信贷配给模型进行了扩展，加入了劳动力因素，求解竞争均衡，并与中央计划者模型最优结果进行比较，发现竞争均衡不满足帕累托最优，由金融部门和实体经济部门对人才自由竞争而得到的多重均衡条件下，人才被过度集中到金融部门，如果能够向实体部门分散一些，社会总体福利就会提高。

不同学者也从案例分析和国别比较的角度，探究了金融发展、实体经济与经济增长之间的关系。研究发现金融部门的信贷扩张，往往没有促使资金流向能够提高全要素生产率的领域，而是进入了抵押率较高而效率较低的领域，制造业的技术进步没有得到提升，最终导致现代经济体失去发展的原动力而逐渐走向萎靡。例如，Eichengreen（2006）通过对德国和日本的发展模式进行比较发现，实体经济部门是一国经济支柱，金融体系一旦脱离实体经济进入自我循环、自我运转的畸形发展轨道，将带来严重的经济泡沫。在1985年之前，日本和德国的金融体系均为银行主导型，经济增长道路均为以制造业为核心的外向经济模式，这一阶段，日本和德国的金融管制都相对严格，通过一系列手段严控金融资本流向房地产市场，限制了房地产市场的资产泡沫。然而，日本于1985年放松了金融管制，使得原来只能流向实体经济的金融资本大量流入房地产领域，最终快速催生经济泡沫，并于1990年破裂而进入长期萧条，至今仍未走出。相比之下，德国则一直维持较为严格的限制，实体经济持续保持强劲增长，在2007年次贷危机中，德国经济所受的伤害也相对较小。

也就是说，虽然金融已经不再仅仅扮演传统的实体经济跟随角色，而是通过大量创新为社会创造巨大价值，但是金融体系与实体经济仍然是毛与皮的关系，皮之不存，毛将焉附。金融发展超过一定限度会抑制经济增长，尤其是金融部门的快速发展伴随着人才掠夺现象，将会带来全社会信贷规模的无效扩张，对全要素生产率以及科技创新的提高作用微弱，也就无法推动实体经济发展，而实体经济的发展缓慢、金融与实体经济的非均衡发展会对经济增长产生抑制作用。

本章结合 Holmstrom 和 Tirole（1997）的金融中介与信贷约束模型、罗文波（2010）关于金融部门与实体经济部门之间的动态博弈思想以及

Cecchetti 和 Kharroubi（2013）有关金融部门对实体经济部门的人才竞争等，探讨金融部门通过人才掠夺挤出实体经济部门发展空间的过程，可以用图 5.1 进行简要说明。

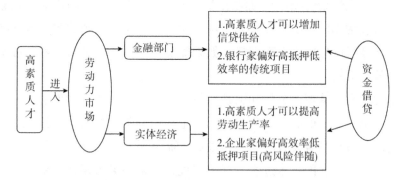

图 5.1　金融部门与实体经济部门间的交互关系

由于利率是金融部门和实体经济部门之间的重要纽带，利率的高低对于实体经济部门的生产经营起到重要作用，而在小型开放经济体中，利率外生给定，不因经济体内金融部门与实体经济部门对于资源的竞争而改变，这就极大地制约了本书模型的分析，因此，本书假定的经济环境为大型开放经济体，利率内生决定。

假定在经济体中只有三类主体，分别是银行家、企业家和高素质人才。这三者之间的动态关系如下：①高素质人才是一种稀缺资源，金融部门与实体经济部门存在着对高素质人才雇用的竞争，高素质人才根据两个部门所能提供的工资水平选择进入金融部门或实体经济部门；②社会中只有一种融资方式，即银行信贷，没有其他融资渠道；③金融部门的信贷偏好：高素质人才进入金融部门成为银行家，银行家偏好抵押率较高的项目，而这类项目往往来自生产率和单位产出相对较低的传统产业；④实体经济部门的企业家行为：高素质人才进入实体经济将成为企业家，企业家精神决定了他们热衷于开发创新性强、生产效率高的项目，但这种新兴高技术项目往往具有轻资产的特点，抵押率较低，同时也伴随着较高风险，获得银行贷款的难度相对较高。

进一步地，我们通过一个简单模型，刻画金融部门对实体经济部门发展的挤出机制。

1. 基本假定

假设企业家和银行家在第 t 期的禀赋分别是 e_t 和 f_t，各自都只生活一期。期初，企业家做出借款决策和投资决策，银行家做出贷款决策。对于银行家来说，他们可以把禀赋由期初储存到期末，但是没有收益，也就是说他们没有抵押约束，可以从外界以机会成本的价格借到资本，设为 1。实体经济部门存在两种项目，分别是 a 和 b，对于每一个项目的收益记为 $R_{i,t}$，$R_a > R_b > 1$，对于每一个项目的抵押率标记为 $\rho_{i,t}$，$\rho_i < 1 < R_i$，并且，由于高生产率高收益的项目往往抵押率较低，所以有 $\rho_a < \rho_b$。借贷的成本和规模设为 r 和 d。而高素质人才根据收入高低决定进入金融部门或者实体经济部门，并提高相应部门（金融部门或实体经济部门）的工作效率，进而形成均衡利率 r^*，通过投资项目的抵押率 ρ_i 和银行处理不良贷款的成本 c 而决定最优贷款规模 d^*。

2. 两部门的利润以及资金使用成本（r）表达式

实体经济部门存在两种不同的项目 a 和 b，我们用下标 i 表示项目类型。因此，实体经济部门的投资收益可以表示为：

$$\pi_i^e = R_i e + (R_i - r_l) d_i^* \tag{5-1}$$

其中，$r_l \leqslant R_b$，否则，实体经济部门不会从金融部门贷款。

金融部门的借贷收益可以表示为：

$$\pi_i^f = r_l d_i^* + (d_i^* - f) \tag{5-2}$$

其中，$1 < r_l \leqslant R_i$，否则，金融部门不会贷款给实体经济部门。

资金使用成本（利率 r）是两部门博弈的结果，假设 α 是金融部门相对于实体经济部门的议价能力，实体经济部门因为借贷而获得的超额收益可以表示为 $\pi_i^e - R_i e$，而金融部门因为贷出资金可以获得的超额收益可以表示为 $\pi_i^f - f$。所以，借鉴 Cecchetti 和 Kharroubi（2013）的思路，最优利率表达式可以写成：

$$r_{l,i}^* = \arg\max_{r_l} [\pi_i^f - f]^\alpha [\pi_i^e - R_i e]^{1-\alpha} \tag{5-3}$$

求解可以得到：

$$r_{l,i}^* = \alpha R_i + (1 - \alpha) \tag{5-4}$$

3. 高素质人才的工作决策和均衡利率 $r_{l,i}^*$ 决定

假设高素质人才的数量为 L，简单起见，不妨设 $L=1$，实体经济部门和金融部门雇用高素质人才的比例分别为 L_e 和 L_f（L_e 和 L_f 均为 $0 \sim 1$ 之间的正数），且有$L_e + L_f = 1$。现在假设，高素质人才进入实体经济部门成为企业家之后选择开发高效率/低抵押率项目（收益率为R_a），否则运作高抵押率/低效率项目（收益率为R_b）的投资，因此整个实体经济部门的平均收益率可以用下式表示：

$$R(L_e) = R_b(1-L_e) + R_a L_e \qquad (5-5)$$

因此，结合基本假定可知，实体经济部门和金融部门的收益可以表示为：

$$\pi_e(L_e, L_f) = eR(L_e) + [R(L_e) - r]d(L_e, L_f)，其中 R(L_e) > r$$

和

$$\pi_f(L_e, L_f) = f + (r-1)d(L_e, L_f)，其中 1 < r < R(L_e)$$

参考上文中的利率决定表达式，可以将高素质人才做出工作决策后的利率写成如下形式：

$$r^* = \arg\max_{r_l}[\pi_f(L_f) - f]^\alpha[\pi_e(L_e) - eR(L_e)]^{1-\alpha} \qquad (5-6)$$

上式中，α为$0 \sim 1$之间的参数，反映金融部门的议价能力，相应$1-\alpha$反映实体经济部门的议价能力。α的大小取决于高素质人才的聚集程度。求解该最大化问题，可得均衡的利率如下：

$$r_l^*(L_e) = \alpha R(L_e) + (1-\alpha) \qquad (5-7)$$

（1）高素质人才的工作决策

金融部门和实体经济部门在劳动力市场存在对高素质人才的竞争，这种竞争具体表现为，两个部门为高素质人才所支付的工资水平的高低，而实体经济部门和金融部门的工资水平即为其雇用高素质人才的边际收益，即：

$$w_e = \frac{\partial \pi_e(L_e, L_f)}{\partial L_e} \text{ 和} w_f = \frac{\partial \pi_f(L_e, L_f)}{\partial L_f} \qquad (5-8)$$

高素质人才究竟会选择在企业部门工作还是在金融部门工作取决于二者的工资高低。当$w_f > w_e$时，高素质人才就会向金融部门集聚，L_f增大，而L_e减小。反之亦然。

（2）均衡利率$r_{l,i}^*$决定

由式（5-7）化简可得：

$$r_l^*(L_e) = \alpha[R(L_e) - 1] + 1 \qquad (5-9)$$

式（5-9）表明，并不存在唯一的利率均衡解。当L_e上升时，$R(L_e)$

会提高，即 $R(L_e)-1$ 会增大，而由于 $L_e+L_f=1$，L_f 会减小，因此，金融部门的议价能力 α 会降低，所以 $r_l^*(L_e)$ 的变动方向不确定。当 L_e 减小时，$R(L_e)$ 会降低，即 $R(L_e)-1$ 会下降，而由于 $L_e+L_f=1$，L_f 会增大，因此，金融部门的议价能力 α 会提高，所以 $r_l^*(L_e)$ 的变动方向也不确定。也就是说，从人才竞争的角度观察两部门的挤出效应，无法判断均衡利率的走势。因此，虽然我们观察到高素质人才会因为高工资而进入金融行业，即式（5-9）所分析的第二种情况，但是金融部门通过人才掠夺对实体经济借贷利率以及后期投资项目的选择是难以确定的。即式（5-9）的关键结论在于，金融部门并没有因为其生产成本降低而降低其资金借贷成本（利率 r）。

4. 最优融资规模的决定

当企业家的收益率高于资金使用成本时，就会发生借贷行为，即 $r \leqslant R_i$。企业家进行实业投资的收益为 $(e+d)R_i-rd$，银行家借出资金的收益为 $f-d+rd$。此外，由于企业家可能违约，银行家只能收回部分贷款（假设比例为 p），因此违约时企业家的收益为 $(e+d)(R_i-\rho_i)-prd$。因此如果企业家不违约，则下式自然成立：

$$(e+d)R_i-rd \geqslant (e+d)(R_i-\rho_i)-prd \qquad (5-10)$$

由于企业家存在违约可能，银行家有可能要花费成本来处理不良贷款，这部分成本记为 $c\ln\left(\dfrac{1}{1-p}\right)$（Aghion，Banerjee 和 Piketty，1999），因此，对于银行家来说，最优化选择是

$$\max_p p\, r_l d - c\ln\left(\frac{1}{1-p}\right)d \qquad (5-11)$$

求解此最大化问题，得到 $(1-p^*)r_l=c$ 代入（5-10）式可得

$$d_i \leqslant \left(\frac{\rho_i}{c-\rho_i}\right)e \quad \text{for} \quad i=a,\ b \qquad (5-12)$$

进一步化简可得

$$d_i \leqslant \left(\frac{1}{\dfrac{c}{\rho_i}-1}\right)e \quad \text{for} \quad i=a,\ b \qquad (5-13)$$

（5-13）式具有重要属性如下：

当银行处理不良贷款的成本 c 一定时，有

$$\frac{\partial d\ (\rho,\ c)}{\partial \rho} \geqslant 0 \qquad\qquad (5-14)$$

当项目的抵押率一定时，有

$$\frac{\partial d\ (\rho,\ c)}{\partial c} \leqslant 0 \qquad\qquad (5-15)$$

上式表明，社会融资规模与银行处理不良贷款的成本 c 负相关，而与贷款项目的抵押率 ρ_i 正相关。当高素质人才被高工资吸引，进入金融部门时，会产生两方面的效应。一方面，对于金融部门来说，由于高素质人才的产品开发能力更强，会大大降低处理不良贷款的成本 c，因此，会提高贷款供给能力，即扩大社会融资规模；另一方面，就实体经济部门而言，高素质人才进入金融部门，实体经济部门会由于缺少人才和企业家，而明显缺乏投资高风险高效率项目的能力，转而投资于抵押率 ρ_i 较高的传统项目以获得稳定收益，这时，金融部门的银行家也偏爱此类项目，因此，全社会融资规模进一步扩张。

综合前面的模型推导过程，本章得到如下结论：高工资促使大量优秀人才涌入金融部门，而实体经济部门的人才需求在一定程度上得不到满足。但这种人才掠夺机制带来了与普通商品市场价格规律不同的现象，即并没有明确证据表明，金融部门的繁荣发展会在降低其产品价格（资金使用成本 r）的同时扩大产品供给（全社会融资规模 d）。

模型推导结果表明，金融部门通过人才掠夺，提高了自身业务水平（降低了处理不良贷款的成本 c），并且由于金融部门银行家对于高抵押率项目的偏爱以及实体经济部门人才的缺乏，实体经济部门在人才限制以及融资约束的制约下，更多选择投资抵押率较高的传统项目，这些因素综合在一起，起到了扩张社会融资规模的作用。而与此同时，实体经济部门融资成本的变化方向未知。因此，若社会融资规模的扩张伴随的是利率的降低，尽管银行家偏爱高抵押率/低效率的传统项目，但实体经济部门仍然可以以较低成本使用资金来进行生产。而若社会融资规模的扩张伴随的是利率的提高，实体经济部门将承受更大的还款压力。因此，在这种作用机制下，金融部门将如同"吸血鬼"一般贪婪地吮吸实体经济部门的劳动成果，实体经济通过项目投资和实际生产获取的超额收益，最终都通过借贷渠道以借贷利息的形式流向金融部门，金融部门将因此而进入高速发展的

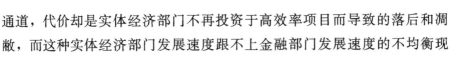

通道，代价却是实体经济部门不再投资于高效率项目而导致的落后和凋敝，而这种实体经济部门发展速度跟不上金融部门发展速度的不均衡现象，严重阻碍了全要素生产率的提高，最终会制约经济增长。

第二节　实证检验：模型构建与指标数据说明

本章在第一节通过模型构建了金融部门与实体经济部门非均衡发展的后果，但是由于利率的变化方向无法确定，所以给出的结果需要进一步通过实证来检验。

一、计量模型构建

本章在理论分析部分提出，在融资约束的条件下，由于人才竞争使得金融部门对实体经济部门存在挤出作用，即高素质人才被金融部门的高收入吸引而进入金融部门工作，这种挤出效应一旦形成，金融部门和实体经济部门的发展步调不一致，导致高抵押、低效率项目（诸如基础设施建设、房地产等）的信贷约束得到放松，而低抵押、高技术含量的项目仍然难以获得资金，制约了全要素生产率的提高，并且进一步扩大了金融部门和实体经济部门的不平衡程度，经济增长难以为继。

我们通过构建计量方程，检验金融部门相对于实体经济发展过度是否对经济增长产生抑制作用。参照 Ductor 和 Grechyna（2015）的做法，我们在计量模型中加入了用金融发展水平和金融部门与实体经济增速之差的交互项来衡量金融与实体经济失衡的程度，重点观察交互项对因变量的影响。

$$\ln(y_{i,t}) - \ln(y_{i,t-1}) = \beta_0 + \beta_1 FD_{i,t} + \beta_2 FD_{i,t}(g_{FDi,t} - g_{RSi,t})$$
$$+ \delta X_{i,t} + \lambda_i + \mu_t + \varepsilon_{i,t} \tag{5-16}$$

上式中，$\ln(y_{i,t})$ 是人均 GDP 的自然对数，$FD_{i,t}$ 为金融发展指标，$g_{FDi,t}$ 和 $g_{RSi,t}$ 分别为金融发展速度以及实体经济发展速度，其中交互项 $FD_{i,t} \cdot (g_{FDi,t} - g_{RSi,t})$ 为本书关注的核心解释变量。此外，X 为一系列控制变量，λ_i 和 μ_t 分别为个体和时间效应，$\varepsilon_{i,t}$ 为随机干扰项。

金融部门对实体经济部门的挤出效应主要来源于人力资本，因此，随着人均受教育水平的提高，高素质人才不再是一种稀缺资源，这种掠夺机制的作用会降低，即随着人力资本的提高，金融部门的规模扩张对实体经济部门的人才供给影响微弱，也就是说，在这种情况下，本章所关注的核心变量对因变量的作用将发生明显变化，金融与实体经济增速不均衡的事实不会再显著负向影响国民经济增速。因此，本章在基础模型的核心变量中加入了人力资本（HC）交互项，来考察是否存在这种机制。另外，当融资环境相对宽松时，这种挤出效应也会弱化，即某一地区的直接融资市场更为发达，企业家可以通过股票市场获得资金，间接信贷市场对于实体经济、总体国民经济的影响就会减轻，因此，本章进一步检验了股票市场（STOCK）是否存在这样的替代效应。

因此，本章构建如下计量模型：

$$\ln\,(y_{i,t})\,-\ln\,(y_{i,t-1})=\beta_0+\beta_1\,FD_{i,t}+\beta_2\,FD_{i,t}\,(g_{FDi,t}-g_{RSi,t})\,+\beta_4\,Z_{i,t}$$
$$+\beta_5\,FD_{i,t}\,(g_{FDi,t}-g_{RSi,t})\,Z_{i,t}+\delta\,X_{i,t}+\lambda_i+\mu_t+\varepsilon_{i,t} \qquad (5-17)$$

上式中，$Z_{i,t}$ 即为检验机制变量，其中交互项的估计参数 β_5 如果显著为正，则表明经济体系中确实存在对金融部门挤出效应弱化机制。

二、变量说明及数据来源

2008 年金融危机爆发以后，"实体经济"的概念在世界各国快速流行。尽管国家统计局以及国民经济行业分类（GB/T4754—2011）并没有具体界定实体经济部门的范围，但从中央文件关于结构性失衡的表述中[1]，我们可以认为，金融业和房地产业以外的其他产业基本上可以视为实体经济部门。

金融发展的衡量方法很多，不同学者根据各自的研究目的，采用不同的理念和方法衡量金融发展，主要包括单一指标体系（Arcand et al，2015；Mu-ammad，2015；Ductor，2015）、多指标体系（Hasan，2015；Yusifzada & Mammadova，2015）以及构建金融发展指数（World Economic Forum，2012）。何德旭和王朝阳（2017）在衡量中国金融业高增长时，采用的指标有人民币存贷款余额增速、股票交易额增速、金融业增加

---

[1] 2016 年中央经济工作会议指出，"中国经济问题根源是重大结构性失衡"（见《中央经济工作会议在北京举行》，http：//politics. people. com. cn/n1/2016/1217/c1024 - 28956478. html）。国家发改委主任何立峰指出，"中国经济发展面临的三大结构性失衡：一是实体经济结构性供需失衡；二是金融和实体经济失衡；三是房地产和实体经济失衡"（《中国经济发展面临三大结构性失衡》，http：//news. sina. com. cn/c/2017—03—19/doc—ifycnikk1160418. shtml）。

值占比增速以及货币层面的 M2 占比增速。本章采用单一指标体系思路，借鉴何德旭和王朝阳的做法，采用各省各年信贷规模及股票交易额占 GDP 的比例来衡量每一个省份的金融发展程度 $FD_{i,t}$，考虑到各省经济结构差别较大、数字货币时代下 M2 的代表性有待商榷的情况，本章未采用金融业增加值占比增速以及货币层面的 M2 占比增速指标。实体经济的增速 $g_{RSi,t}$ 则采用除去金融行业、房地产业的 GDP 增速来加以衡量。$y_{i,t}$ 表示人均 GDP 增速，人力资本 HC 用人均受教育年限为代理变量来衡量。考虑到股票市场的波动性，用考察期内股票市场每一年 12 个月的平均交易规模作为当年股票市场的规模，需要指出的是：在进行稳健性检验时，采用各省级行政区股票市场的规模代替其信贷规模计算相应的核心解释变量；在进行机制检验时，采用各省级行政区股票市场规模与信贷规模的比值衡量股票市场对信贷市场的替代作用，记作 STOCK。

本章选取四个控制变量，分别是政府支出规模（Gov-expenditure）、经济开放程度（Openness）、城镇化水平（Urban）、通货膨胀程度（Inflation）。首先，政府支出是国家进行宏观经济调控的关键抓手，通过工资支出、转移支出、零星支出和政府采购四条途径，起到了改善公共服务数量和质量、加快基础设施建设、刺激总需求扩张、促进经济增长的作用，因此，本章用政府预算支出占 GDP 的比例来衡量政府支出规模，以控制政府支出对经济增长的影响。其次，贸易理论和实际经验都表明，国际贸易能够促进商品及生产要素在国家之间以及产业之间的流动，提高配置效率，进而促进经济增长，因此，在本章中，我们用国际贸易进出口总额占 GDP 的比例作为代理变量来衡量各省各年的经济开放程度，以控制国际贸易对经济增长的影响。再次，城镇化建设会扩大国内需求，并且提升产业聚集水平，而产业聚集具有极强的外部性，有利于提高经济发展速度和水平，因此，为了消除这部分内生性，本章以人口城镇化率来表示城镇化水平作为控制变量之一。最后，本章通过控制通货膨胀程度来控制不同年份的价格因素所带来的干扰。

本章使用的数据均来自各省统计年鉴（2002—2014）、统计公报。所有变量的解释说明及描述性统计结果见表 5.1。

表 5.1 主要变量说明及其描述性统计

变量类型	表达式	释义	观测值	平均值	标准差	最小值	最大值
被解释变量							
人均GDP增速	$\ln(y_{i,t})-\ln(y_{i,t-1})$	$y_{i,t}$为人均GDP	390	28233.42	20419.96	3240.63	103684.2
核心解释变量							
金融发展	$FD_{i,t}$	信贷规模占当年GDP比例	390	1.0850	0.3760	0.5329	2.5847
实体经济增速	$g_{RSi,t}$	扣除金融和房地产业的GDP增速	390	0.1493	0.0693	-0.0335	0.4415
金融发展*(信贷规模增速−实体经济增速)	$FD_{i,t}(g_{RDi,t}-g_{RSi,t})$	$g_{RDi,t}$为信贷规模的增速	390	-0.1307	0.1552	-0.6333	0.5554
影响机制变量							
人力资本水平	HC	人均受教育年限	390	8.48	0.98	6.04	12.03
股票市场相对发展规模	STOCK	股票市场交易规模/信贷市场规模	390	0.0876	0.0832	0.0062	0.6162
控制变量							
政府支出规模	Gov-expenditure	政府预算支出/GDP	390	0.1929	0.0858	0.0792	0.6121
经济开放程度	Openness	进出口总额/GDP	390	0.3347	0.4118	0.0359	1.7356
城镇化水平	Urban	人口城镇化率	390	48.95	14.61	24.29	89.60
通货膨胀	Inflation	各省级行政区CPI	390	2.69	2.14	-2.35	10.09

注：(1)人口城镇化率用各省城镇人口比重占全省人口的比重衡量；(2)人均受教育年限的计算如下：以各省各受教育年限的人口比重对其受教育年限进行加权，其中未受教育年限则为0年，小学为6年，初中为9年，高中为12年，大学及以上为16年；(3)股票市场交易规模的原始数据为各省每一年12个月股票市场交易额的算术平均值；(4)经济开放程度计算中的进出口总额按当年的人民币兑美元汇率进行计算。

第三节　实证检验：结果分析

一、初步回归结果

首先，根据各省统计年鉴以及统计公报公布数据（2002—2014），本章用截面数据的方式绘出了金融发展程度与实体经济增速散点图（见图 5.2），散点图的线性拟合和曲线拟合几乎重合，也就是说，从一般规律上来看，金融发展程度越高，实体经济的发展速度反而越低。

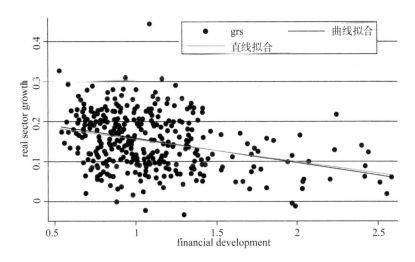

图 5.2　中国 2002—2014 年实体经济增速与金融发展散点图

注：图中纵坐标为实体经济增长速度，横坐标为金融发展指标（信贷规模/GDP）

接下来，本章给出了各计量模型的回归结果。表 5.2 中估计方程（1）—（5）给出了金融与实体经济发展速度不匹配对国民经济影响的初步估计结果。其中方程（2）为在方程（1）的普通最小二乘（OLS）估计结果基础上加入了金融发展相对规模的平方项，其估计参数并不显著，并不存在诸多文章所显现的倒 U 形曲线关系，因此，在后续研究中，不再加入金融发展的二次项。方程（3）和（4）分别为面板数据模型下的随机效应（RE）和固定效应（FE）估计结果，Hausman 检验的结果表明，固定效应优于随机效应。进一步，这里使用系统广义矩估计法（system generalized method of moments，sys GMM）来克服动态方程中滞后因变量的内生性问题。金融部门与实体经济部门发展速度的不均衡可能与一些不可观测的但会影响国民经济的因素有关，例如金融部门与实体经济部门的信息不对称、信贷资金在产业层面的分布等，这就使得模型存在遗漏变量偏差（Omitted Variable Bias）。此外，金融部门与实体经济部门发展速度的不匹配还可能与模型中的一些变量如通货膨胀，存在因果关系，从而产生联立性偏差（Simultaneous Bias）。这两类内生性问题均可通过系统广义矩方法较好地解决。这里通过用 Hausman 检验来比较系统 GMM 估计和固定效应模型估计，结果表明，系统 GMM 优于混合回归的固定效应。

需要说明的是，初步估计结果显示，在控制了政府规模、城镇化率、经济开放程度和通货膨胀之后，金融部门与实体经济部门失衡对经济增长产生了显著的负效应。这表明，金融部门与实体经济部门的非平衡发展，很可能挤出了实体经济的发展空间，使得经济体变得更加脆弱和不稳定，对整个国民经济也产生了不利影响。

表 5.2　初步估计结果

估计方程	(1)	(2)	(3)	(4)	(5)
估计方法	OLS	OLS	RE	FE	sys GMM
$g_{yi,t-1}$					0.0425***
					(0.0077)
FD ($g_{FD}-g_{RS}$)	−0.2621***	−0.2622***	−0.2391***	−0.2306***	−0.2439***
	(0.0109)	(0.0109)	(0.0132)	(0.0137)	(0.0074)
FD	−0.0463***	−0.0568***	−0.0317***	−0.0780***	0.0006
	(0.0044)	(0.0211)	(0.0080)	(0.0145)	(0.0072)
FD^2		0.0038			
		(0.0075)			
Gov-expenditure			0.0206	0.3061***	−0.0129
			(0.0288)	(0.0563)	(0.0232)
Urban			−0.0008***	−0.0034***	−0.0023***
			(0.0002)	(0.0004)	(0.0003)
Openness			0.0035	−0.0430**	0.0011
			(0.0084)	(0.0178)	(0.0081)

续表

估计方程	(1)	(2)	(3)	(4)	(5)
Inflation			0.0024**	0.0025**	0.0035***
			(0.0010)	(0.0010)	(0.0003)
_ cons	0.1568***	0.1632***	0.1707***	0.3090***	0.2063***
	(0.0053)	(0.0136)	(0.0100)	(0.0233)	(0.0071)
AR (1) P 值					−2.4505
					0.0143
AR (2) P 值					−0.3782
					0.7053
SarganP 值					20.0408
					0.4623
Hausman-test		检验 (3) 和 (4)：55.92***			
			检验 (4) 和 (5)：109.73***		
A R²	0.6609	0.6602		0.6911	
F	350.78***	233.46***		139.71***	
chi2			774.36***		9138.92***
N	360	360	360	360	330

注：（1）AR（1）为检验扰动项差分是否存在一阶的自相关的检验统计量及其 P 值，原假设为"模型残差项不存在一阶自相关"，AR（2）含义依此类推；（2）Sargan 值为过度识别检验统计量及其 P 值，原假设为"工具变量是有效的"；（3）括号中所示为稳健标准误，＊、＊＊、＊＊＊分别表示在 10％、5％和 1％的置信水平下显著。

二、稳健性检验

为了检验初步估计结果的可靠性，这里主要通过两种方法进行稳健性检验：一种是替换核心解释变量；另一种是剔除部分极端样本。具体如下：

方法一：用各省股票市场的交易规模替换相应的信贷规模，重新计算各省的金融发展指标以及金融发展速度与实体经济发展速度之差。检验时采用 sys GMM 的估计方法，表 5.3 中方程（6）和（7）分别反映了有无控制变量的估计结果。

方法二：考虑到中国东部沿海地区与西部内陆地区的金融发展差异较大，为了防止极端样本对计量分析结果的影响，这里剔除极端样本进行重新估计。具体做法是：首先计算考察期内金融发展指标（即信贷规模与GDP 比值）的平均值，然后分别剔除金融发展程度最高 10% 和最低 10% 的样本，进而采取 sys GMM 方法重新进行估计，以检验结果的稳健性。结果如表 5.3 中的估计方程（8）和（9）所示。

表 5.3　稳健性检验结果

	替换核心解释变量		剔除最低 10%样本	剔除最高 10%样本
估计方程	（6）	（7）	（8）	（9）
估计方法	sys GMM	sys GMM	sys GMM	sys GMM
$g_{(yi,t-1)}$	0.2847**	−0.0422**	0.0205**	0.0222**
	(0.0024)	(0.0122)	(0.0074)	(0.0105)
FD（$g_{FD}-g_{RS}$）	0.0107**	−0.0276**	−0.2468**	−0.2883**
	(0.0012)	(0.0048)	(0.0055)	(0.0090)
FD	−0.0577**	0.0990**	−0.0147*	−0.0712**
	(0.0034)	(0.0131)	(0.0079)	(0.0097)
Gov-expenditure	—	−0.1146**	0.0178	0.1634**
	—	(0.0401)	(0.0320)	(0.0317)
Urban	—	−0.0059**	−0.0017**	−0.0019**
	—	(0.0003)	(0.0002)	(0.0002)
Openness	—	0.0516**	−0.0050	−0.0215**
	—	(0.0093)	(0.0109)	(0.0089)
Inflation	—	0.0139**	0.0029**	0.0013**
	—	(0.0003)	(0.0001)	(0.0004)
_cons	0.1054**	0.3960**	0.1970**	0.2321**
	(0.0010)	(0.0106)	(0.0057)	(0.0089)
AR（1）	−4.2400	−2.6748	−2.3691	−2.7828
P 值	0.0000	0.0075	0.0178	0.0054

续表

	替换核心解释变量		剔除最低 10％样本	剔除最高 10％样本
AR（2）	−3.8012	−1.1939	−0.4470	−1.4430
P值	0.0001	0.2325	0.6549	0.1490
Sargan	29.8818	29.2735	24.8120	25.3259
P值	0.3689	0.3988	0.6381	0.6100
Wald 统计量	19986.33	16233.85	12973.58	45058.00
N	330	330	297	297

注：（1）这里不同估计方程中的 FD 和 FD（$g_{FD}-g_{RS}$）的含义存在差异：其中估计式（6）和（7）中的 FD（$g_{FD}-g_{RS}$）为依据股票市场交易规模计算所得的核心解释变量，FD 为与之相应的金融发展指标；估计式（6）和（7）中的 FD（$g_{FD}-g_{RS}$）则分别为剔除最低 10％和最高 10％样本之后的核心解释变量，FD 亦为与之相应的金融发展指标。（2）括号内的数字表示稳健标准误，$*$、$**$ 和 $***$ 分别表示在 10％、5％和 1％的水平上显著。

　　估计方程（6）中没有控制可能引起严重内生性的控制变量，结果发现用股票市场交易规模衡量的金融发展指标会显著负向影响经济增长，但是在金融与实体经济不均衡发展的调节下，这种负向影响变为正向。然而，当加入控制变量之后，以股票市场交易规模衡量的金融发展指标对经济增长没有表现出显著的负向影响，但是受到金融与实体经济不均衡发展的影响，显现出了显著的抑制作用，这与我们的初步回归结果是一致的。方程（8）和（9）的估计结果，则都表明，金融与实体经济的不均衡发展会对经济增长产生抑制作用，与初步估计结果中的方程（5）相类似，这说明，剔除极端样本的干扰之后，研究结果仍然是稳健的。

　　这里还有两点需要说明：一是初步估计结果和稳健性检验的结果均支持了我们的前期理论，即金融部门和实体经济部门之间发展失衡会对经济增长产生抑制作用，但这背后的原因以及是否存在可以弱化这种效应的机制还有待进一步检验；二是将估计方程（7）与估计方程（5）（8）和（9）进行比较可以看出，不论是以股票市场交易规模衡量，还是以信贷市场规模衡量，我们的研究结论都是稳健的，但股票市场和信贷市场作为直接融资方式和间接融资方式的典型代表，相互之间存在一定的替代作用，直接融资市场的成熟在一定程度上会降低企业家对于间接信贷资金的依赖，因此，发展直接融资市场可能会缓解信贷与实体经济的非均衡发展对经济增长的负效应。我们将在第五部分对这两点进行具体检验。

第四节　金融部门挤出效应弱化机制检验

一、理论分析

结合理论框架部分的分析可以看出，在劳动力市场对高素质人才的竞争和在信贷市场风险规避的信贷偏好是金融发展过度挤出实体经济发展空间，并对经济增长带来负效应的重要原因。人力资本水平的上升会增加高素质人才的供应，使人才资源不再稀缺，进而会弱化这一作用机制；多元化的替代融资渠道会促使企业家通过更多的方式进行融资，进而也会弱化信贷与实体经济非均衡对经济增长的伤害。因此，这里检验"人力资本通道"和"直接融资通道"是否会缓解前文发现的效应。具体而言：

（1）本书在理论模型部分提出，人才的稀缺是金融部门和实体经济部门之间存在负外部性的重要原因之一，当人才不再是稀缺资源时，金融部门和实体经济部门之间将不会由于人才掠夺导致的金融发展过度挤出实体经济发展空间，最终抑制全社会经济增长的现象。因此，本书认为，随着整个社会人力资本水平的上升，高素质人才的数量会增加，因此金融部门和实体经济部门的这种对高素质人才的竞争会有所缓解。因此，人力资本水平应当是金融部门对实体经济部门发挥影响的一个重要机制。这里以人均受教育年限作为衡量人力资本水平的代理变量进行检验，估计结果如表5.4中的方程（10）和（11）。

（2）本书的理论模型以及金融发展测量指标都是建立在传统信贷的基础之上，这也符合中国现实的金融结构。然而，随着资本市场的发展，直接融资渠道对实体经济的支撑愈发重要，而且，较之传统的信贷，股票市场的直接融资能够为高风险项目提供更多的资金支持。已有研究表明，与银行主导型的金融体系相比，市场主导型的金融体系更能够促进创新（Stiglitz，1985；Mayer，1996）。因此，本书认为，股票市场的发展程度高可以从一定程度上促进那些低抵押、高效率的项目发展，因此可以缓解信贷市场与实体经济增速差异对国民经济的抑制作用。这里以股票市场规模与信贷市场规模比值作为衡量直接融资渠道强度的代理变量，估计结果如表5.4中的方程（12）和（13）。

进一步，为了考察这两个通道共同发挥作用的综合效应，这里将两个通道的代理变量结合起来进行估计，结果如表5.4中的方程（14）。

二、机制检验结果分析

表5.4　金融部门挤出效应弱化机制检验结果

影响机制	人力资本渠道		替代融资通道		混合效益
估计方程	(10)	(11)	(12)	(13)	(14)
估计方法	sysGMM	sysGMM	sysGMM	sysGMM	sysGMM
$g_{yi,t-1}$	0.0411***	0.0316***	0.0205***	0.0676***	0.0840***
	(0.0049)	(0.0087)	(0.0054)	(0.0119)	(0.0142)
FD $(g_{FD}-g_{RS})$	−0.7248***	−0.6750***	−0.3881***	−0.3906***	−0.5121***
	(0.0412)	(0.0491)	(0.0066)	(0.0125)	(0.0827)
FD	−0.0494***	0.0084	−0.0907***	−0.0164	0.0144
	(0.0058)	(0.0125)	(0.0037)	(0.0113)	(0.0129)
HC	−0.0059***	−0.0364***	—	—	−0.0294***
	(0.0013)	(0.0062)	—	—	(0.0058)
FD $(g_{FD}-g_{RS})$ HC	0.0522***	0.0499***	—	—	0.0164*
	(0.0046)	(0.0052)	—	—	(0.0090)
STOCK	—	—	0.2854***	0.3051***	0.2896***
	—	—	(0.0095)	(0.0135)	(0.0116)
FD $(g_{FD}-g_{RS})$ STOCK	—	—	0.8629***	0.7668***	0.6506***
	—	—	(0.0339)	(0.0457)	(0.0380)
Gov-expenditure	—	0.2235***	—	0.0647***	0.1926***
	—	(0.0387)	—	(0.0178)	(0.0621)
Urban	—	0.0000	—	−0.0015***	−0.0001
	—	(0.0006)	—	(0.0003)	(0.0005)
Openness	—	0.0181	—	−0.0279***	−0.0178**
	—	(0.0114)	—	(0.0080)	(0.0090)

续表

影响机制	人力资本渠道		替代融资通道		混合效益
Inflation	—	0.0044***	—	0.0009***	0.0019**
	—	(0.0006)	—	(0.0003)	(0.0008)
_cons	0.2014***	0.3446***	0.1659***	0.1453***	0.2615***
	(0.0090)	(0.0311)	(0.0056)	(0.0084)	(0.0239)
AR (1)	−2.6561	−2.6662	−3.1783	−3.5141	−3.5971
P值	0.0079	0.0077	0.0015	0.0004	0.0003
AR (2)	0.0033	0.0664	−2.1658	−1.7429	−1.7785
P值	0.9997	0.9471	0.0303	0.0814	0.0753
Sargan	29.5836	28.8244	29.1663	27.1893	27.0415
P值	0.3834	0.4215	0.4041	0.5080	0.5160
Wald 统计量	5123.44***	23589.24***	17158.50***	11299.77***	7173.38***
N	330	330	330	330	330

注：括号内的数字表示稳健标准误，＊、＊＊和＊＊＊分别表示在10%、5%和1%的水平上显著。

估计结果表明，总体来看，不论是否存在控制变量，引入的检验机制变量均显著。估计方程（10）和（11）显示：金融与实体经济部门失衡的代理指标与人力资本的代理指标交互项系数显著为正，表明人力资本水平的提高，会缓解甚至扭转金融与实体经济发展失衡对经济增长带来负效应的局面。估计方程（12）和（13）显示：金融与实体经济部门失衡的代理指标与股票市场相对发展规模的代理指标的交互项系数显著为正，表明直接融资渠道为实体经济提供了信贷以外的资金支持，缓解了信贷与实体经济增速不匹配对经济增长的负效应，使得整体效应为正。

第五节　本章小结

本章力图通过理论框架，阐释金融部门和实体经济部门之间存在动态联系，即金融部门的过度发展会掠夺人才、扩张信贷规模并促使信贷资金流入具有高抵押、低效率特征的传统产业，这就加大了金融部门和实体经济部门之间的非均衡发展程度，并且会进一步影响宏观经济表现。在此基础上，本书利用中国 2002—2014 年的省级面板数据进行检验，发现了金融与实体经济增长不平衡的事实，会对经济增长带来负效应。进一步，根据前期模型的相关要素，本章认为人力资本的提高、股票市场等直接融资渠道的完善，会缓解并改善金融与实体经济发展不平衡对经济的抑制作用，这一假设得到了实证检验结果的支持。本章主要得出以下结论：

第一，人才竞争是金融部门对实体经济部门产生挤出作用的关键途径之一，是两个部门之间存在负外部性的重要原因之一。因此，人力资本的提高，有利于弱化这种资源竞争关系和负外部性。

第二，实证检验结果表明，金融部门与实体经济部门的不均衡发展会伤害经济增长。因此，金融部门与实体经济的均衡发展，是实现国民经济健康平稳发展的重要前提。

第三，机制检验结果表明，人力资本的提高、直接融资渠道的建设，都会有效缓解以信贷衡量的金融发展与实体经济发展不均衡对经济增长所带来的负面效应。因此，在有效规范信贷市场的同时，还要加强人力资本的培养与直接融资市场的建设。

第六章 金融发展与全要素生产率促进效应及作用机制

上一章中，我们提出了金融与实体经济的不均衡发展将会对经济增长带来负效应，并且人力资本、直接融资渠道会在一定程度上弱化这种现象，即人力资本的提高和直接融资渠道的建设会降低金融与实体经济不均衡对经济增长造成的伤害。而在当前阶段，金融与实体经济的均衡发展的关键是要解决金融促进全要素生产率提高。因此，本章将从厘清金融发展与全要素生产率之间关系及作用机制入手，重点研究金融能否促进全要素生产率提高以及如何促进全要素生产率提高。

美国次贷危机的影响，至今仍未完全散去，众多发展中国家和新兴经济体的高速增长态势一去不复返，中国也于近年步入并将长期处于中高速增长的新常态阶段。各国在对金融发展过度导致的全球经济危机进行深刻反思和大量研究之后逐渐意识到，在后危机时代中，实体经济崛起的关键在于全要素生产率的提高，进一步说，金融发展能否切实起到提高全要素生产率的作用，是决定经济是否能够实现更有效率、更高质量和更可持续发展的关键所在（Lee & Hong，2010；Park & Park，2010；Kyoji et al.，2015；Roland-Holst & Sugiyarto，2014；Dabla-Norris et al.，2013）。

首先，部分学者针对亚洲发展中国家的高速增长展开了广泛的实证研究，发现全要素生产率是亚洲国家在新时期的经济增长动力源泉。亚洲开发银行的 Jong-Wha & Kiseok Hong（2010）、Donghyun Park & Jungsoo Park（2010）基于增长核算等式发现资本积累是发展中国家在 20 世纪 80年代和 90 年代高速增长的关键因素，而进入 21 世纪，尤其是美国次贷危机之后，劳动力投入、教育和全要素生产率在经济增长过程中扮演着越来越重要的角色。但是，随着人口结构的显著改变和人口增速的大幅下降，劳动力投入对经济增长的边际效用并不明显，因此，提高全要素生产率，才是亚洲发展中国家未来实现经济持续增长的唯一出路。不同于增长核算等式的分析框架，David Roland-Holst & Guntur Sugiyarto（2014）利用一般均衡模型，发现亚洲国家之间以及亚洲国家与世界其他地区之间的贸易往来是长期增长的关键，并且，他们强调了全要素生产率在这个过程中所起的重要作用，尤其是对于改善民生具有重要意义。Dabla-Noris（2013）等人曾经提出，对于低收入国家和中等收入国家，在不同的发展阶段，其促进创新水平和生产率提高的政策重点不同，但几乎所有的改革措施都从基础设施、教育水平、外部软环境等方面提高了全要素生产率。

其次，部分学者针对发达国家的不同发展路径进行比较研究，发现全要素生产率是决定经济是否能够维持长期稳定增长的关键。Kyoji（2015）等人对比了日本在1991年之后的长期停滞以及同期美国的稳定发展，发现二者之间的重要差异在于20世纪90年代之后，除了日本的资本积累继续上升导致资本边际收益不断递减以及劳动力数量和质量降低之外，日本的制造业和非制造业部门的全要素生产率增长非常缓慢。在1991年之前，日本的全要素生产率迅速赶超美国，但是这之后，日本制造业和非制造业的全要素生产率只有美国的19％和8％，全要素生产率的增速放缓是日本经济陷入长期停滞最根本的因素。

再次，后危机时代下"安全资产荒"问题愈发突出，推进全要素生产率提高的政策措施可以从很大程度上缓解这一矛盾，有助于增强金融体系的稳定性以及促进全球经济平稳增长。本轮金融危机对不同国家的伤害性质和程度不同，就美国而言，主要问题在于价格体系遭到破坏，但是以创新能力为代表的全要素生产率体系仍然完好无损，而对于欧洲等国家来说，实体经济体系遭到重创。美国着力提高国内的全要素生产率、培育引领全球新一轮工业革命的创新技术而率先实现经济复苏，相比之下欧洲各国的经济回暖则较为缓慢和艰难。这种全球经济格局加剧了安全资产荒，美联储扮演全球央行的角色更加浓重，一旦美联储政策收紧，全球资金便大量追逐美元、涌向美国，严重影响其他各国的宽松货币政策实施效果。在推进全要素生产率提高的政策引导下，社会闲置资金有良好的投资渠道，不再疯狂追逐稀缺的安全资产，资本流动波动性降低，金融体系将更加稳定，有助于全球经济复苏和增长。在中国，安全资产缺失的问题同样严重，大量资金不得不追逐美元、黄金甚至是房地产等安全性相对较高的资产。尤其是美国大选之后，中美关系前景不明朗，资金外流速度加快，尽管中国政府对此采取了严厉的限制手段，但滞留国内的资金能否投入到提升全要素生产率的领域中，关系着中国未来的经济增长前景。

在中国当前正确认识、把握、适应和引领新常态的重中之重是寻求经济增长新动力，而全要素生产率正是现阶段实现经济增长动力转换的核心要素。党中央和国务院反复强调，供给侧改革的重点是提高全要素生产率，并具体通过多项战略设计，诸如提高金融服务实体经济的能力、培育和促进战略新兴产业的发展等推动全要素生产率的进步。

本章利用 2002—2015 年中国省际层面数据，借鉴郑文（2014）的研究框架，考虑从间接融资渠道和直接融资渠道的角度出发，探索金融发展对全要素生产率的影响，并加入人力资本、创新投入以及长期投资与金融发展的交互项，研究金融发展与全要素生产率的作用机制。

第一节　理论分析和文献回顾

全要素生产率的内涵非常丰富，那些不能够被资本和劳动解释的经济增长因素，都可以被认为是全要素生产率。近一二十年来，学术界对全要素生产率的关注逐渐升温，大量学者从不同角度阐释了全要素生产率对于经济增长的现实意义，而关于金融发展与全要素生产率之间关系的研究，成为这个领域当中的研究重点之一。

一、金融发展与全要素生产率的关系

学术界对金融与全要素生产率关系的研究，主要发端于金融发展与经济增长之间关系的研究，于 20 世纪 90 年代逐渐走入人们的视线。

Levine 和 Zervos（1998）用 GMM 方法估计了 1960—1995 年 71 个国家的面板数据，结果显示，银行部门的发展程度较高会促进经济增长和提高全要素生产率。Rioja（2004）等人发现金融发展对于全要素生产率的影响在不同的经济发展阶段表现不同，对于发达国家而言，金融发展对全要素生产率具有较强的正面影响，但是对于发展中国家来说，金融发展主要通过推动资本积累来促进经济增长，金融发展并没有显著促进全要素生产率的增长。Beck（2010）等人利用法律起源作为工具变量，更严谨地检验了金融发展对经济增长、全要素生产率、物质资本积累等的影响，发现金融发展对全要素生产率表现出显著的正向影响。

在中国，尽管很早就对全要素生产率展开了研究，但前期的研究热点主要是围绕全要素生产率的测度（傅晓霞和吴利学，2007），后来逐渐引入研究人力资本、进出口贸易、经济结构、政府行为等影响全要素生产率的因素。对于金融发展与全要素生产率的研究，兴起于 2010 年前后，并逐渐呈现出一定热度。姚耀军（2010）利用界限检验法、ARDL 法的协整系数估计和向量误差修正模型及其格兰杰因果关系检验等计量分析技术对时间序列数据进行了考察。结果发现，从长期来看，金融发展、FDI、经济自由度都是全要素生产率的格兰杰原因，但是从短期来看，全要素生产率是金融发展的格兰杰原因，也就是说，金融发展呈现出需求追随的特征。陈启清和贵斌威（2013）提出金融发展对全要素生产率的提升表现在水平效应和增长效应两个方面，水平效应表示在金融发展水平高的地区，拥有更高的全要素生产率；而增长效应表示金融发展水平高的地区，拥有更高的全要素生产率增长率。作者用 1978—2010 年的中国省际面板数据进行实证检验，发现了在中国，金融发展对全要素生产率具有正的水平效应和负的增长效应，也就是说，金融发展的确能够提高全要素生产率，但是呈现出边际效应递减的趋势。李健和卫平（2015a）以 2000—2012 年中国省际面板数据为样本，从金融发展规模和金融发展效率两个维度，考察金融发展与全要素生产率增长之间的联系和作用机制，结果发现，不管是金融发展规模还是金融发展效率，都是促进全要素生产率增长的重要原因，并且金融发展效率对全要素生产率的促进作用显著高于金融发展规模。李健和卫平（2015b）又利用 2000—2012 年中国省际面板数据，采用间接估计和数据包络分析分别对民间金融发展和全要素生产率进行测量，进而采用动态面板广义矩估计方法对民间金融发展与全要素生产率之间的联系和中间渠道进行了实证检验，发现民间金融发展对全要素生产率呈现显著的正向影响，而且 2006—2012 年期间民间金融发展的 TFP 增长效应显著大于 2000—2005 年期间民间金融发展的 TFP 增长效应。黄燕萍（2016）对 1997—2013 年中国的面板数据进行了实证分析，结果表明全要素生产率同物质资本相比，对经济持续增长具有更大的作用，与此同时，金融发展要比人力资本对全要素生产率的提升影响更大。

　　国内外相关的研究文献表明，金融发展与全要素生产率之间存在正向促进关系，但是该关系会受到研究样本所处的经济发展阶段、金融发展水平的影响。因此，本章的主要目的之一在于探索中国经济快速发展阶段（2002—2015）中，金融发展对全要素生产率的作用，并且考虑到本轮金融危机前后的政策导向、经济发展模式出现了较为明显的改变，因此本章以金融危机为分界点对前后两个阶段分别进行考察。

二、金融发展提高全要素生产率的作用机制

本章从全要素生产率提高的原动力角度考虑，认为金融发展促进全要素生产率提高的过程中主要存在三个作用机制。

第一，人力资本水平。Benhabib 和 Spiegel（1994）早已指出，人力资本可以影响全要素生产率水平。孙婧（2013）用 1990—2010 年中国省际面板数据进行研究，支持了 Benhabib 和 Spiegel（1994）的观点，发现人力资本存量是影响中国全要素生产率的重要因素，并且不同层次的人力资本对全要素生产率的推动作用不同，高等教育的促进效应最明显，中等教育次之，而初等教育的作用基本不明显。而金融发展通过完善教育贷款体制，使得全社会的教育水平更高，从而提高全社会劳动力的人力资本。然而，在金融发展程度不高、资金获得较为困难的国家，其教育投入相对较低，制约了人力资本的提升。Galor 和 Zeira（1993）证明了教育是一项隐性投资，从长期来看，比实物投资有着更为明显的私人收益和社会收益，而信贷资源的缺乏和信贷市场的不健全，会导致贫困家庭更愿意投资实物资本，最终引起收入不平等的代际传递，严重影响一国的经济增长。因此，本章认为，在金融发展与全要素生产率之间的关系中，人力资本是一个重要的作用机制。

第二，金融体系能够为创新活动提供必要的资金支持，从而提高全社会技术水平和全要素生产率。Schumpeter（1911）早在 1911 年就已经提出，金融机构能够对企业家的创新行为进行评估，并给予资金支持，进而促进经济增长。由于创新活动具有高度不确定性，其往往面临着较强的融资约束，尤其是对中小企业来说，内部融资无法满足企业的创新活动，需要来自资本市场的外部融资支持。而企业能否获得外部融资，很大程度上取决于创新活动中道德风险和逆向选择的发生概率。在一个发达的金融体系中，不同金融机构可以组成银团进行联合投资，更有效地筛选项目，并进一步给予优质项目以融资和再融资支持，从而促进全社会的创新（Xu & Huang，1999）。Silva（2015）建立了一个把资本积累和研发活动纳入到经济增长的影响因素中的模型，结果表明，金融体系能够减少研发过程中的道德风险，提高监管水平，进而增加研发成功的概率。然而，有学者认为，金融部门对于研发活动会产生方向相反的两个影响：一方面，金融发

展促进创新，并给其他产业部门带来溢出效应，从而带动整个社会的经济增长；另一方面，创新的活跃使得已有的生产者会认为自己有可能很快被创新者取代，因此，会降低他们研发的动力。Stiglitz（1985）认为，金融部门对研发活动的具体作用受到金融体系类型的影响，在市场主导型的金融体系里，信息会很快传递到竞争对手那里，因此生产者创新动力不足，而在银行主导型的金融体系中，信息相对保密，生产者更愿意进行研发活动。但 Mayer（1996）认为，市场主导型的金融体系下，所有权更加分散，道德风险和逆向选择相对较少，因此，往往会产生相对多的创新活动；而银行主导型的金融体系，所有权比较集中，这些企业主体更加注重长期投资的效果，倾向于选择模仿而不是创新。Benfratello（2006）等人分析了20 世纪 90 年代的 6000 多家意大利公司，结果发现，银行网络越密集的地区，企业的创新活动越活跃。而 Minetti（2011）补充研究表明，银行在培育累积性创新方面更有效，原因在于银行并不能够充分理解突破性创新的新技术，所以，对突破性创新会有所回避。尽管在哪种金融结构会促进创新上存在诸多争论，但是金融体系促进创新水平提高的功能，是被广泛认可的。本章将通过金融发展指标的设计，观察在中国具体时代背景下，金融体系是否促进创新进而促进全要素生产率提高。

第三，金融体系通过资金搭配，可以支持长期项目的融资需求，而长期投资主要包括能源、交通、通信、医院等有形资产，同时也包括教育和研发创新等无形资产，长期投资优化了社会的硬环境和软环境，从一定程度上改善了物质资本和人力资本的组合效率，是全要素生产率提高的重要前提（见图 6.1）。然而，由于长期投资的流向领域多为公共物品，带有明显的外部性属性，其社会效应远远高于建设者所获得的利益，而且，加之其投资周期较长，具有更高的不确定性和更低的流动性，单纯依靠私人投资无法达到社会福利最大化所要求的最优规模。而金融体系的存在，解决了这个难以调和的矛盾，通过吸收居民财富，并进行长短期资金搭配，大大提高了项目流动性并降低了投资风险，为长期投资提供了充裕的资金支持。Greenwood 和 Jovanovic（1990）认为，发达的金融机构能够降低储蓄资金向投资项目流动的成本，增加产出，从而加快经济增长。Bencivenga（1996）等人认为，金融体系的关键作用在于通过期限搭配实现短期储蓄支持长期投资项目。然而，Trew（2008）构建了一个存在借贷摩擦的模型并结合经验数据进行理论推演，结果发现，金融发展效率（用银行盈利能力以及银行存贷利差衡量）促进经济增长的关系总是存在，但是金融发展深度（用复杂公式衡量投入产出比，包括存贷总额与 GDP 的比例等）与经济增长之间的关系并不总是存在。也就是说，金融体系只有真正起到高效配置储蓄资金的作用时，才能够促进经济增长。

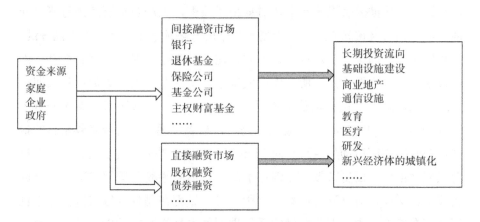

图 6.1　社会财富流向长期投资的逻辑图（Chopra，2015）

　　总结上述研究结论，本章的研究框架如图 6.2 所示。即金融发展可以促进全要素生产率提高，而研发投入、人力资本以及长期投资在这个过程中起到正向调节作用，相应的政策设计，可以从金融角度对这三个方面进行加强，同时也是进一步提高金融发展程度的有效渠道，进而起到促进全要素生产率的作用。

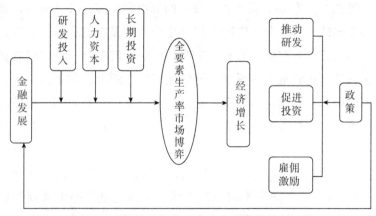

图 6.2　金融发展与全要素生产率逻辑关系框架

第二节 实证检验：计量模型与数据说明

一、计量模型

结合理论部分的分析，以各省级行政区的全要素生产率作为被解释变量，构建基本模型如下：

$$TFP_{i,t}=\beta_0+\beta_1\,FD_{i,t}+\delta\,X_{i,t}+\lambda_{i,t}+\mu_t+\varepsilon_{i,t} \qquad (6-1)$$

上式中，$TFP_{i,t}$ 为各省各年的全要素生产率，$FD_{i,t}$ 为金融发展指标，此外，$X_{i,t}$ 为影响全要素生产率的一系列控制变量，$\lambda_{i,t}$ 和 μ_t 分别为个体和时间效应，$\varepsilon_{i,t}$ 为随机干扰项。

进一步，为了检验金融发展影响全要素生产率的作用机制，本章在基本模型的基础上加入作用机制变量及其与核心自变量的交互项，这也是经济学实证研究当中被广泛接受的方法（Rajan & Zingale，1998；周杰琦，2014；魏下海、董志强、金钊，2015；李丹丹，2017）。本章构建机制检验模型如下：

$$TFP_{i,t}=\beta_0+\beta_1\,FD_{i,t}+\beta_2\,FD_{i,t}Z_{i,t}+\beta_3\,Z_{i,t}+\delta\,X_{i,t}+\lambda_{i,t}+\mu_t+\varepsilon_{i,t}$$

$$(6-2)$$

上式中，$Z_{i,t}$ 为作用机制变量，本章在机制检验部分重点考察交互项的系数 β_2 是否显著。

二、指标与数据说明

1. 指标选取

（1）金融发展

关于金融发展的测量，学者往往根据不同的研究目的而采取不同的代理变量。本章借鉴王擎和田娇（2014）的做法，在其提出的金融中介指标（金融机构人民币贷款/GDP）和金融市场指标（股票市场交易额/GDP）基础上再加入金融机构人民币存款/GDP 作为补充来衡量金融发展水平。本章选择这三个代理变量的原因有两点：第一，金融体系是社会资金的蓄水池，其动员储蓄的功能为后续的各项投资提供了可能性（李健、卫平，2015a），所以选取存款类指标衡量金融发展程度；第二，金融发展推动全要素生产率提高的重要机理在于其放松了各项投资的融资约束，所以本书选取贷款类指标和股票市场类指标来考察金融发展程度。需要指出的是，本章在测量金融发展过程中，并没有过多考虑 2000 年以来发展迅速的风险投资资金和创业投资资金等，主要原因有两点：第一，私人风险投资并不是驱动创新的必要条件，Mazzucato（2012、2013）和 Bottazzi（2009）指出，由于风险投资强调较高较快回报和较低风险，因此，由风投支持的公司很难为社会经济带来诸如提供就业和创新产品等价值；第二，初创企业或者破坏性创新对经济增长的贡献非常有限，Daron Acemoglu（2010）等人指出，成熟企业改善机器设备和制造新产品来进行积累性创新是提高社会生产率的主力。在中国，大中型企业的研发人员和研发投入占全社会的比重也已经超过了 70% 并逐渐接近 80%[①]。因此，基于以上两点，本章对金融发展的考察，主要关注能够支持大中型企业发展的信贷和股票市场功能。

（2）长期投资、人力资本、研发投入

依据前文的理论，本章分别选取人均受教育年限（HC）、各省各年研发经费支出（R&D）以及全社会固定资产投资（Inv）作为人力资本、研发投入和长期投资的代理变量。

（3）控制变量

本章选取 6 个控制变量，分别是政府支出规模（Gov-expenditure）、经济开放程度（Openness）、城镇化水平（Urban）、产业结构（IS）、通货膨胀程度（Inflation）、人均国民生产总值（lnpgdp）。

政府支出规模（Gov-expenditure）：政府支出是国家进行宏观经济调控的关键抓手，通过工资支出、转移支出、零星支出和政府采购四条途径，起到了改善公共服务数量和质量、加快基础设施建设、提升外部软环境和硬环境的作用，有助于提高全要素生产率（李明、冯强、王明喜，2016），因此，本章控制了政府支出对全要素生产率的作用。

经济开放程度（Openness）：新贸易理论（Krugman，1979；Helpman & Krugman，1985）和新新贸易理论（Melitz，2013；Melitz &

---

① 国家统计局．中国统计年鉴 2015. http：//www. stats. gov. cn/tjsj/ndsj/2015/indexch. htm.

Ottaviano，2008；Chaney，2008）都认为，随着一国国际贸易的发展，国内低生产率的企业会被淘汰，因而该国生产率的平均水平会得到提高。大量学者也通过实证研究表明，进口竞争以及国外对中国的 FDI 都会提高国内企业的生产率（Keller，2000；毛其淋、盛斌，2011；简泽、张涛、伏玉林，2014），因此，在本章中，我们用国际贸易进出口总额占 GDP 的比例作为代理变量来衡量各省各年的经济开放程度，并对其进行控制。

城镇化水平（Urban）：一方面，城镇化水平的提高，表明基础设施及其他公共产品的改善，这会对提高全要素生产率产生积极作用（胡建辉、李博、冯春阳，2016）；另一方面，城镇化在一定程度上与产业聚集存在相关性，而产业聚集具有极强的外部性，有利于推动技术进步，从而提高全要素生产率（崔宇明、代斌、干萍萍，2013；范剑勇、冯猛、李方义，2014），所以，为了解决内生性问题，本章将城镇化水平作为控制变量引入。

产业结构（IS）：本章基于"结构红利假说"的观点认为，随着要素从低生产率的部门向高生产率的部门转移，总体生产率会上升，也就是说，随着产业结构的调整与变迁，全要素生产率会发生波动（张少辉、李江帆、张承平，2014；于斌斌，2015），一般而言，以制造业为代表的第二产业的蓬勃发展，对于提高全要素生产率的作用更加明显，因此，作为衡量产业结构的代理变量，本章采用第二产业产值与第三产业产值之比。

最后，本章还将通过控制通货膨胀程度来控制不同年份的价格因素所带来的干扰，控制人均 GDP 以控制各个省份因为经济发展程度不同而带来的全要素生产率的差异。

2. 数据说明

本章选取除西藏及港澳台之外[①]的 30 省份 2002—2015 年的数据，主要是考虑到从 2002 年开始中国经济告别了长达 4 年多的通货紧缩进入低通胀增长时代，研究背景具有一致性。本章所有原始数据来源于考察期间内各省统计年鉴以及 Wind 数据库。主要变量说明及其描述性统计结果见表 6.1：

---

① 西藏地区的资源禀赋与其他地区差异较大，且该地区数据缺失严重，因此，本章未将西藏地区数据纳入分析框架。

表 6.1 变量说明及其描述性统计结果

变量类型	符号	说明	观测值	平均值	标准差	最小值	最大值
被解释变量							
全要素生产率	TFP1	数据包络法	420	-0.0042	0.0458	-0.1372	0.1799
	TFP2	索洛残差法	420	0.9711	0.0502	0.841	1.162
核心解释变量							
金融发展	FD-deposit	金融机构人民币存款占当年国内生产总值比例	420	1.5448	0.6773	0.7463	5.5866
	FD-credit	金融机构对私人部门信贷占当年国内生产总值比例	420	1.1073	0.3870	0.5329	2.5847
影响机制变量	FD-stock	平均股票交易额占当年国内生产总值比例	420	0.1281	0.2083	0.0062	2.5903
人力资本水平	HC	人均受教育年限	420	8.5382	0.9867	6.0405	12.1586
研发投入	R&D	各省当年研发支出占当年国内生产总值比例	420	4.4163	1.5351	0.18232	7.4962
长期投资	Inv	各省当年固定资产投资占当年国内生产总值比例	420	1.9609	5.3148	0.0081	58.6439
控制变量							
政府支出规模	Gov-expenditure	政府预算支出/国内生产总值	420	0.1976	0.0889	0.0792	0.6269
经济开放程度	Openness	进出口总额/国内生产总值	420	0.3276	0.4032	0.0152	1.7356
城镇化水平	Urban	人口城镇化率（%）	420	49.5688	14.5909	24.2909	89.6
通货膨胀	Inflation	各省级行政区消费价格指数	420	2.5994	2.09095	-2.3462	10.0865
产业结构	IS	二、三产业产出占当年国内生产总值比例之比	420	1.2242	0.3226	0.2478	2.0228
人均国民生产总值	lngdp	各省每年人均国民生产总值的自然对数	420	10.0509	0.7474	8.0835	11.5797

注：(1)人口城镇化率用各省城镇人口占全省人口的比重衡量；(2)人均受教育年限的计算如下：以各省各受教育年限的人口比重对其受教育年限进行加权，其中未受教育则年限为0年，小学为6年，初中为9年，高中为12年，大学及以上为16年；(3)股票市场交易规模的原始数据为各省每年12个月股票市场交易额的算术平均值；(4)经济开放程度计算中的进出口总额按当年的人民币兑美元汇率进行计算。

三、全要素生产率测算

全要素生产率的测算方法有两大类：一类是索洛残差的方法，即通过一定的生产函数（如柯布-道格拉斯生产函数或 CES 生产函数）进行参数估计，得到各生产要素的产出弹性，进而测算相应的全要素生产率，主要的研究有邵宜航等（2013）、黎贵才等（2016）；另一类是数据包络分析，这种测算方法不需要对生产函数进行预先假设，可以避免模型设定的错误，这类研究主要有刘秉镰和李清彬（2009）、孙传旺等（2010）、王海兵和杨蕙馨（2016）。本章同时采用两种方法测算全要素生产率，以检验测算结果的一致性，将通过索洛残差法测算的全要素生产率用于主体检验，将通过 DEA-Malmquist 指数方法测算的全要素生产率用于稳健性检验。

1. 索洛残差估计方法

设定柯布-道格拉斯生产函数如下：

$$Y_{i,t} = A_{i,t} K_{i,t}^{\alpha} L_{i,t}^{\beta} \qquad (6-3)$$

在上式中，$Y_{i,t}$ 表示总产出，$A_{i,t}$ 表示全要素生产率，$K_{i,t}$ 表示物质资本存量，$L_{i,t}$ 表示劳动力总数，下标 i 和 t 分别表示省份和年份，α 和 β 分别表示物质资本和劳动力的产出弹性。假定规模报酬是不变的，即可将式（6-3）转换为劳均产出的形式，得到如下形式：

$y_{i,t} = A_{i,t} k_{i,t}^{\alpha}$，两边同时取对数之后，得到下式：

$$\ln y_{i,t} = \ln A_{i,t} + \alpha \ln k_{i,t} \qquad (6-4)$$

通过式（6-4）即可估算物质资本产出弹性 α。另根据增长核算方程可知：

$$g_A = g_Y - \alpha g_K - (1-\alpha) g_L \qquad (6-5)$$

上式中，g_Y、g_K、g_L 分别表示 Y、K、L 的增长率，g_A 即为由索洛残差法测算得到的全要素生产率。

需要说明的是，测算全要素生产率时，需要产出、物质资本和劳动投入的数据，其中产出和劳动从业人数可以直接从各省的统计年鉴上获取。而资本存量则需要根据已有的数据进行核算，为了得到物质资本存量，本章采用 Goldsmith（1951）提出的永续盘存法，将各省每年末的固定资产投资按下式进行盘存：

$$K_{i,t} = (1-D_i) K_{i,t-1} + \frac{I_{i,t}}{P_{i,t}} \qquad (6-6)$$

$K_{i,t}$ 代表 i 国在第 t 年的资本存量，D_i 为相应年份的折旧率，$I_{i,t}$ 代表 i 国在第 t 年的投资额，$P_{i,t}$ 代表 i 国在第 t 年的投资价格指数。根据递归原则，要测算每年的全要素生产率，还需要基期的资本存量 $K_{i,0}$。

在本章中，借鉴张军（2004）等人的研究成果，以各省级行政区 2000 年的资本存量为基础，估算各省级行政区 2002—2015 年的资本存量。并且，根据张军（2004）等人的研究，将折旧率 D_i 确定为 9.6%。

进一步，不同于诸多学者直接根据已有研究结果设定物质资本产出弹性 α 的做法，如大量学者直接利用 King 和 Levine（1993a、1993b）的研究结果，将物质资本弹性设定为 0.3，这种测算方法会扭曲全要素生产率对经济增长的贡献。本书通过回归来确定 α，考虑到价格因素的影响，按各省的物价指数（CPI）折算为 2002 年不变价格。结果得到 α 值为 0.6996，这与罗羡华等（2009）、李国璋等（2010）、范志勇和赵晓男（2014）、黄燕萍（2016）的结果是基本一致的。

2. 数据包络分析方法

为研究决策单元（DMU，在本章中决策单元即为各个省级行政区）投入产出的全要素生产率（TFP）的变动，本章借鉴前人（Caves et al.，1997；Färe，1997）研究，用 (x_t,y_t) 和 (x_{t+1},y_{t+1}) 分别表示某决策单元第 t 期和第 $t+1$ 期的投入和产出，令 $D^t(x_t,y_t)$ 为距离函数，则基于第 t 期参照技术的 Malmquist 生产率指数可以表示为：

$$M_t(x_t,y_t,x_{t+1},y_{t+1})=\frac{D^t(x_{t+1},y_{t+1})}{D^t(x_t,y_t)} \qquad (6-7)$$

同理，可以得到基于第 $t+1$ 期参照技术的 Malmquist 生产率指数：

$$M_{t+1}(x_t,y_t,x_{t+1},y_{t+1})=\frac{D^{t+1}(x_{t+1},y_{t+1})}{D^t(x_t,y_t)} \qquad (6-8)$$

可以用这两个 Malmquist 指数的几何平均值衡量由 t 到 $t+1$ 时期全要素生产率（TFP）的变化。当 Malmquist 指数值大于、等于和小于 1 时，说明从 t 期到 $t+1$ 期的全要素生产率增长、不变和降低。

通过以上两种方法，本章得到 2002—2015 年中国各省全要素生产率，并统计了全国层面的均值（见图 6.3），发现两种计算方法下的全要素生产率指数走势基本一致，从一定程度上支持了测算结果的可靠性。

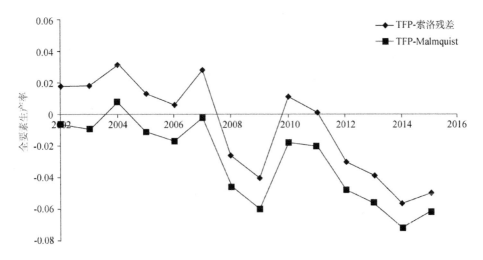

图 6.3　两种不同测算方法下全国层面全要素生产率走势（2002—2015）

第三节　实证检验：结果分析

一、基准回归结果

在前文估算出中国 30 个省份 2002—2015 年全要素生产率的基础上，本节接下来检验金融发展对全要素生产率的影响。

首先，给出金融发展的三个测度与全要素生产率的散点图和直线拟合图（见图 6.4），可以看到，贷款占比、股票市场交易额占比、存款占比均与全要素生产率表现出正相关关系，且以信贷衡量的金融发展与全要素生产率之间的散点图趋势更为一致。本章认为，这种现象与中国金融体系为银行主导型有关，在这种金融体系下，信贷对经济增长的各个方面起到了最重要的支撑作用。

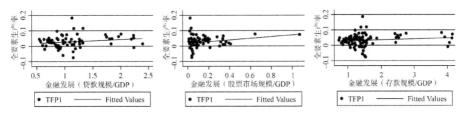

图 6.4　金融发展指标与全要素生产率的散点图和直线拟合图

接下来，对金融发展与全要素生产率之间的关系分别进行 OLS 回归（随机效应和固定效应）及系统广义矩估计。OLS 回归结果显示，固定效应优于随机效应，且结果与广义矩估计方法一致。然而，虽然固定效应控制了个体不随时间变化的不可观测的异质性，但是对于那些可能的随时间变化的遗漏变量却无能为力，而系统广义矩估计能够解决这一因素带来的内生性，并且，系统矩估计还可以解决解释变量和被解释变量之间可能存在反向因果关系而带来的内生性问题。例如，全要素生产率的提升，可能提高企业的创新技术，使得更多的企业具有上市的能力，也就提高了资本市场的股票交易量，也就是说，以股票市场规模衡量的金融发展水平可能与全要素生产率之间存在反向因果关系。因此，本章只报告系统广义矩估计结果。通过观察表 6.2 的方程（2）（4）（6）可以发现，当加入控制变量之后，金融发展的三个指标均与全要素生产率在 1‰ 的置信水平上显著正相关。这说明，对中国来说，进入 21 世纪以后，经济的快速发展、不同类型融资形式（间接融资和直接融资）的发展，都对全要素生产率的提高起到了促进作用，这与黄燕萍（2016）、李健等人（2015a）的研究结果是一致的。因此，未来中国应进一步优化金融体系结构，进一步发挥金融提高全要素生产率的作用，助推国家产业结构升级和经济增长方式转型。

表 6.2 　系统广义矩估计（sysGMM）结果

估计方程	（1）	（2）	（3）	（4）	（5）	（6）
因变量	TFP1	TFP1	TFP1	TFP1	TFP1	TFP1
金融发展	贷款规模/GDP		股票交易规模/GDP		存款规模/GDP	
L. TFP1	0.2421***	0.0875***	0.2627***	0.0909***	0.2477***	0.0785***
	(0.0043)	(0.0219)	(0.0102)	(0.0326)	(0.0066)	(0.0214)
FD-credit	−0.0130	0.0728***				
	(0.0041)	(0.0100)				
FD-stock			0.0157***	0.0454***		
			(0.0020)	(0.0056)		
FD-deposit					−0.0054*	0.0517***
					(0.0031)	(0.0060)
lnpgdp		−0.0576***		−0.0613***		−0.0595***

续表

估计方程	(1)	(2)	(3)	(4)	(5)	(6)
		(0.0086)		(0.0101)		(0.0096)
Gov-expenditure		−0.1357***		−0.0200		−0.1245***
		(0.3778)		(0.0322)		(0.0515)
IS		0.0459***		0.0357***		0.0477***
		(0.0097)		(0.0100)		(0.0110)
Urban		0.0029***		0.0027***		0.0027***
		(0.0006)		(0.0007)		(0.0005)
Openness		−0.0535***		−0.0250***		−0.0525***
		(0.0100)		(0.0050)		(0.0071)
Inflation		0.0048***		0.0037***		0.0045***
		(0.0005)		(0.0004)		(0.0005)
_cons	−0.0080**	0.3261***	−0.0082***	0.4316***	0.0022	0.3524***
	(0.0042)	(0.0626)	(0.0006)	(0.0667)	(0.0047)	(0.0690)
AR (1)	−3.9104	−3.9432	−3.8818	−3.8752	−3.9385	−3.9786
P 值	0.0001	0.0001	0.0001	0.0001	0.0001	0.0001
AR (2)	−1.0429	−0.5753	−1.0003	−1.1347	−1.0074	−0.7651
P 值	0.2970	0.5651	0.3172	0.2565	0.3137	0.4422
Sargan	28.1801	25.2845	28.5632	25.0519	29.0186	26.5388
P 值	0.7481	0.8601	0.7311	0.8677	0.7104	0.6951
chi2	4074.12***	156.91***	673.43***	568.03***	1877.98***	418.10***
N	420	420	420	420	420	420

说明：括号中所示为稳健标准误，*、＊＊、＊＊＊分别表示在10%、5%和1%的置信水平下显著。

二、不同发展阶段金融发展对全要素生产率影响

从前文的估算结果可以看出，2007年以后，全要素生产率表现出了明显的下降趋势。为了进一步探索不同阶段内，金融发展与全要素生产率的关系是否存在差异，本章分别对2002—2007年、2008—2015年这两个阶

段进行单独考察，结果发现，在 2002—2007 年，金融发展的三个指标均未对全要素生产率表现出显著的正向促进作用，但是在全要素生产率下降的第二阶段，即 2008—2015 年，以股票市场交易额和金融机构存贷款衡量的金融发展显著提高了全要素生产率（见表 6.3）。这与 Rioja 等人（2004）的研究结果相一致，即在经济发展程度较高的国家，金融发展才对全要素生产率表现出显著的正向促进效应。这可以从"金融抑制"的角度去理解。资本具有逐利的本性，在经济发展和产业结构转型的过程中，金融资源会逐渐流向服务业，增强制造业的融资约束，这种现象会在一定程度上阻碍全要素生产率的提高。在本轮金融危机之后，国家为刺激经济而出台各项产业刺激政策，大力支持制造业发展，并且在新常态下，提出工业4.0 计划，提高中国制造业的创新水平。在这样的产业政策引导下，大量金融资源流向制造业，因而出现本书所发现的研究结果。

表 6.3　两阶段中系统广义矩估计（sysGMM）结果

考察阶段	2002—2007 年			2008—2015 年		
估计方程	(7)	(8)	(9)	(10)	(11)	(12)
因变量	TFP1	TFP1	TFP1	TFP1	TFP1	TFP1
L. TFP1	0.0366	0.0618	0.0156	−0.0580	−0.1070	−0.0773**
	(0.0640)	(0.0644)	(0.0633)	(0.0384)	(0.0330)	(0.0324)
FD-credit	0.0333			0.0292**		
	(0.0260)			(0.0126)		
FD-stock		0.0013			0.0473***	
		(0.0252)			(0.0039)	
FD-deposit			0.0269			0.0312***
			(0.0436)			(0.0092)
lnpgdp	0.0227	−0.0004	0.0127	−0.1548***	−0.1267***	−0.1428***
	(0.0216)	(0.0191)	(0.0181)	(0.0200)	(0.0209)	(0.0179)
Gov-expenditure	0.1677	0.2962	0.0001	0.0777*	0.0789*	0.0576
	(0.1466)	(0.1170)	(0.2087)	(0.0436)	(0.0447)	(0.0475)
IS	−0.0206	−0.0140	−0.0161	0.0776***	0.0956**	0.0768***

续表

考察阶段	2002—2007 年			2008—2015 年		
估计方程	（7）	（8）	（9）	（10）	（11）	（12）
	（0.0159）	（0.0146）	（0.0154）	（0.0202）	（0.0180）	（0.0191）
Urban	0.0003	0.0009	0.0006	0.0102***	0.0078***	0.0093***
	（0.0008）	（0.0009）	（0.0008）	（0.0015）	（0.0016）	（0.0014）
Openness	−0.0483	−0.0255	−0.0463	−0.0836***	−0.0240	−0.0794***
	（0.0309）	（0.0233）	（0.0383）	（0.0183）	（0.0244）	（0.0209）
Inflation	0.0020	0.00123	0.0027	0.0109***	0.0106***	0.0110***
	（0.0013）	（0.0013）	（0.0015）	（0.0009）	（0.0008）	（0.0008）
_cons	−0.2234	−0.0345	0.1325	0.9077***	0.7251**	0.8156***
	（0.1723）	（0.1379）	（0.1552）	（0.1333）	（0.1396）	（0.1165）
AR（1）P 值	−2.7547	−2.8234	−2.7714	−2.0835	−2.1097	−1.9907
	0.0059	0.0048	0.0056	0.0372	0.0349	0.0465
AR（2）P 值	1.5135	1.6407	1.6611	−2.0438	−2.0608	−2.1541
	0.1301	0.1009	0.0967	0.0410	0.0393	0.0312
Sargan P 值	16.1654	14.9620	15.6716	22.3522	23.2875	22.6900
	0.0950	0.1335	0.1094	0.1322	0.1063	0.1223
chi2	41.50***	33.00***	27.92***	1296.95***	2031.84***	667.95***
N	180	180	180	240	240	240

说明：括号内的数字表示稳健标准误，＊、＊＊和＊＊＊分别表示在10％、5％和1％的水平上显著。

第四节　金融发展促进全要素生产率提高的作用机制检验

本章在前面提出，人力资本、创新投入以及长期投资是金融发展促进全要素生产率提高的作用机制。对人力资本来说，随着金融发展程度的提高，尤其是信贷市场日趋健全，更多人可以通过信贷杠杆获取教育资源以提升人力资本水平，而全社会人力资本水平的提高有助于转变生产方式和增进生产效率，从而提高全要素生产率；就创新投入来说，创新活动是一项高风险活动，所受的融资约束较强，金融体系的发展会在较大程度上缓解创新活动的融资约束，从而加大社会整体的创新投入水平，从而带来更多的创新成果，进而提高全要素生产率；对长期投资而言，金融体系是长期投资得以维系和发展的关键，个体对投资项目的选择倾向于流动性高、风险较低的项目，那些投资周期较长、风险较高的项目则往往得不到足够的资金支持，而金融体系通过期限搭配，有效降低了项目的投资风险，增强了项目的流动性，使得长期投资的发展成为可能，而长期投资往往涉及硬环境和软环境建设等提高全要素生产率的重要领域，因此，本章认为，长期投资是金融发展提高全要素生产率的重要中间机制。

一、人力资本

1. 总体考察

通过表 6.4 可以发现，在加入控制变量的模型中，对于贷款和存款测度来说，人力资本渠道构成了金融发展提高全要素生产率的作用机制，但是对于贷款测度来说，交互项的系数在 1% 的置信水平下显著为正，而对于存款测度来说，该作用相对较弱，在 5% 的置信水平下显著为正。而对于股票市场交易额来说，方程（10）中交互项的系数显著为负。这种回归结果是符合我们的预期的。存贷款是放松教育资源约束的重要途径，当以金融机构存贷款来衡量金融发展时，该作用机制表现明显，而股票市场的发展对教育的促进效果并不明显，当用股票市场交易额来衡量金融发展时，人力资本的作用机制效果就难以显著显现出来。

表 6.4　金融发展促进全要素生产率提高的作用机制检验——人力资本

估计方程	(13)	(14)	(15)	(16)	(17)	(18)
因变量	TFP1	TFP1	TFP1	TFP1	TFP1	TFP1
L. TFP1	0.1743***	0.0873***	0.2383***	0.0964**	0.1443***	0.0836**
	(0.0069)	(0.0309)	(0.0122)	(0.0384)	(0.0197)	(0.0375)
HC	−0.0552***	−0.0245***	−0.0222***	0.0213***	−0.0551***	−0.0044
	(0.0059)	(0.0101)	(0.0026)	(0.0076)	(0.0056)	(0.0132)
FD-credit	−0.3474***	−0.2021***				

续表

估计方程	(13)	(14)	(15)	(16)	(17)	(18)
	(0.0276)	(0.0640)				
FD-credit * HC	0.0374***	0.0292***				
	(0.0032)	(0.0065)				
FD-stock			0.0311	0.1316***		
			(0.0367)	(0.0452)		
FD-stock * HC			0.0003	−0.0093**		
			(0.0034)	(0.0044)		
FD-deposit					−0.3142***	−0.0640
					(0.0323)	(0.0552)
FD-deposit * HC					0.0304***	0.0109**
					(0.0031)	(0.0052)
lnpgdp		−0.0557***		−0.0702**		−0.0688***
		(0.0098)		(0.0122)		(0.0160)
Gov-expenditure		−0.0977*		−0.0600		−0.0629
		(0.0557)		(0.0384)		(0.0421)
IS		0.0608***		0.0354***		−0.014***
		(0.0086)		(0.0104)		(0.0096)
Urban		0.0023***		0.0024***		0.0027***
		(0.0005)		(0.0008)		(0.0005)
Openness		−0.0583***		−0.0420***		−0.0535***
		(0.0094)		(0.0084)		(0.0107)
Inflation		0.0045***		0.0037***		0.0041***
		(0.0006)		(0.0004)		(0.0006)
_ cons	0.4899***	0.5477***	0.1794***	0.3666***	0.5347***	0.4970***
	(0.0503)	(0.0801)	(0.0225)	(0.0743)	(0.0547)	(0.0937)
AR (1) P 值	−3.9313	−3.9599	−3.9316	−3.7646	−3.9159	−4.0278
	0.0001	0.0001	0.0001	0.0002	0.0001	0.0001

续表

估计方程	(13)	(14)	(15)	(16)	(17)	(18)
AR（2）	−1.3935	−0.4567	−1.3348	−1.0521	−1.2977	−0.7129
P值	0.1635	0.6479	0.1819	0.2928	0.1944	0.34759
Sargan	27.1073	25.6098	27.5508	24.8859	26.2779	25.2209
P值	0.6668	0.8492	0.7750	0.8729	0.8253	0.8622
chi2	858.57***	460.95***	1086.72***	1676.74***	436.94***	450.92***
N	420	420	420	420	420	420

说明：估计系数下面的括号内的数字表示稳健标准误，＊、＊＊和＊＊＊分别表示在10％、5％和1％的置信水平下显著。

2. 分阶段考察

在分阶段考察的部分，我们直接在回归模型中加入所有控制变量，并重点考察交互项系数的正负以及显著性。通过表6.5可以看到，方程（19）与方程（22）中交互项系数均在1％的置信水平下显著为正，表明在危机前后的两个阶段中，人力资本都是金融促进全要素生产率提高的作用机制，这也与前文理论预期相一致，随着金融发展水平的提高，贷款流向教育的渠道更加畅通，促进了全社会教育水平的提高，对于提高全要素生产率起到了促进作用。但是方程（20）和方程（23）表明，在前一个阶段，股票市场的发展通过提高人力资本而降低了全要素生产率，而在2008年之后，这一作用变得不再显著。方程（21）和方程（24）表明，存款指标的交互项系数为正，但是并不具有统计意义上的显著性，因此，无法支持人力资本是存款提高全要素生产率的作用机制的假设。

表6.5 两阶段中金融发展促进全要素生产率提高的作用机制检验——人力资本

考察阶段	2002—2007 年			2008—2015 年		
估计方程	(19)	(20)	(21)	(22)	(23)	(24)
因变量	TFP1	TFP1	TFP1	TFP1	TFP1	TFP1
L. TFP1	0.0309	0.0741	0.0236	−0.0966***	−0.0868**	−0.0877**
	(0.0569)	(0.0631)	(0.0618)	(0.0297)	(0.0349)	(0.0311)
FD-credit	−0.5729***			−0.4354***		

续表

考察阶段	2002—2007 年			2008—2015 年		
估计方程	(19)	(20)	(21)	(22)	(23)	(24)
	(0.2162)			(0.1080)		
FD-credit * HC	0.0691***			0.0495***		
	(0.0269)			(0.0121)		
FD-stock		−0.1867*			0.1424	
		(0.1050)			(0.0880)	
FD-stock * HC		0.0183*			−0.0093	
		(0.0105)			(0.0085)	
FD-deposit			−0.2820			0.0146
			(0.1344)			(0.0970)
FD-deposit * HC			0.0235			0.0013
			(0.0191)			(0.0095)
HC	−0.0691**	0.0005	−0.0306	−0.0645***	0.0111	0.0022
	(0.0315)	(0.0117)	(0.0303)	(0.0197)	(0.0098)	(0.0201)
lnpgdp	0.0161	0.0032	0.0072	−0.1020***	−0.1367***	−0.1411***
	(0.0227)	(0.0190)	(0.0195)	(0.0187)	(0.0211)	(0.0203)
Gov-expenditure	−0.0666	0.2956**	−0.1290	0.0700	0.0844*	0.0707
	(0.1212)	(0.1176)	(0.1563)	(0.0429)	(0.0493)	(0.0438)
IS	−0.0147	−0.0145	−0.0354	0.0650***	0.0998	0.0767***
	(0.0185)	(0.0143)	(0.0206)	(0.0220)	(0.0210)	(0.0209)
Urban	0.0002	0.0009	0.0006	0.0067***	0.0079*	0.0088***
	(0.0009)	(0.0009)	(0.0007)	(0.0013)	(0.0017)	(0.0014)
Openness	−0.0477**	−0.0352	−0.0336	−0.0806***	−0.0360**	−0.0716***
	(0.0217)	(0.0238)	(0.0248)	(0.0216)	(0.0177)	(0.0128)
Inflation	0.0032**	0.0029**	0.0026**	0.0111***	0.0106***	0.0107***
	(0.0013)	(0.0014)	(0.0013)	(0.0008)	(0.0010)	(0.0010)
_cons	0.4669*	−0.0700	0.4060	1.1510***	0.7241***	0.8063***

续表

考察阶段	2002—2007 年			2008—2015 年		
估计方程	(19)	(20)	(21)	(22)	(23)	(24)
	(0.3015)	(0.1651)	(0.2502)	(0.1327)	(0.1499)	(0.1944)
AR (1)	−2.9818	−2.9075	−3.0029	−1.9657	−2.301	−1.9843
P 值	0.0029	0.0036	0.0027	0.0493	0.0214	0.0472
AR (2)	1.8018	1.8077	1.9078	−2.1137	−1.8989	−2.1406
P 值	0.0716	0.0707	0.0564	0.0345	0.0576	0.0323
AR (3)	−1.5063	−1.7898	−1.6269	−0.09556	−0.76187	−0.37936
P 值	0.1320	0.0735	0.1038	0.9239	0.4461	0.7044
Sargan	14.53514	15.5068	14.2652	24.3576	22.6383	22.6248
P 值	0.1500	0.1146	0.1612	0.0820	0.1238	0.1241
chi2	72.38***	39.59***	83.01***	716.54***	2377.38***	788.83***
N	180	180	180	240	240	240

说明：括号内的数字表示稳健标准误，＊、＊＊和＊＊＊分别表示在10％、5％和1％的置信水平下显著。

二、创新投入

1. 总体考察

通过方程（25）—（30）的回归结果可以发现，信贷的扩张有助于通过促进创新而提高全要素生产率，但是股票市场规模的扩大，却不利于通过促进创新而提高全要素生产率，而存款与创新的交互项系数则并不显著。该结果部分支持了前期理论假设，与股票市场和存款相比，信贷的扩张才能够起到放松创新融资约束的作用，并促进全要素生产率提高。

这个结果似乎与逻辑相违背，也无法支持创业板等股票交易市场的设立意义，但是该现象可以通过"委托代理""道德风险"的角度进行解释，也就是说，与资本市场融资相关的"代理问题"可能会破坏企业创新的动机（Berle & Means，1933；Jensen & Meckling，1976）。Holmstrom（1999）认为，企业上市以后，股东和管理者之间存在信息不对称，股东通过业绩来考核管理者，而具有高风险特征的创新活动会产生较高成本，一旦失败，股东容易将其归结为管理者技能问题，对于职业经理人的声誉不利，于是，管理者往往选择不作为，避免参与创新活动。而且，Holmstrom 和 Tirole（1994）认为创新这样一个高难度的事情会使管理者产生私人成本，也就使得管理者不作为。Bertrand 和 Mullainathan（2003）也提出"平静生活假设"，认为在一家由风险投资等资金支持的私人公司内，管理者在投资者的监督下，会持续进行创新活动，但是在一家挂牌的公众公司内，投资者的主要精力在于如何运作股价，股东对创新活动的偏好较低，创新动机不强，管理者不作为。因此，我们在该部分得到的结果是符合理论及现实的。

表6.6　金融发展促进全要素生产率的作用机制检验——创新投入

估计方程	(25)	(26)	(27)	(28)	(29)	(30)
因变量	TFP1	TFP1	TFP1	TFP1	TFP1	TFP1
L. TFP1	0.1138***	0.0444*	0.2122***	0.0846**	0.0823***	0.0284
	(0.1445)	(0.0257)	(0.0164)	(0.0417)	(0.0173)	(0.0302)
R&D	−0.0818***	−0.0748***	−0.0308***	−0.0463***	−0.0838***	−0.0686***
	(0.0057)	(0.0141)	(0.0024)	(0.0116)	(0.0074)	(0.0171)
FD-credit	−0.2421***	−0.0858***				
	(0.0238)	(0.0367)				
FD-credit * R&D	0.0503***	0.0311***				
	(0.0042)	(0.0069)				
FD-stock			0.0690***	−0.0503*		
			(0.0183)	(0.0268)		
FD-stock * R&D			−0.0028	0.0013		
			(0.0026)	(0.0042)		
FD-deposit					−0.2244***	−0.02990
					(0.0297)	(0.0298)
FD-deposit * R&D					0.0402***	0.0137***
					(0.0044)	(0.0051)
lnpgdp		0.0197		0.0014		0.0184

续表

估计方程	（25）	（26）	（27）	（28）	（29）	（30）
		（0.0176）		（0.0196）		（0.0236）
Gov-expenditure		−0.3070***		−0.1900***		−0.2816***
		（0.0495）		（0.0561）		（0.0576）
IS		0.0574***		0.0270**		0.0464***
		（0.0495）		（0.0117）		（0.0103）
Urban		0.0022***		0.0031***		0.0027***
		（0.0007）		（0.0006）		（0.0005）
Openness		−0.0427***		−0.0032		−0.0347
		（0.0110）		（0.0088）		（0.0096）
Inflation		0.0028***		0.0024***		0.0025***
		（0.0004）		（0.0007）		（0.00108）
_cons	0.3733***	0.0468***	0.1274*	0.0241	0.4260***	−0.0691***
	（0.0307）	（0.1226）	（0.0111）	（0.1409）	（0.0486）	（0.1459）
AR（1）P值	−3.7933	−3.9419	−3.7413	−4.0455	−3.7614	−4.0739
	0.0001	0.0001	0.0002	0.0001	0.0002	0.0000
AR（2）P值	−1.5888	−0.7981	−1.3785	−1.3312	−1.5289	−1.0944
	0.1121	0.4248	0.1680	0.1831	0.1263	0.2738
Sargan P值	25.8033	23.5830	27.1032	27.3305	28.0795	24.3182
	0.8425	0.8272	0.7934	0.7842	0.67525	0.88
chi2	720.32***	1243.52***	2230.90***	863.4***	677.84***	1350.66***
N	420	420	420	420	420	420

说明：括号内的数字表示稳健标准误，＊、＊＊和＊＊＊分别表示在10%、5%和1%的置信水平下显著。

2. 分阶段考察

通过表6.7中方程（31）和方程（34）可以看到，在金融危机之前，创新并非信贷与全要素生产率之间的作用机制，但是在后危机时代，这一作用机制表现得非常显著，这一点可以与整个考察期的统计结果进行比较。从方程（32）和方程（35）可以看到，分阶段考察，则创新在股票市场对全要素生产率之间的作用机制未显现。而方程（33）和方程（36）中，交互项系数在1%的置信水平下分别显著为正和显著为负，表明在两个阶段中，创新在存款对全要素生产率的关系中起到了相反的作用，在金融危机之前，起到了正向作用，而后危机时代，却起到了显著为负的作用。

表6.7　两阶段下金融发展促进全要素生产率的作用机制检验——创新投入

考察阶段	2002—2007 年			2008—2015 年		
估计方程	(31)	(32)	(33)	(34)	(35)	(36)
因变量	TFP1	TFP1	TFP1	TFP1	TFP1	TFP1
L. TFP1	0.0759	0.0814	0.0044	−0.0824**	−0.0779**	−0.1031***
	(0.0849)	(0.0927)	(0.0878)	(0.0387)	(0.0368)	(0.0348)
FD-credit	−0.0939			−0.1166**		
	(0.0888)			(0.0466)		
FD-credit * R&D	0.0250			0.0338***		
	(0.0184)			(0.0095)		
FD-stock		−0.0423			0.0355	
		(0.0589)			(0.0672)	
FD-stock * R&D		0.0093			0.0036	
		(0.0103)			(0.0099)	
FD-deposit			−0.3104***			−0.0724
			(0.0665)			(0.0470)
FD-deposit * R&D			0.0637***			−0.0168***
			(0.0160)			(0.0074)
R&D	−0.1191***	−0.0998***	−0.1864***	−0.0950***	−0.0644***	−0.0823***
	(0.0351)	(0.0290)	(0.0320)	(0.0207)	(0.0130)	(0.0219)
lnpgdp	0.1283	0.1383***	0.1527***	−0.0683**	−0.0686**	−0.0734**
	(0.0358)	(0.0402)	(0.0392)	(0.0312)	(0.0301)	(0.0292)
Gov-expenditure	−0.6867***	−0.7654***	−0.7217***	0.2536***	−0.2355***	0.1697**
	(0.2368)	(0.2719)	(0.2244)	(0.0886)	(0.0882)	(0.0832)

续表

考察阶段	2002—2007 年			2008—2015 年		
估计方程	（31）	（32）	（33）	（34）	（35）	（36）
IS	0.0098	0.0033	−0.0234	0.1024***	0.1122***	0.0911***
	(0.0192)	(0.0194)	(0.0177)	(0.0188)	(0.0190)	(0.0188)
Urban	0.0028***	0.0028***	0.0020***	0.0108***	0.0112***	0.0111***
	(0.0008)	(0.0007)	(0.0010)	(0.0019)	(0.0020)	(0.0020)
Openness	−0.1327***	−0.1133**	−0.1334*	−0.1052***	−0.0424*	−0.0682***
	(0.0486)	(0.0503)	(0.0330)	(0.0175)	(0.0253)	(0.0177)
Inflation	0.0021	0.0021	0.0002	0.0099***	0.0097***	0.0120***
	(0.0015)	(0.0016)	(0.0016)	(0.0006)	(0.0005)	(0.0005)
_ cons	−0.7458***	−0.9017***	−0.6212	0.4674**	0.3212	0.4719**
	(0.2479)	(0.2775)	(0.2522)	(0.1907)	(0.2038)	(0.2039)
AR（1）P 值	−2.8278	−2.7773	−3.0172	−2.1504	−2.2931	−2.1333
	0.0047	0.0055	0.0026	0.0315	0.0218	0.0329
AR（2）P 值	1.9886	1.9276	1.8232	−2.0161	−2.0931	−2.314
	0.0467	0.0539	0.0683	0.0438	0.0363	0.0207
AR（3）P 值	−1.491	−1.6031	−1.4702	−0.29029	−1.0448	−0.44502
	0.1360	0.1089	0.1415	0.7716	0.2961	0.6563
Sargan$P$ 值	14.85098	11.04847	12.67544	−0.29029	−1.0448	−0.44502
	0.1376	0.3538	0.2424	0.7716	0.2961	0.6563
chi2	55.58***	98.47***	116.27***	3321.90***	8900.83***	5416.59***
N	180	180	180	240	240	240

说明：括号内的数字表示稳健标准误，＊、＊＊和＊＊＊分别表示在10％、5％和1％的置信水平下显著。

三、长期投资

1. 总体考察

未加入控制变量时，所有交互项系数均显著为负，加入控制变量之后，只有方程（38）的交互项系数显著为负，而方程（40）和方程（42）

的交互项系数不再显著。也就是说，只有以贷款表示的金融发展，通过长期投资对全要素生产率起到了显著的负向作用，而以股票市场规模和存款规模表示的金融发展，均不会通过长期投资而影响全要素生产率。也就是说，与人力资本和创新投入相比，该作用机制的作用渠道相对较窄，并且没有表现出对被解释变量的正向促进作用。对于这个看似出乎意料的结果，本章认为主要原因有两点：第一，该结果与本章所选取的测量指标有关，本章用贷款规模、股票市场规模以及存款规模衡量金融发展程度，而政府债、公司债和企业债等债务作为长期投资的重要来源之一，并没有在本章中得到体现。例如，通常金融机构发放的信贷品种多为流动贷款，用于支持企业的日常生产经营活动，而非支持长期投资，即信贷的扩张无法有效流入长期投资领域，这将对本书研究长期投资是否构成金融发展与全要素生产率之间关系的作用机制产生一定影响；第二，在中国全面步入新常态之前，也就是本章的考察期之内，经济发展模式为粗放式经营，大规模的投资是刺激经济增长与振兴的重要手段，但是较少以提高效率和生产率为目的，因此，在本章所考察的时间段之内，长期投资是金融发展影响全要素生产率的一个较弱的作用机制。

表 6.8　金融发展与全要素生产率之间的作用机制检验——长期投资

估计方程	(37)	(38)	(39)	(40)	(41)	(42)
因变量	TFP1	TFP1	TFP1	TFP1	TFP1	TFP1
L. TFP1	0.2020***	0.0774**	0.2605***	0.1156**	0.2178***	0.0601
	(0.0109)	(0.0367)	(0.0105)	(0.0459)	(0.0132)	(0.0410)
Inv	0.0194***	0.0148***	0.0008**	−0.0003	0.0196***	0.0052
	(0.0016)	(0.0018)	(0.0002)	(0.0006)	(0.0035)	(0.0046)
FD-credit	0.0037	0.0848***				
	(0.0068)	(0.0087)				
FD-credit * Inv	−0.0154*	−0.0125***				
	(0.0012)	(0.0012)				
FD-stock			0.0185***	0.0448***		
			(0.0042)	(0.0072)		
FD-stock * Inv			−0.0081**	0.0018		

续表

估计方程	(37)	(38)	(39)	(40)	(41)	(42)
			(0.0026)	(0.0049)		
FD-deposit					0.0001	0.0535***
					(0.0043)	(0.0077)
FD-deposit * Inv					−0.0134***	−0.0039
					(0.0025)	(0.0034)
lnpgdp		−0.0658***		−0.0580***		−0.0631***
		(0.0099)		(0.0144)		(0.0109)
Gov-expenditure		−0.0848**		−0.0229		−0.1176**
		(0.0407)		(0.0466)		(0.0470)
IS		0.0529***		0.0304*		0.0449***
		(0.0110)		(0.0113)		(0.0115)
Urban		0.0031***		0.0024**		0.0028***
		(0.0006)		(0.0001)		(0.0006)
Openness		−0.0575***		−0.0239***		−0.0542***
		(0.0112)		(0.0053)		(0.0081)
Inflation		0.0048***		0.0038***		0.0051***
		(0.0004)		(0.0004)		(0.0006)
_ cons	0.0126*	0.3696***	−0.0090***	0.4179***	−0.0054	0.3849***
	(0.0071)	(0.0723)	(0.0010)	(0.0977)	(0.0065)	(0.0825)
AR（1）P 值	−3.8483	−3.848	−3.9198	−4.1411	−3.9406	−4.0194
	0.0001	0.0001	0.0001	0.0000	0.0001	0.0001
AR（2）P 值	−1.296	−0.6631	−1.0928	−1.0507	−1.1429	−0.8211
	0.1950	0.5073	0.2745	0.2934	0.2531	0.4116
Sargan P 值	28.5578	24.9872	28.1299	24.4526	29.1710	25.0501
	0.7313	0.8697	0.7503	0.8860	0.7033	0.8677
chi2	1256.54***	5243.54***	1496.16***	792.77***	1282.43***	1264.58***
N	420	420	420	420	420	420

说明：括号内的数字表示稳健标准误，＊、＊＊和＊＊＊分别表示在10％、5％和1％的置信水平下显著。

2. 分阶段考察

通过表 6.9 可以看到，方程（43）～（48）的交互项系数均不显著，即长期投资在危机发生前后的两个阶段都不构成金融发展与全要素生产率之间的作用机制。该结果也从一定程度上支持了全样本考察结果的稳健性。

表 6.9 两阶段下金融发展与全要素生产率之间的作用机制检验——长期投资

考察阶段	2002—2007 年			2008—2015 年		
估计方程	(43)	(44)	(45)	(46)	(47)	(48)
因变量	TFP1	TFP 1	TFP 1	TFP 1	TFP 1	TFP 1
L. TFP 1	0.0046	0.0625	0.0144	−0.0543	−0.1061***	−0.0863***
	(0.0631)	(0.0678)	(0.0629)	(0.0382)	(0.0318)	(0.0327)
FD-credit	0.0400			0.0307**		
	(0.0269)			(0.0147)		
FD-credit * Inv	−0.0075			−0.0016		
	(0.0031)			(0.0046)		
FD-stock		0.0050			0.0507***	
		(0.0286)			(0.0052)	
FD-stock * Inv		0.0011			−0.0089	
		(0.0104)			(0.0089)	
FD-deposit			0.2115***			0.0275***
			(0.0808)			(0.0106)
FD-deposit * Inv			−0.4003			−0.0017
			(0.1520)			(0.0083)
Inv	−0.0075**	−0.0012***	0.0675	−0.0009	−0.0026**	−0.0003
	(0.0038)	(0.0010)	(0.2094)	(0.0074)	(0.0013)	(0.0131)
lnpgdp	0.0188**	−0.0049	0.0391**	−0.1600***	−0.1293***	−0.1484***
	(0.010)	(0.0197)	(0.0168)	(0.0208)	(0.0220)	(0.0217)
Gov-expenditure	0.2110	0.3249*	−0.3083*	0.0763*	0.0779	0.0768
	(0.1433)	(0.1157)	(0.1731)	(0.0441)	(0.0483)	(0.0560)
IS	−0.0175	−0.0103	−0.0233*	0.0731***	0.0903*	0.0692***

续表

考察阶段	2002—2007 年			2008—2015 年		
估计方程	（43）	（44）	（45）	（46）	（47）	（48）
	（0.0155）	（0.0140）	（0.0140）	（0.0199）	（0.0167）	（0.0185）
Urban	0.0001	0.0009	0.0018**	0.0100*	0.0073	0.0090**
	（0.0007）	（0.0007）	（0.0008）	（0.0015）	（0.0483）	（0.0016）
Openness	−0.0412***	−0.0986***	−0.1621***	−0.0880***	−0.0245	−0.0748***
	（0.02304）	（0.0218）	（0.0301）	（0.0179）	（0.0258）	（0.0222）
Inflation	0.0011	−0.0003	0.0021	0.0107***	0.0099***	0.0109***
	（0.0015）	（0.0016）	（0.0016）	（0.0009）	（0.0009）	（0.0008）
_ cons	−0.1943*	−0.1198	−0.4139**	0.9733***	0.67917***	0.8991***
	（0.1679）	（0.1237）	（0.1613）	（0.1501）	（0.1483）	（0.1577）
AR（1）	−2.7491	−2.814	−2.7912	−1.9496	−1.8152	−1.7523
P 值	0.0060	0.0049	0.0053	0.0512	0.0695	0.0797
AR（2）	1.4061	1.68	1.7133	−1.941	−2.1019	−2.0637
P 值	0.1597	0.0930	0.0866	0.0523	0.0356	0.0390
AR（3）	−1.4547	−1.6994	−1.6391	−0.10894	−0.92662	−0.40066
P 值	0.1458	0.0892	0.1012	0.9132	0.3541	0.6887
Sargan	14.67954	15.05098	15.70085	22.72623	21.03581	22.75994
P 值	0.1442	0.1302	0.1085	0.1213	0.1771	0.1203
chi2	51.07***	85.71***	51.36***	10357.49***	2830.81***	2148.65***
N	180	180	180	240	240	240

说明：括号内的数字表示稳健标准误，＊、＊＊和＊＊＊分别表示在10％、5％和1％的置信水平下显著。

第五节　稳健性检验

为了检验实证结果的稳健性，本章用索洛残差法测算的全要素生产率作为因变量进行考察，由于本章已经在基本促进效应的检验部分中采用分阶段进行了考察，此处仅列出机制检验的稳健性检验结果，见表6.10。

表6.10 金融发展与全要素生产率作用机制的稳健性检验估计结果

估计方程	(49)	(50)	(51)	(52)	(53)	(54)	(55)	(56)	(57)
因变量	TFP2	TFP2	TFP2	TFP2	TFP2	TFP2	TFP2	TFP2	TFP2
机制检验	人力资本				创新驱动			长期投资	
L.TFP2	0.0818*	0.1422***	0.0876**	0.0580	0.0640	0.0312	0.0944*	0.1264***	0.1032***
	(0.0433)	(0.0499)	(0.0401)	(0.0425)	(0.0419)	(0.0471)	(0.0486)	(0.0334)	(0.0293)
FD-credit	−0.2697**			−0.1121***			0.489***		
	(0.0948)			(0.0437)			(0.0092)		
FD-credit * HC	0.0330***								
	(0.0100)								
FD-stock		−0.0082***			−0.0413			0.0244***	
		(0.0742)			(0.0416)			(0.0080)	
FD-stock * HC		−0.0037***							
		(0.0070)							
FD-deposit			−0.0814*			−0.0104			0.0333***
			(0.0458)			(0.0214)			(0.0087)
FD-deposit * HC			0.0093**						
			(0.0045)						
FD-credit * R&D				0.0340***					
				(0.0076)					
FD-stock * R&D					0.0120**				

续表

估计方程	(49)	(50)	(51)	(52)	(53)	(54)	(55)	(56)	(57)
FD-deposit * R&D						0.0093***			
					(0.0060)	(0.0034)			
FD-credit * Inv							−0.0104***		
							(0.0010)		
FD-stock * Inv								0.0031	
								(0.0044)	
FD-deposit * Inv									−0.0043
									(0.0028)
HC	−0.0186*	0.0246***	0.0047						
	(0.0101)	(0.0065)	(0.0086)						
R&D				−0.0957***	−0.0572***	−0.0757***			
				(0.0116)	(0.0075)	(0.0095)			
Inv							0.0119***	−0.0013	0.0053
							(0.0013)	(0.0009)	(0.0039)
lnpgdp	−0.0813***	−0.0907***	−0.0832***	0.0289**	0.0152	0.0341**	−0.0755***	−0.0828***	−0.0738***
	(0.0160)	(0.0124)	(0.0133)	(0.0137)	(0.0138)	(0.0148)	(0.0115)	(0.0131)	(0.0122)
govf	0.0187	0.0268	0.0169	−0.2998***	−0.2350***	−0.3540***	−0.0381***	0.0292	−0.0581
	(0.0905)	(0.0667)	(0.0950)	(0.0410)	(0.0573)	(0.0573)	(0.0712)	(0.0844)	(0.0824)

续表

估计方程	(49)	(50)	(51)	(52)	(53)	(54)	(55)	(56)	(57)
IS	0.0922***	-0.0754***	0.0794***	0.0905***	0.0683***	0.0847***	0.0773***	0.0673***	0.0759***
	(0.0113)	(0.0121)	(0.0111)	(0.0087)	(0.0104)	(0.0110)	(0.0077)	(0.0123)	(0.0100)
urban	0.0038***	0.0040***	0.0038***	0.0040***	0.0048***	0.0040***	0.0045***	0.0049***	0.0042***
	(0.0011)	(0.0008)	(0.0009)	(0.0005)	(0.0004)	(0.0004)	(0.0008)	(0.0009)	(0.0008)
openness	-0.0175	-0.0195	-0.0157	-0.0289***	-0.0151	-0.0291***	-0.0340***	-0.0186**	-0.0283***
	(0.0121)	(0.0120)	(0.0134)	(0.0092)	(0.0097)	(0.0092)	(0.0092)	(0.0084)	(0.0109)
cpi	0.0027***	0.0028***	0.0026***	0.0015**	0.0013*	0.0017**	0.0033***	0.0028***	0.0032**
	(0.0004)	(0.0006)	(0.0004)	(0.0006)	(0.0007)	(0.0007)	(0.0003)	(0.0004)	(0.0004)
_cons	1.5452***	1.2333***	1.3863***	0.7541***	0.7282***	0.6524***	1.2755***	1.3467***	1.2751***
	(0.1628)	(0.0829)	(0.1027)	(0.1057)	(0.0917)	(0.1007)	(0.1086)	(0.0846)	(0.0847)
AR(1)	-3.1873	-3.1744	-3.2775	-3.088	-3.0147	-3.0789	-2.9292	-3.2369	-3.1694
P值	0.0014	0.0015	0.0010	0.0020	0.0026	0.0021	0.0034	0.0012	0.0015
AR(2)	-0.7404	-0.9182	-0.9137	-1.0727	-1.4036	-1.1724	-.88969	-1.0324	-.88602
P值	0.4590	0.3585	0.3609	0.2834	0.1604	0.2410	0.3736	0.3019	0.3756
Sargan	28.2672	28.1995	28.1967	28.3000	28.3948	28.2319	28.4417	28.1572	28.3492
P值	0.7442	0.7472	0.7473	0.7428	0.7386	0.7458	0.7365	0.7491	0.7406
chi2	1572.74***	1054.31***	1937.62***	1867.73***	3281.56***	5081.37***	5068.82***	1251.95***	1653.47***
N	420	420	420	420	420	420	420	420	420

说明:括号中所示为稳健标准误,* 、* *、* * * 分别表示在10%、5%和1%的置信水平下显著。

通过表 6.10 中方程（49）—（57）中交互项的系数来看，除了股票市场规模与创新投入的交互项（FD-stock＊R&D）与前文的机制检验系数符号及显著性有差异之外，其他关键解释变量的系数情况均与前文检验结果一致。而在前文的检验中，虽然 FD-stock＊R&D 这一项的系数并不显著，但是也与稳健性中该系数符号一致，都体现为股票市场规模的扩大通过促进创新投入而提高了全要素生产率。

第六节　本章小结

中国当前正处于经济增速换挡期、结构调整阵痛期和前期刺激消化期的三期叠加阶段，正确认识、把握、适应和引领新常态的重中之重是寻求经济增长新动力，而全要素生产率正是现阶段实现经济增长动力转换的核心要素，是新一轮经济腾飞的关键引擎。而金融"作为现代经济的核心"（习近平，2015），其对经济的作用已经从依附转为主导（吴晓求，2012），研究如何发挥金融的资源配置功能，以实现金融促进全要素生产率提高，是当前及今后阶段推动经济增长工作中的重要课题。

本章主要有以下两个发现：

第一，本章用数据包络分析和索洛残差法测算了中国 30 个省份在各个年份的全要素生产率，两种测算结果所呈现的趋势基本一致，即在 2002—2007 年间，全要素生产率在波动中上升，但是 2007 年之后，开始一路走低。

第二，本章对全样本及两个子样本分别进行了实证检验，结果发现，金融发展与全要素生产率之间的关系及作用机制较为复杂，具体表现为：一是金融发展与全要素生产率之间的关系在不同的经济发展阶段表现不同，在全样本以及 2008—2015 年的子样本中，衡量金融发展的三个维度——贷款规模、股票交易规模以及存款规模都显著正向促进了全要素生产率的提高，但是在 2002—2007 年的子样本中，未见该效应，即金融与全要素生产率之间的关系在不同的经济发展阶段表现不同，在后危机时代，当全要素成为促进经济增长的关键动力时，在顶层架构上开始重视全要素生产率时，金融才开始表现出促进全要素生产率提高的作用；二是从机制检验来看，人力资本和创新投入强化了金融发展对全要素生产率的促进效应，而长期投资在这个过程中的作用并不明显，进一步地，人力资本、创新投入在信贷和存款维度（尤其是信贷维度）的强化效应更加明显，而在股票交易额的维度上表现微弱。

第七章 金融发展与收入不平等的
关系及作用机制检验

经济发展的内涵不仅仅包括 GDP、实体经济和全要素生产率，同时也包括民生，即让经济发展成果惠及更多人民群众。然而，城乡间、区域间发展不均衡一直是中国经济的一大特色，收入差距过大、收入不平等现象突出，严重影响了社会主义新时期经济发展的质量。党的十八大以来，促进城乡间、区域间的均衡发展，尤其是缩小收入差距，提升中等收入群体比重，成为完成全面建设小康社会宏伟目标的重要内容之一。本章将围绕金融发展与收入不平等之间的关系及作用机制展开细致讨论，既可以建立金融体系和收入分配之间的理论关系，亦可为收入分配领域的改革提供参考依据，具有一定的理论及现实意义。

本章在前人研究的基础上，从"投资领域分割"和"多级信贷约束"视角入手，通过分析金融发展对收入不平等的微观影响机制，结合中国2002—2013 年省际层面的经验数据，对金融发展对收入不平等的具体影响进行考察。

第一节 理论分析和模型构建

国内外学者关于金融发展对收入不平等影响的研究主要集中在两个方面：考察金融发展扩大还是缩小了收入不平等以及研究金融发展影响收入不平等的主要机制。

一、金融发展与收入不平等之间的关系

关于金融发展扩大还是缩小了收入不平等，国内外学者至今莫衷一是，主要存在以下三种观点：

（1）金融发展加剧收入不平等。一些学者认为，金融市场的发展会加剧收入不平等。从微观层面看，富人有比穷人发现更多投资机会的潜力，并且由于各种信贷约束的桎梏，穷人进入金融市场的相对成本较高，因而金融市场的不完美（信息不对称、交易成本、合同执行成本等）很可能降低资本流动的效率并强化收入不平等（Banerjee, 1993；Clarke et al,

2003）。此外，Aggarwal 和 Goodell（2009）指出，市场主导型的经济体可能会加剧不平等，因为那些大企业从金融市场获取了不成比例的高额回报。Wahid（2012）等人通过自回归分布滞后模型（ARDL）结合孟加拉国 1985—2006 年的数据进行分析，发现对于孟加拉国这样的小型发展中国家，金融发展在一定程度上扩大了收入不平等，Tiwari（2013）等人运用类似的方法分析了印度 1965—2008 年金融发展对印度城乡收入不平等的影响，也发现金融发展和经济增长均加剧了印度的城乡收入差距。Seven 和 Coskun（2016）运用动态面板数据分析了 1987—2010 年新兴市场国家的金融发展对收入不平等的影响，作者通过多个金融发展指标（银行发展、股市发展和整体金融发展）进行考察，发现金融发展促进了新兴经济体的经济增长，但并未使低收入群体受益，因而加剧了收入的不平等程度。此外，国内学者杨俊（2006）等人基于 1978—2003 年的时间序列数据检验了中国金融发展与居民收入分配之间的关系，结果表明，居民收入的不平等程度会随着金融发展水平的提高而增大，余玲铮和魏下海（2012）结合 1996—2009 年面板数据也得出了类似的结论。

（2）金融发展可以改善穷人收入状况并降低收入不平等。Beck（2007）等人认为金融发展对收入不平等的影响取决于其是增加了富人的收入还是穷人的收入，作者利用 1960—2005 年间 72 个国家的数据进行实证检验，发现金融中介机构的发展，的确使得穷人的收入增长速度要快于人均 GDP 的增长速度，因而起到了降低收入不平等的作用。Akhter 和 Daly（2009）基于固定效应的向量分解（FEVD），结合 54 个新兴市场国家 1993—2004 年的数据检验了金融发展和消减贫困方面的关系，他们指出，平均来看，金融发展的确会起到减少贫困、改善不平等的作用。Mookerjee 和 Kalipioni（2010）以每 10 万人口银行分支机构数量衡量了金融服务业的发展对收入不平等的影响，他们基于发达国家和发展中国家 2000—2005 年的面板数据进行实证检验，发现金融服务业的发展确实使穷人受益，起到了降低收入不平等的作用。Prete（2013）也通过实证研究指出，随着金融市场日趋成熟，投资机会大量涌现，收入不平等现象会有所缓和。Naceur 和 Zhang（2016）从金融发展的过程、效率、稳定性和自由化程度四个维度考察了金融发展对收入不平等的影响，结果表明，除了金融自由化之外，其他三个维度的发展均能显著起到减少贫困和不平等的效果。

（3）金融发展对收入不平等的影响是非线性的，遵循倒"U"形规律。支持这个观点的学者认为在金融发展的不同阶段，金融对收入不平等的影响机制是有所差异的（Greenwood & Jovanovic，1990；Matsuyana，2000；Galor & Moav，2004；Kim & Lin，2011）。在金融体系发展的早期，金融中介的存在会促使资金向物质资本积累较快的部门流动，这在一定程度上加剧了收入不平等，但随着经济发展水平的提高，金融体系日趋完善，会使更多的低收入人群受益，因此不平等程度又会降低。Park 和 Shin（2015）通过实证研究表明，金融发展对于改善收入不平等的有利因素和不利因素同时存在，并没有确切证据表明，金融发展到底会提高还是降低收入不平等。国内学者中，胡宗义和刘亦文（2010）结合中国 2007 年县域截面数据，采取非参数方法检验了金融发展对收入不平等的影响，指出随着金融发展阶段的不同，金融发展对收入不平等影响的方向有所不同。

二、金融发展与收入不平等之间的作用机制

关于金融发展影响收入不平等的机制的研究，可以追溯到 20 世纪 90 年代。例如，Greenwood 和 Jovanovic（1990）的研究中构建了一个将金融中介和经济增长率内生化的动态模型，指出在不同的经济发展阶段，金融中介的服务门槛对不同人群的财富积累的影响不同，金融发展与收入分配之间的关系呈现倒"U"形特征。也有一些学者基于微观模型指出，通过提高资本配置效率和放松个体的信贷约束（例如抵押品的使用、信用记录等），可以影响个体投资决策，进而影响收入不平等（Galor & Zeira，1993；Aghion & Bolton，1997）。Matsuyana（2000）从信贷约束和最低投资回报视角构建了信贷和收入不平等之间的关系，指出财富分配会影响信贷市场供给，而信贷市场的均衡又会反过来影响不平等。Matsuyama（2004）还进一步在代际交叠模型框架下考察了金融市场的一体化对不平等的影响，发现金融市场的一体化会改变收益递减技术和借贷约束，导致经济出现多重均衡，即拉大穷人和富人之间的差距。此外，Galor 和 Moav（2004）也曾构建了包含物质资本和人力资本积累的微观机制，指出随着工业化进程的不断深入，人力资本成为经济增长新的引擎，因而放宽人力资本的信贷约束可以起到改善不平等的作用。Ehrlich 和 Seidel（2015）构

建了一个包含信贷约束和产品贸易、劳动力流动的异质性企业模型，认为金融发展可以在提高工资收入和促进区域发展两个维度上降低不平等。由此可见，信贷约束是金融体系影响收入不平等的重要原因，而信贷约束对收入不平等的影响可以通过金融投资、实体经济发展和人力资本投资积累等方面发挥影响。此外，也有部分学者结合实证指出，政策干预（如信贷控制）、金融结构等也会影响收入不平等。例如 Gimet 和 Segot（2011）结合 49 个国家 1994—2002 年的年度面板数据，运用贝叶斯方法构建结构向量自回归（SVAR）模型检验了金融发展和收入分配之间的关系，指出在控制相互因果关系和其他因素之后，金融部门的发展对于收入不平等的影响非常显著，并且这一影响对金融部门的结构而不是规模依赖很大。Johansson 和 Wang（2014）结合 1981—2005 年间 90 个国家的数据进行实证检验，结果发现，信贷控制和金融部门进入障碍是影响收入不平等的两个重要原因。

纵观国内外学者的研究可以看出，金融发展过程中，信贷约束是影响收入不平等的重要原因，信贷约束发挥作用的路径主要有人力资本投资、金融投资、实体经济发展等。并且，在不同的金融发展阶段，金融发展对收入不平等的影响也有所不同。

三、模型构建

本章在 Galor 和 Zeira（1993）关于信贷市场不完美的论述、Holmstrom 和 Tirole（1997）借贷门限约束模型、Graham 和 Temple（2006）关于经济增长的多重均衡解释以及李志阳和刘振中（2011）在考察金融发展影响收入差距时的分析思路基础上，从两个最基本的假设——"投资领域分割"和"多级信贷约束"出发，考察金融发展规模（信贷规模）对收入不平等的影响。

1. 基本假设

基本假设Ⅰ——投资领域分割。个体进行的投资活动因为投资的约束、周期、性质、规模等的不同而存在差异，而且这种差异的存在使得各领域之间进行无风险套利存在较大成本。因此，这种投资领域的分割使得不同的投资产生的收益（率）也有所不同。在本章的研究中，这种投资既可以是资本市场投资，也可以是进行经营性活动的实物投资，还可以是人力资本积累方面的投资（Galor & Zeira，1993），因而相应的投资收益（或收益率）是广义收益（或收益率）。

基本假设Ⅱ——多级信贷约束。信贷约束是造成投资领域分割的一个重要原因。因为信贷约束的存在，某些初始禀赋较低的个体满足不了信贷条件，因而不能通过信贷融资来进行其相应的投资行为。现实中，往往也不止一级信贷约束，这种多级信贷约束的制约，进一步强化基本假设Ⅰ中的投资领域分割。

当上述两个基本假设都满足时，满足不同信贷约束条件的个体就会进入不同的投资领域，获得不同的投资收益。尤其当投资领域的分割是长期客观存在的时候，微观个体就会沿着不同的路径进入不同的均衡收入水平，因而也就产生了长期的收入不平等。在进一步的建模分析之前，进行如下辅助假定：

（1）假设可以根据每个个体某一期（比如第 t 期）的财富禀赋（初始资产），将其分为三类人：穷人、较富人和富人。不同人群面临的信贷约束不一样，因而会产生不同的经济行为。具体而言：穷人的财富禀赋低于一级信贷约束，不投资，总收入的储蓄部分按照无风险利率自然积累；较富人群的财富禀赋高于一级信贷约束，但低于二级信贷约束，进行较小额度的投资；富人的财富禀赋高于二级信贷约束，进行较大额度的投资，但考虑到资本收益边际递减规律，这类投资的收益率可能会低于第二类人的投资收益率。

（2）假设 α 为每期收入的平均储蓄倾向，则当期消费 c_t 是当期总收入 Y_t（上一期资产、本期工资收入和投资净收益的总和）的固定比例 $1-\alpha$，其中 $\alpha \in (0, 1)$，$c_t = (1-\alpha) Y_t$，$A_{t+1} = \alpha Y_t$，A_{t+1} 为留给下一期的财富。

（3）假设单一的产品市场和劳动市场是完全竞争的，但整个经济体中存在多种具有一定进出和套利成本的产品和劳动力市场。

2. 模型构建

结合上述基本假设，在存在个体差异的无限期最优增长模型中，经济体的目标是实现所有 N 个个体效用之和的最大化：

$$\max_{c_0^i, A_0^i} U = \sum_{t=0}^{\infty} \sum_{i=1}^{N} \beta^t u^i(c_t^i, A_{t+1}^i) \qquad (7-1)$$

上式中，C_t^i 和 A_t^i 分别表示第 i 个个体第 t 期的消费和财富，β 为时间贴现因子［考虑到个体差异，每一类个体面临的约束条件会有所不同，因而式（7-1）并未给出相应的约束条件］。式（7-1）说明，经济体的效用最大化首先是将每一期所有个体的最大化效用加总，然后再实现所有期整体效用的最大化。按照 Bellman 最优性原理可知，最优策略的任何一个子策略也是最优的。因此，接下来我们着重考察某一期的个体最大化问题。假设个体 i 的效用函数具有如下形式：

$$u^i\ (c_t^i,\ A_{t+1}^i)\ =\ (1-\theta)\ \ln c_t^i + \theta\ln A_{t+1}^i \tag{7-2}$$

θ 为留给下一期财富 A_{t+1} 的效用在效用函数中的权重。由于已经假设消费 c_t 是当期总收入 Y_t 的一个固定比例 $1-\alpha$，因此效用函数可化简为：

$$u^i\ (c_t^i,\ A_{t+1}^i)\ =\ (1-\theta)\ \ln\ \left[\ (1-\alpha)\ Y_t^i\ \right] + \theta\ln\ (\alpha\, Y_t^i) \tag{7-2a}$$

化简上式，即可得到相应的间接效用函数

$$u^i\ (Y_t^i)\ =\ (1-\theta)\ \ln\ (1-\alpha)\ + \theta\ln\ (\alpha)\ + \ln Y_t^i \tag{7-3}$$

上式意味着个体的效用水平与当期总收入呈现线性关系，因此个体收入的差异也意味着效用和福利的差异。下面分别考虑三种不同人群的信贷约束条件。根据基本假设可以将穷人、较富人和富人的信贷约束写成如下形式：

$$Y_t^i = \begin{cases} A_{t-1}^i\ (1+r)\ + w^1,\ A_{t-1}^i \leqslant C_1 \\ (A_{t-1}^i - L_1)\ (1+r)\ + w^2 + L_1\ (1+R_1),\ C_1 \leqslant A_{t-1}^i \leqslant C_2 \\ (A_{t-1}^i - L_2)\ (1+r)\ + w^3 + L_2\ (1+R_2),\ C_2 \leqslant A_{t-1}^i \end{cases} \tag{7-4}$$

上式中，r 为无风险利率，w^1、w^2 和 w^3 分别为穷人、较富人和富人所处的劳动力市场的工资率，L_1 和 L_2 分别为个体进行不同投资领域的借款限额，R_1 和 R_2 分别为相应的回报率，C_1 和 C_2 分别为个体进行借贷的两级信贷约束。式（7-4）隐含了借款限额 L 大于信贷约束 C，否则信贷约束限额较高，个体难以通过借贷筹集到资金进行投资。式（7-4）表明，个体第 t 期的收入由三部分构成：上一期财富扣除借款投资部分后按无风险利率的积累（取值为负时即为借款部分的本息之和）、个体的工资收入以及个体进行投资的总收益。在这里，我们假设个体上一期的资产大于借款限额时依然进行借贷（可以看作一种无风险套利行为）。

由于当期总收入与留给下一期财富之间存在一定的递归关系，即 $A_{t+1} = \alpha Y_t$。因此，在给定个体初期的财富状况 A_0 时，根据式（7-4）不断迭代，即可得到均衡是不同人群的均衡财富和总收入。均衡时存在：$A_{t+1} = A_t = A^*$（$Y_{t+1} = Y_t = Y^*$）。故有：

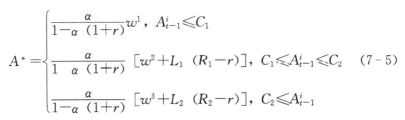

$$A^* = \begin{cases} \dfrac{\alpha}{1-\alpha} \dfrac{1}{(1+r)} w^1, \ A_{t-1}^i \leqslant C_1 \\[2mm] \dfrac{\alpha}{1-\alpha} \dfrac{1}{(1+r)} \left[w^2 + L_1 (R_1 - r) \right], \ C_1 \leqslant A_{t-1}^i \leqslant C_2 \\[2mm] \dfrac{\alpha}{1-\alpha} \dfrac{1}{(1+r)} \left[w^3 + L_2 (R_2 - r) \right], \ C_2 \leqslant A_{t-1}^i \end{cases} \quad (7-5)$$

关于式（7-5）中的三个均衡，这里需要说明两点：一是尽管初期的禀赋在很大程度上决定了个体收敛到均衡的路径，但均衡状态的个体财富却与初期禀赋无关；二是以上三个均衡并不总是存在，当两极信贷约束处于这三个均衡之间时，就会导致以上三个长期均衡的存在。多重均衡的存在也说明，因为投资领域分割和多级信贷约束的存在，产生了持久的收入和财富差距。

3. 金融发展对收入不平等影响的分析

在多级信贷约束之中，较低的信贷约束还可以看作是穷人进入金融市场获得高于无风险收益的门槛，较高的信贷约束也可以看作是处于中间的较富人群进入富人群体的一个约束（或富人跌入中间群体的一个阈值）。因此较低的均衡可以看作"贫困陷阱"，中间的均衡可以看作是"中等收入陷阱"。从式（7-5）可以看出，信贷约束作为隐性约束条件并未在式（7-5）中出现，其主要通过投资收益率（R）、借款限额（L）和工资水平（w）对均衡状态产生影响，这三个因素又往往与资本市场、实体经济和人力资本水平的发展有关。具体而言：①资本市场。均衡中的 R_1 和 R_2 可以看作个体在资本市场的投资收益率，由于"投资领域分割"（基本假设Ⅰ）的存在，资本市场的投资收益率因而会存在多个层级，导致更多的均衡状态产生。因此，信贷约束会通过资本市场对收入不平等产生影响。②实体经济。信贷约束通过实体经济对收入不平等的影响主要体现在投资限额（L_1 和 L_2）上，投资限额的大小往往受到投资环境、政策、行业特征等因素影响。个体面临的信贷约束以及投资限额决定了其可以进行经营性投资的领域和范围，因而决定了其最终分配到的收益，而收益的差异最终也会体现在收入的不平等上。③人力资本。个体通过信贷进行人力资本投资（Galor & Zeira，1993），会在不同工资率的劳动力市场转换（转换的成本包含个体进行人力资本投资的成本和学习的时间成本）。因此，信贷约束通过影响个体人力资本积累进而影响其工资收入和总收入。

进一步，在图 7.1 的基础上结合式（7-5）以信贷约束为切入点分析金融发展水平对收入不平等的影响。

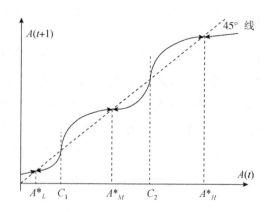

图7.1　信贷约束下资本（或总收入）的多重均衡

如图 7.1 所示，信贷约束条件（C_1 或 C_2）的左移或右移，就可能导致较低的均衡或较高的均衡消失，从而对收入不平等程度产生影响。信贷约束的相对强弱往往与金融市场的信息不对称、收益不确定性、交易成本、监督成本等有关，因此，可以将信贷约束的相对变化看作金融市场的相对发展程度（Galor & Zeira，1993）。金融体系发展对收入不平等的影响如下：

①当金融发展程度相对较低时（金融发展的低级阶段），大多数人群面临的信贷约束相对较高，因而信贷规模也比较小，此时容易出现较低的均衡（即贫困陷阱），相比于多重均衡，此时收入不平等程度较低，但金融市场的借贷机制并未使大多数人受益；

②当金融发展比较成熟时（金融发展的高级阶段），更多的穷人享受到金融发展带来的好处，可以通过金融市场的投资来扩大自己的融资能力，因而信贷规模也比较大，较低的信贷约束可能会导致贫困陷阱和中等收入陷阱消失，经济收敛于较高的均衡状态，不平等程度也较低；

③当金融发展处于中等发达阶段时（金融发展的中级阶段），此时的信贷规模不是很大，可能出现上面提到的三个或者更多重均衡，各个群体之间的收入状况差异较大，因而不平等程度也较大。

综上可以看出，随着金融的不断发展，信贷规模逐步扩大，收入分配状况却经历了由较低均衡（不平等程度较低）到多重均衡（不平等程度较

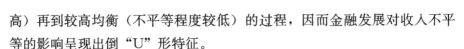

高）再到较高均衡（不平等程度较低）的过程，因而金融发展对收入不平等的影响呈现出倒"U"形特征。

第二节　实证检验：计量模型与指标数据说明

这一部分将在上述理论分析的基础上，结合中国省际层面的经验数据进行实证检验，探求金融发展对收入不平等的影响在中国情境下的具体关系。

一、计量模型及变量说明

用金融发展作为解释变量、收入不平等作为被解释变量，构建基本的计量模型如下：

$$Inequality_{i,t} = \beta_0 + \ln(FD_{i,t})\beta_1 + X_{i,t}\beta_2 +$$
$$[\ln(FD_{i,t})X_{i,t}]\beta_3 + Z_{i,t}\gamma + \delta_i + \lambda_t + \varepsilon_{i,t} \tag{7-6}$$

上式中，被解释变量 $Inequality_{i,t}$ 反映收入不平等，$\ln(FD_{i,t})$ 表示地区 i 第 t 期的金融发展指标的对数取值。为了考察金融发展对收入不平等影响的倒"U"形特征，在上式中加入金融发展的平方项进行检验。此外，$Z_{i,t}$ 为影响收入不平等的控制变量，δ_i 为地区固定效应，λ_t 为时间固定效应，$\varepsilon_{i,t}$ 为随机干扰项。

上式中，$X_{i,t}$ 为金融发展影响收入不平等的机制检验变量，并引入了交叉项，以考察金融发展影响收入不平等的微观机制。由于前面理论分析部分已经指出，个体进行的投资行为既可以是资本市场中的金融投资，也可以是实际生产经营的投资，还可以是进行人力资本积累的投资，因而资本市场发展规模[①]、实体经济发展状况和人力资本水平都可能成为金融发展影响收入不平等的因素之一。这里以各地区股市流通市值（SMC_{it}）衡量资本市场发展状况，以人均工业增加值（$RECO_{it}$）衡量实体经济发展水平，以人均受教育年限衡量（$EDUY_{it}$）衡量人力资本积累状况，考察金融发展对收入不平等的影响机制。

在控制变量的选择方面，考虑以下几个方面的因素：中国特有的城乡

---

① 结合理论部分分析，这里应选取关于资本市场收益率的相关指标予以考量才比较合理，但考虑到在我国，资本市场规模要比收益率更能体现资本市场的发展程度，因此这里用其作为机制检验变量。

二元结构会通过影响人口分布及产业结构进而影响收入不平等，经济开放程度会通过影响对外贸易企业的生产效率和企业员工的工资收入水平，进而影响收入不平等，政府教育财政支出会通过人力资本水平对收入不平等产生影响。因此这里选取人口城镇化比率（PUR）、非农产业产值占比（NAV_{it}）、经济开放程度（$OPEN_{it}$）和教育财政支出占比（$EDUR_{it}$）作为控制变量。关于被解释变量、核心解释变量、影响机制变量、控制变量的说明如表 7.1 所示。

表 7.1　变量说明

变量名称	符号	变量说明	参考文献
被解释变量			
收入不平等	$IncGap_{it}$	城乡收入差距	
核心解释变量			
金融机构贷款规模	$Loans_{it}$	单位：亿元	King& Levine，1993
影响机制变量			
资本市场	SMC_{it}	股市流通市值 单位：亿元	
实体经济	$RECO_{it}$	人均工业增加值 单位：元	
人力资本积累	EDU_{it}	人均受教育年限	
控制变量			
人口城镇化比率	PUR_{it}	城镇人口/总人口	陈云松和张翼，2015
非农产业产值占比	NAV_{it}	第二、三产业总和/GDP	林毅夫和陈斌开，2013
经济开放程度	$OPEN_{it}$	进出口总额/GDP	李磊等，2012
教育财政支出占比	$EDUR_{it}$	教育财政支出/财政支出	余靖雯和龚六堂，2015

二、数据说明及预处理

表 7.1 中各变量数据均来自《中国统计年鉴》（2003—2014）、《新中国 60 年统计资料汇编》、《中国教育统计年鉴》（2003—2014）、各省相关年份的统计年鉴以及 Wind 数据库，由于西藏部分年份数据缺失，因此选取中国不含西藏和港澳台的 30 个省级行政区相关数据进行实证检验。对部分变

量的取值及预处理说明如下：

（1）被解释变量。由于中国多年的城乡二元结构所导致的城乡居民收入差距在中国居民收入不平等程度中的贡献比较大（程永宏，2007），而本研究所选时间段期间各省基尼系数不可得，因此这里选取各个省级行政区2002—2013年的城乡收入之比（$IncGap_{it}$）作为衡量收入不平等的指标。

（2）核心解释变量。结合理论部分的分析，考虑到有学者指出商业信贷规模可以看作金融发展程度的衡量指标，这里选取各个省级行政区2002—2013年的金融机构贷款额度（$Loans_{it}$）作为衡量金融发展规模的指标，这也是国内外诸多相关研究中最常用的金融发展衡量指标。为消除价格因素对分析结果的影响，这里将核心解释变量按照物价指数（CPI）折算到2002年不变价格。

（3）影响机制变量。其中，股市流通市值和人均工业增加值也按照价格指数换算为2002年不变价格。

（4）控制变量。控制变量中的经济开放程度（$OPEN_{it}$）的计算中，进出口总额按照当年汇率折算为人民币。

各变量的描述性统计结果，如表7.2所示。

表7.2　描述性统计结果

变量名称	符号	观测值	均值	标准差	最小值	最大值
被解释变量						
收入不平等	$IncGap_{it}$	360	3.2540	0.6186	2.2000	5.1200
核心解释变量						
贷款规模	$Loans_{it}$	360	11760.07	12719.18	443.24	75664.16
金融深化	FIR_{it}	360	1.0696	0.3703	0.5300	2.5800
影响机制变量						
资本市场	SMC_{it}	360	6238.06	18317.77	75.84	208675.40
实体经济	$RECO_{it}$	360	10268.88	6906.14	1237.12	36041.35
人力资本积累	$EDUY_{it}$	360	8.4284	0.9702	6.0400	12.0300
控制变量						
人口城镇化比率	PUR_{it}	360	0.4832	0.1461	0.2429	0.8960
非农产业产值占比	NAV_{it}	360	0.8721	0.0651	0.6210	0.9940
经济开放程度	$OPEN_{it}$	360	0.3385	0.4191	0.0359	1.7356
教育财政支出占比	$EDUR_{it}$	360	0.1619	0.0256	0.0970	0.2222

第三节 实证检验：结果分析

在进行实证分析之前，先定性考察金融发展与收入不平等之间的关系。2002—2013 年以城乡收入差距所衡量的收入不平等指标与以贷款规模衡量的金融发展程度之间的散点图如图 7.2 所示。从图 7.2 可以看出，收入不平等与金融发展之间存在负相关关系，拟合的直线和曲线（包含二次项）重合程度很高。这说明中国金融发展与收入不平等之间的关系，可能已经跨越到"U"形曲线的顶端，开始走向良性发展的轨道。

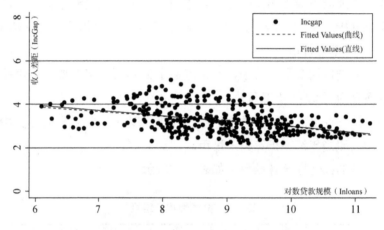

图 7.2 基尼系数与存贷款总额散点图（2002—2013）

一、金融发展影响收入不平等的初步估计结果和解释

分别通过不同的计量方法考察金融发展对城乡收入不平等的影响，结果如表 7.3。其中方程（1）和（2）的普通最小二乘估计用于检验金融发展对城乡收入不平等的影响方向。方程（3）～（5）加入了控制变量。另外，分析中可能会存在内生性问题（Wooldridge，2010），即核心解释变量信贷规模与回归残差项相关，主要可能的原因即为：遗漏关键控制变量、观测误差和互为因果。将估计方程（3）的估计残差项与信贷规模进行相关性检验，相关系数达到−0.4593，而残差项与被解释变量之间的相关系数已比较小，可以初步排除前两种因素导致的内生性。这里主要认为可能是最后一个原因（Galor，1993；Kim et al.，2011），一方面，金融市场的信贷约束会影响收入分布状况；另一方面，个体上一期的收入和财富禀赋

影响了其这一期的投资行为进而影响了社会整体的信贷状况，因而金融发展和收入不平等之间可能是互为因果的。因而要考察金融发展对收入不平等的影响，应当引入合适的工具变量规避这种内生性问题的影响。需要说明的是，工具变量的选择除了满足与内生变量相关与扰动项不相关两个基本条件外，还应当尽可能地与被解释变量城乡收入差距不相关，否则意味着还存在遗漏变量，即模型设定存在问题。选取各地区城乡储蓄存款和人均收入水平作为信贷规模的工具变量①，主要是因为从微观层面讲，个体的存款（可以看作是财富）和收入决定了个体所面临的信贷约束等级，进而影响了个体的信贷融资能力和规模。另外，工具变量城乡储蓄存款是个体长期积累的存量指标，可以认为与城乡收入差距是无关的；但各地区的人均收入水平却可能和收入差距存在某种关系，即库兹涅茨曲线所反映的经济发展和收入分配之间的关系，本章认为，经济发展（人均收入）对收入分配的影响正是通过金融等中介机制产生了作用，相关性检验也发现，人均收入和信贷规模的相关系数明显高于人均收入与城乡收入差距的相关系数，因而这里将人均收入作为信贷规模的工具变量具有合理性。方程（4）采取面板两阶段最小二乘（2SLS）估计，其中将城乡储蓄存款和人均收入作为信贷规模的工具变量，方程（5）在方程（4）的基础上进一步采取系统广义矩（sysGMM）进行动态面板的估计。

表7.3　初步估计结果

估计方法	OLS	OLS	FE	2SLS，FE	sysGMM
估计方程	（1）	（2）	（3）	（4）	（5）
$IncGap_{it-1}$					0.7598***
					（0.0108）
$\ln(Loans_{it})$	-0.2526***	0.0750	-0.1820***	0.2080***	-0.0665***
	（0.0288）	（0.3740）	（0.0368）	（0.0381）	（0.0022）
$\ln(Loans_{it})^{2}$		-0.0186			
		（0.0212）			

---

① 相应的数据来自中国统计年鉴和各省级行政区相关年份的统计年鉴。

续表

估计方法	OLS	OLS	FE	2SLS, FE	sysGMM
估计方程	(1)	(2)	(3)	(4)	(5)
PUR_{it}			1.5258***	1.7480***	−0.6880***
			(0.3989)	(0.4044)	(0.0467)
NAV_{it}			0.0848	0.0570	0.0089
			(0.1539)	(0.1528)	(0.0610)
$OPEN_{it}$			−0.0892	−0.0511	0.0909***
			(0.0985)	(0.0971)	(0.0132)
$EDUF_{it}$			−0.6997	−0.4133	0.5817***
			(0.6695)	(0.6729)	(0.0855)
constant	5.4978***	4.0757**	4.2026***	4.2913***	1.5723***
	(0.2574)	(1.6387)	(0.2269)	(0.2277)	(0.0504)
AR (1)					0.0012
AR (2)					0.1557
Sargan-Hansen					0.3864
A R²	0.1748	0.1742	0.0929	0.1068	
F	77.0205***	38.8718***	6.6573***	7.7699 * ***	
Wald					15849.7***
Hausman 检验	检验 (3) 和 (4)			4.97*	
	检验 (4) 和 (5)				55.11***
观测值	360	360	360	360	330

注：（1）表中 ln（Loans$_{it}$）^2 表示取对数后的平方项；（2）FE 表示固定效应模型，2SLS 为两阶段最小二乘估计，sysGMM 为系统广义矩估计；（3）AR（2）为检验扰动项差分是否存在二阶的自相关的 P 值，原假设为"模型残差项不存在二阶自相关"，Sargan-Hansen 为过度识别检验的 P 值，原假设为"工具变量是有效的"；（4）括号内为稳健标准误，＊＊＊、＊＊和＊分别表示在 1％、5％和 10％显著水平拒绝原假设。下同。

从估计结果可以看出，金融发展对中国城乡间收入不平等存在显著的负向影响。估计方程（2）加入金融发展平方项之后不显著，而且方程整体的解释程度也有所下降，这也说明在本书的考察时间范围内，不存在金融发展扩大收入差距的这个阶段（结合图7.1亦可看出），即中国已跨越了理论分析部分所指出的金融发展低级阶段到中级阶段。这一研究结论和国内学者（温涛等，2005；杨俊等，2006；瞿晶和姚先国，2011）的研究有一定的差异，差异主要来自两方面的原因：一方面，部分学者只是考察了金融发展对农村或城镇内部收入差距的影响（例如温涛等，2005；瞿晶和姚先国，2011），其结论是金融发展扩大了城镇或农村组内的收入不平等；另一方面，还有一些学者考察的时间范围相对较早（杨俊等，2006），彼时中国整体的金融发展水平还未进入相对成熟阶段，因而其研究结论金融发展扩大城乡收入差距与本书结论也有所差异。

此外，Hausman 检验也表明，方程（4）的估计结果要优于（3），方程（5）的估计结果要优于（4）。方程（5）的估计结果显示，Wald 统计量都1％水平显著；Sargan 检验的概率值 P 说明工具变量是有效的，即工具变量和误差项是不相关的；AR（2）检验的概率值 P 说明扰动项的差分不存在二阶自相关。这说明本书选取 sysGMM 方法进行估计是合理的。

二、金融发展影响收入不平等机制考察

进一步，结合理论部分的分析，这里从资本市场、实体经济和人力资本角度考察金融发展对收入不平等的影响机制。为了消除内生性问题带来的偏误，这里依然采取方程（5）的估计方法，即系统广义矩估计（sysGMM）的方法，结果如表7.4所示。

表 7.4　金融发展影响收入不平等作用机制（sysGMM）

模型	(6)	(7)	(8)	(9)	(10)	(11)
	资本市场		实体经济		人力资本	
$IncGap_{it-1}$	0.7215***	0.6920***	0.7775***	0.7745***	0.7009***	0.7056***
	(0.0137)	(0.0198)	(0.0075)	(0.0155)	(0.0087)	(0.0200)
$\ln(Loans_{it})$	−0.1132***	−0.0377	0.0169	0.0206	−0.0004	0.0282
	(0.0070)	(0.0236)	(0.0185)	(0.0190)	(0.0172)	(0.0420)
$\ln(SMC_{it})$	0.0858***	0.1009***				
	(0.0075)	(0.0253)				

续表

模型	(6)	(7)	(8)	(9)	(10)	(11)
	资本市场		实体经济		人力资本	
ln（Loans$_{it}$）* ln（SMC$_{it}$）	−0.0058***	−0.0070***				
	(0.0008)	(0.0027)				
ln（RECO$_{it}$）			0.3718***	0.4921***		
			(0.1051)	(0.1718)		
ln（Loans$_{it}$）* ln（RECO$_{it}$）			−0.0261***	−0.0327***		
			(0.0060)	(0.0087)		
EDUY$_{it}$					−0.1296***	−0.1264***
					(0.0215)	(0.0380)
ln（Loans$_{it}$）* EDUY$_{it}$					−0.0015	−0.0015
					(0.0018)	(0.0041)
PUR$_{it}$		−0.8773***		−0.0376		−0.3586***
		(0.1276)		(0.1227)		(0.1048)
NAV$_{it}$		0.0241		−0.0217		−0.0519
		(0.0620)		(0.0469)		(0.0601)
OPEN$_{it}$		0.1001***		−0.0172		0.0960***
		(0.0380)		(0.0295)		(0.0310)
EDUF$_{it}$		0.0688		0.7901***		0.5098***
		(0.1669)		(0.1027)		(0.1420)
constant	1.6610***	1.4157***	−0.5317	−1.1774	2.1893***	1.9895***
	(0.0813)	(0.1775)	(0.5346)	(0.8741)	(0.1836)	(0.3718)
AR（1）	0.0017	0.0016	0.0012	0.0013	0.0012	0.0012
AR（2）	0.1443	0.1345	0.2196	0.1786	0.2680	0.2210
Sargan-Hansen	0.4057	0.4300	0.3740	0.4288	0.3653	0.4057
N	330	330	330	330	330	330

注：括号内为稳健标准误，＊＊＊、＊＊和＊分别表示在1%、5%和10%显著水平拒绝原假设。

表7.4的估计结果显示，引入作用机制检验变量之后，除了方程（6）之外，其余估计方程中金融发展的核心解释变量均不显著了，而作用机制变量作为中介其本身和交叉项则均是显著的，中介变量的引入是符合Muller（2006）等人关于中介变量的条件的描述的，因为中介变量作为核心变量对被解释变量的传导通道往往对被解释变量产生更直接的影响。估计结果显示：金融发展通过不同渠道对收入不平等的影响机制是有所不同的。具体而言：

（1）资本市场方面。交叉项的估计参数与作用机制变量本身估计参数的方向是不一致的，资本市场本身作为控制变量对城乡收入差距的影响是正的，这可能是是因为，目前中国农村居民在资本市场进行投资的还不是很多，很多城镇居民通过资本市场的投资获得了额外的收入，因而一定程度上扩大了城乡之间的收入差距；但交叉项为负说明，随着信贷规模和资本市场（流通市值）规模的扩大，更多的人通过资本市场受益，因而收入差距又是缩小的。

（2）实体经济方面。实体经济本身作为一个控制变量也扩大了收入差距，这可能正如前文理论框架部分所说，投资领域的分割使得部分个体优先进入某些领域活的超额的投资收益，一部分人先富起来，导致了收入差距的扩大；但交叉项估计参数为负说明，金融市场信贷约束的降低，使更多个体的融资能力扩大并参与实体经济的生产经营活动，最终因为实体经济的发展而提高收入，跳出了前文所述的增长陷阱而逐步收敛到较高收入均衡，因而收入差距有所缩小。

（3）人力资本方面。人力资本本身的估计参数为负，说明人力资本水平的提高使更多的人流向较高工资率的劳动力市场，缩小了差距；交叉项的估计参数也为负，意味着金融市场的信贷约束并没有对人力资本的积累产生限制，两者的共同发展起到了降低城乡收入差距的效果。实际上，在中国人力资本的积累方面，源自制度和政策方面的支持因素较多，信贷市场不大会对教育投资产生限制，因而不容易出现理论分析部分那样的多重均衡进而扩大收入不平等。

第四节　稳健性检验

为了保证估计结果的稳健性和可靠性，这里通过两种方式进行稳健性检验：剔除部分极端样本、考察金融危机事件冲击在短期和长期的影响。

（1）剔除部分极端样本。由于理论分析中已经指出，不同的金融发展阶段，信贷体系对收入不平等的影响会有所不同。考虑到中国金融发展阶段存在着典型的不平衡现象，有的地区（如北京、上海及沿海地区）的金融发展水平已达到发达国家水平，而有的地区（如西部内陆地区）的金融体系还相对比较落后。因此，有必要剔除这些极端样本，以考察金融发展对当前中国收入不平等的影响的稳健性。剔除样本的方法如下：首先计算考察时间范围内（2002—2013年）各地区贷款额度的平均值，然后剔除贷款额度最高的10%样本（这里为3个省级行政区，下同），或者剔除贷款额度最低的10%样本，以进行稳健性检验。这里采取了固定效应下的两阶段最小二乘估计，结果如表7.5所示。

（2）金融危机事件冲击。本章研究的时间跨度内包含了2008年，这一年发生了波及全球的金融海啸。金融危机的冲击，一定程度上破坏了资本市场应有的功能机制，也会对实体经济产生不利影响，这可能也会影响金融发展对收入不平等的作用机制，因此这里构造两个时间虚拟变量予以考察：第一个时间虚拟变量（TD1）将2008年取1，其余年份取0，以考察金融危机短期的影响；第二个时间虚拟变量（TD2）将2008年及以后取1，其余取0，以考察金融危机在较长期限内的影响。依然采取固定效应下的两阶段最小二乘估计，结果如表7.5所示。

表 7.5　稳健性检验

估计方程	(12) 剔除最高 10%样本	(13) 剔除最低 10%样本	(14) 金融危机 短期影响	(15) 金融危机 长期影响
$\ln(\text{Loans}_{it})$	−0.2293***	−0.2473***	−0.1991***	−0.2698***
	(0.0393)	(0.0442)	(0.0378)	(0.0511)
$\ln(\text{Loans}_{it}) * \text{TD1}$			0.0107***	
			(0.0036)	
$\ln(\text{Loans}_{it}) * \text{TD2}$				0.0066
				(0.0042)

续表

估计方程	(12) 剔除最高 10%样本	(13) 剔除最低 10%样本	(14) 金融危机 短期影响	(15) 金融危机 长期影响
PUR_{it}	1.7873***	2.2141***	1.6852***	1.8434***
	(0.4142)	(0.4784)	(0.4009)	(0.4064)
NAV_{it}	0.0675	0.0280	0.0527	0.0484
	(0.1607)	(0.1555)	(0.1512)	(0.1523)
$OPEN_{it}$	−0.1345	−0.0593	−0.0906	−0.0053
	(0.1168)	(0.0960)	(0.0972)	(0.1017)
$EDUF_{it}$	−0.2513	−1.1586	−0.8779	−0.4980
	(0.7050)	(0.7156)	(0.6871)	(0.6722)
constant	4.4807***	4.5718***	4.3271***	4.7605***
	(0.2375)	(0.2460)	(0.2258)	(0.3450)
A R^2	0.1371	0.1427	0.1273	0.1157
F	9.2752***	9.7173***	7.8759****	7.0632***
观测值	324	324	360	360
Method	2SLS, FE	2SLS, FE	2SLS, FE	2SLS, FE

注：括号内为稳健标准误，＊＊＊、＊＊和＊分别表示在1％、5％和10％显著水平拒绝原假设。

表7.5中，方程（12）和（13）分别为剔除最高10％和最低10％样本后的估计结果。可以看出，不论是剔除贷款规模最高的10％样本，还是剔除贷款规模最低的10％样本，以贷款规模衡量的金融发展依然对城乡收入不平等产生了显著的负向影响，并且金融发展对收入不平等的影响强度与表7.3中方程（5）的估计结果是比较接近的，说明金融发展对中国当前收入不平等负向影响的结论是比较可靠的。此外，方程（14）和（15）分别考察了金融危机在短期和较长期限内对金融发展和收入不平等之间关系的影响。短期内金融危机在一定程度上对金融体系产生了不利的冲击，例如大额投资者可能为保存利益而恐慌性地抛售，该行为损害了广大中小投资者的收益，一定程度上扩大了投资收益的不平等程度；但长期而言，金融

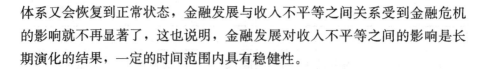

体系又会恢复到正常状态，金融发展与收入不平等之间关系受到金融危机的影响就不再显著了，这也说明，金融发展对收入不平等之间的影响是长期演化的结果，一定的时间范围内具有稳健性。

第五节　本章小结

　　本章在国内外学者研究的基础上，从"投资领域分割"和"多级信贷约束"两个基本假设出发，分析金融市场发展对收入分配影响的微观机制。由于客观上的投资领域分割和个体主观上面临的信贷约束，会使得个体长期的收入状况沿不同路径收敛到不同的均衡状态，这种多重均衡现象的存在，意味着持久的收入不平等。通过对均衡状态的考察可以发现，信贷约束对收入不平等的影响可以通过资本市场投资、实体经济发展和人力资本积累三个渠道发挥作用。信贷约束及其发挥作用的通道的变化会导致均衡的变化，因而以信贷规模衡量的金融发展程度与收入不平等之间存在一定的关系，长期而言呈现倒"U"形特征：金融发展的初级阶段，大多数个体信贷约束相对较高，信贷总体规模处于低水平，因而个体的收入状况会收敛到较低的均衡（即贫困陷阱），此时收入不平等程度较低，但大多数并未通过金融市场受益；金融发展的高级阶段，大多数个体信贷约束相对较低，信贷总体规模处于高水平，大多数个体通过融资能力的扩大而从金融市场受益，因而个体收入状况收敛到较高均衡，收入不平等程度也较低；金融发展的中级阶段，投资领域分割和信贷约束将个体分为不同群体，个体收入趋向于收敛到多重均衡，因而收入不平等程度较高。

　　进一步，基于中国省际层面 2002—2013 年的经验数据进行的实证检验，结果表明：（1）中国当前金融发展对城乡收入不平等的影响呈现显著的负向作用，即随着金融发展程度的提高，收入不平等程度会有所降低，说明中国目前已经跨越金融发展与收入不平等倒"U"形关系的顶点，开始走向良性发展阶段。（2）金融发展影响城乡收入不平等的影响机制检验表明，金融发展的确会通过资本市场、实体经济和人力资本的发展影响收入不平等，但作用的机制有所差异。（3）不同的稳健性检验结果证实了金融发展对收入不平等的影响具有稳定性，是一个长期演化的结果，因而类似于金融危机的事件冲击短期内虽然会对金融发展与收入不平等之间关系产生一定的影响，但这种影响长期而言并不显著。

第八章 金融发展对收入贫困的
影响及作用机制检验

在新常态下，解决好不平衡不充分发展的问题，不仅要从相对量的角度降低居民收入差距，更要从绝对量的角度改善贫困现象，提升中低收入群体的收入水平，让人民群众有更多获得感。作为刚刚步入中等偏上收入国家行列的发展中大国，中国还有相当多贫困人口，从收入方面脱贫减贫成为当前及今后一段时间内的重要任务之一。

自 2000 年联合国倡议"千年发展目标"（MDGs）以来，全球的贫困状况得到了明显改善。尽管在近年来的研究和实践中，消除贫困的内涵是多方面的，但提升贫困户以货币衡量的收入水平，即改善收入贫困现象始终是扶贫工作的首要目标和重要内容。根据世界银行的数据显示[1]，截至 2013 年，全球的贫困人口［按照世界银行发布的新贫困标准，即 1.9 美元/天（2010 年价格）］由 1990 年的 18.5 亿下降到 2013 年的 7.67 亿，相应的贫困发生率也由 1990 年的 35％下降到 2013 年的 10.7％，贫困改善的"千年发展目标"提前实现。2015 年 9 月，由联合国 193 个成员国一致通过的《2030 年可持续发展议程》中，提出了"可持续发展目标"（SDGs），其中第一项即为在 2030 年之前"消除一切形式的贫困"。

中国的贫困改善对世界减贫任务产生了巨大贡献，根据国务院新闻办公室 2016 年 10 月发布的《中国的减贫行动与人权进步》白皮书显示，改革开放以来，中国已使 7 亿多人口脱贫，对全球减贫的贡献率达到 70％以上。从图 8.1（a）可以看出，中国新的农村扶贫标准（即 2300 元，2010 年不变价格）出台后，中国的贫困状况已步入稳步改善通道。但截至 2016 年年底，中国尚有 4335 万贫困人口[2]，消除贫困依然是全面建设小康社会的底线目标，扶贫攻坚工作已经进入了攻城拔寨的关键阶段。

中国减贫工程的顺利推进，得益于宏观政治经济环境的大力支持，其

---

① 相关数据引自世界银行 2016 年发布的报告《Poverty and Shared Prosperity》，http：//www. worldbank. org/en/publication/poverty-and-shared-prosperity.

② 相关数据引自国家统计局《中华人民共和国 2016 年国民经济和社会发展统计公报》。

中金融体系及其功能的不断健全和完善，在改善贫困的过程中发挥着重要作用（曾康霖，2007；崔艳娟和孙刚，2012）。有研究表明，金融发展对消减贫困起到了显著的积极作用（Sehrawat & Giri，2016），存在着由金融发展到减贫之间的因果关系。而近年来的统计数据似乎也印证了这一结论，自2010年中国经济总量超越日本成为世界第二大经济体以来，以贷款规模衡量的金融发展水平已经翻了一番［见图8.1（b）］，而同期贫困人口和贫困发生率却在稳步下降（见图8.1）。金融发展与收入贫困之间似乎存在着负相关关系，但这二者之间的负相关关系是否存在统计上的显著性？如果存在，那么金融发展通过何种作用机制影响收入贫困？这些问题还需要进一步考察与分析。

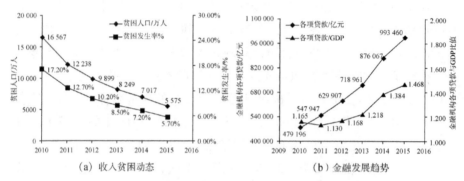

图8.1　2010年以来中国收入贫困改善与金融发展动态演变

注：贫困人口与贫困发生率数据来自《中国统计年鉴2016》，金融发展相关数据根据国家统计局发布的历年《国民经济和社会发展统计公报》整理所得。

第一节　理论分析和模型构建

一、金融发展与收入贫困关系的已有研究

长期以来，金融发展与经济增长之间关系的研究备受关注（胡海峰和王爱萍，2016），而金融发展对贫困的影响直到20世纪90年代才逐渐走入学术界的视线。关于金融发展改善收入贫困的研究主要从小额信贷和普惠金融两个角度切入。（1）小额信贷理论。小额信贷（Microfinance）是一种以城乡低收入阶层为服务对象的小规模的金融服务方式。小额信贷能够帮助穷人获得金融信贷服务（平滑消费、发展微型企业、有效管理风险等）而脱贫。Shastri（2009）通过分析印度的小额信贷发展对改善贫困的

作用时指出，政府部门和非政府组织均认为小额信贷是消除贫困的有效工具，进而有意识地推动了小额信贷的发展。Rahman（2013）以发展较为落后的伊斯兰国家为例指出，政府部门应当发展小额信贷来刺激经济活动和促进就业，以精准地使这些国家尚处于赤贫状态的大量人口及时脱贫。Onwuka 和 Udeh（2016）结合尼日利亚的数据进行分析发现，小额信贷的发展扶持了小微企业，在一定程度上减缓了贫困现象。（2）普惠金融理论。按照世界银行的定义，普惠金融（Inclusive Finance）是指能全方位、有效地为社会所有阶层和群体提供金融服务的一个金融体系（李涛等，2016）。李善民（2014）指出，普惠金融模式下，金融扶贫可以通过降低农业生产的劳动力成本和融资成本提高农民的收入。普惠金融是一种包容性金融，着重强调通过多种金融服务为不同群体提供致富机会。因此，对穷人直接提供贷款可能不是帮助穷人的最好方式（Beck & Demirgüç-Kunt，2008），而改善要素市场和产品市场的运行效率，通过促进金融业竞争、降低准入门槛等，比直接提供贷款给穷人更有利于改善贫困问题（江春和赵秋蓉，2015）。从改善贫困角度而言，小额信贷与普惠金融既有联系又有区别，前者是对后者的实践，而后者则是在扶贫理念上对前者的深化和发展（李明贤和叶慧敏，2012）。

然而，也有一些学者对此持反对意见，从金融排斥的角度认为金融发展会使贫者更贫，进一步扩大贫富差距。金融排斥（Financial Exclusion）一般指某些弱势群体，因为缺少抵押资产等限制而没有能力进入金融体系，也就无法获得必要的金融服务。金融排斥现象的存在将使得大多数信用水平较低的贫困群体不得不转而求助于利率水平更高的民间融资渠道，最终陷入更难脱贫的贫困陷阱（Lenton & Mosley，2011）。Galor 和 Zeira（1993）从信贷市场不完美和人力资本投资角度阐述了金融发展对低收入者的不利影响，作者认为，信贷市场因准入门槛、监督成本等原因而不完美，当穷人不能通过信贷市场的借贷进行人力资本投资进而进入熟练劳动力市场时，就可能陷入"贫困陷阱"。Canavire 和 Rioja（2008）结合拉丁美洲和加勒比海地区相关数据进行实证检验发现，金融发展并未使最穷的五分之一的人口受益。杨俊等（2008）结合中国农村和城镇住户调查数据进行检验发现，长期而言，农村金融发展对贫困减少的促进作用并不明显，而短期城镇的金融发展加深了贫困程度，甚至恶化了收入分配状况。

金融排斥是金融发展到一定阶段表现出的对部分群体收入增长促进作用有限的现象，金融排斥降低了金融扶贫的效力，很可能不利于贫富差距的缩小和收入分配的改善，进而使金融扶贫陷入困境（王鸾凤等，2012）。吕勇斌和赵培培（2014）也利用了2003—2010年中国省际面板数据分析了农村金融发展对反贫困绩效的影响，作者指出，虽然农村金融规模有利于减缓贫困，但农村金融效率对缓解贫困有负向影响。雷汉云（2015）认为，就业、收入、受教育程度、所在区域、年龄、房产权和家庭规模等均可能成为金融排斥发生的重要因素。温涛等（2016）发现，由于乡村精英完成了农贷资金和贷款主体的对接，因而可能存在"精英俘获"机制使农贷市场的结构扭曲和功能错位，不利于普通农户的发展。

在这两种观点之外，还有一些学者认为金融发展对贫困的影响是非线性的，可能存在倒"U"形关系。Greenwood和Jovanovic（1990）基于具有微观经济基础的模型证实了"库兹涅茨假说"的存在，作者指出，在经济发展初级阶段，金融部门的准入门槛相对较高，很多穷人被排斥在外，贫富差距逐渐加大，而随着经济的繁荣，金融发展惠及越来越多的穷人，贫困现象因此而得到改善，贫富差距也随之缩小，也就是说，金融发展对收入改善的具体作用取决于经济发展阶段。崔艳娟和孙刚（2012）以人均消费水平作为贫困的代理变量结合中国省际层面1978—2010年的面板数据考察了金融发展对改善贫困的影响，作者发现，金融发展在改善贫困方面的确存在非线性效应，金融发展可以通过经济增长和收入分配通道改善贫困，但金融波动不利于贫困改善。Donou-Adonsou和Sylwester（2016）采取固定效应的两阶段最小二乘法考察了71个发展中国家的金融发展对贫困减少的影响，作者发现，虽然银行体系的发展在贫困的改善方面具有显著的促进作用，但小额信贷机构的发展似乎对贫困没有显著影响。由此可见，金融发展对贫困的影响在不同的金融发展阶段可能会有所不同，并非所有的研究都证实了金融发展可以改善贫困。

二、模型构建

1. 金融发展影响收入贫困的微观基础

在这一部分，我们仍然沿用上一章理论模型的思想，从信贷角度建立金融发展影响收入贫困的微观基础。但是考虑到贫困问题并不涉及所有人群，仅仅涉及集中于收入分布曲线左侧的贫困人口（贫困标准线以下），因此，本章对前面的理论模型进行适当简化，将原来的两级信贷约束化简为一级信贷约束，来考察金融发展对于贫困人口收入水平的影响。

与第七章模型一致，本章仍然考虑无限期增长的 Ramsey 模型，个体 i 的效用最大化问题可以表示为：

$$\max_{c_0^i, a_0^i} U^i = \sum_{t=0}^{\infty} \beta u_t^i(c_t^i, a_{t+1}^i) \tag{8-1}$$

上式中，c_t^i 和 c_t^i 分别表示个体 i 第 t 期的消费和资产，β 为时间贴现因子。个体的即期效用函数与其当期的消费和下一期的资产有关，简单起见，设为对数效用函数形式：

$$u_t^i(c_t^i, a_{t+1}^i) = \varphi \ln c_t^i + (1-\varphi) \ln a_{t+1}^i \tag{8-2}$$

进一步，假定消费倾向为一个常数，即个体每一期将其总收入 c_t^i 中的一定比例（记作 θ）用于消费，则 $1-\theta$ 可以看作相应的储蓄率，进而效用函数可改写为

$$u_t^i(y_t^i) = \varphi \ln\theta + (1-\varphi) \ln(1-\theta) + \ln y_t^i \tag{8-3}$$

式（8-3）说明个人的终生效用最大化问题可以转化为终生收入最大化问题。个体因为借贷行为可能会改变其预算约束，在给出不同个体预算约束之前，首先讨论金融市场借贷机制对贫困的影响。第一，借贷机制使得资金在经济主体之间重新优化配置，可以促进经济的增长。金融市场的借贷机制使得个体的融资能力有所提升，个体通过借贷获得的资金可以进行实体经济、人力资本和资本市场等领域的投资（张昭和王爱萍，2016），因而在一定程度上会推动经济的发展，并提升个体的收入水平，降低陷入贫困的可能。第二，个体在信贷方面存在借贷的收益与成本（包括直接成本和机会成本）之间的权衡。Galor 和 Zeira（1993）指出在劳动力市场存在分割时，个体虽然通过信贷进行人力资本投资进入熟练劳动力市场，但其不仅要付出借贷成本，还要付出相应的人力资本投资的时间成本，邹薇和郑浩（2014）也指出，农村子女可能会放弃读书而过早进入非熟练劳动力市场工作以补贴家用，但这种人力资本投资的不足可能会使得贫困在代际转移，由此可见人力资本投资的成本与收益之间的权衡是金融的扶贫效应发挥作用的重要中介。第三，金融的分配与再分配机制会引导资金的分配和流向。信贷市场倾向于向信用水平良好的个体提供信贷服务，这主要是因为借贷市场一般存在摩擦，资金需求方因还不上款有"跑路"的可能，使得资金供给方存在监督成本（Galor & Zeira，1993）。因此，信息

不对称等因素会影响金融资源的合理分配，进而使一部分信用状况不佳的个体因融资能力不足而陷入贫困。第四，经济体系中，不同部门之间的创新能力存在差异。金融市场具有趋利避害性（Cecchetti & Kharroubi，2015），这使得金融资源倾向于流向创新能力较强的部门以获取较高的收益，这可能挤占创新能力不足的部门，并影响这些部门中个体的发展，可能引发贫困。

综合考虑以上几种情形，并且考虑到贫困人口仅仅是收入分布曲线左侧一个相对集中的群体，本章假定借贷市场只存在一个借贷门槛，只有信用状况达到一定程度的个体才可以进行借款，进而进行相应的投资活动（投资于实体经济、人力资本、资本市场等）获取高于无风险利率的报酬，没有达到信贷门槛的个体的资产则只能以无风险利率进行积累。可见，信贷门槛的存在，将个体分为两类群体，将使不同的个体的资产沿着不同的路径进行积累，进而收敛到不同的均衡状态，因此可能存在"贫困陷阱"。具体而言，用个体 i 在第 t 期的资产额 a_t^i 反映个体借贷的信用状况，信贷门槛用 C 表示，资产额高于 C 的第一类个体可以进行借贷，假设其借款额度为 L（这里隐含了 $L>C$，否则借款门槛过高，个体将难以通过借贷行为进行融资）的回报率用 R 表示，其第 t 期的总收入为：

$$y_{t+1}^i = (a_t^i - L)(1+r) + w_1 + L(1+R), \quad a_t^i \geqslant C \qquad (8-4)$$

上式中，w_1 表示该类群体所处劳动力市场的工资水平。关于式（8-4），需要说明的是：当 $C < a_t^i \leqslant L$ 时，式（8-4）中第一项即为个体通过借贷筹集资金部分本息之和；当 $C < L < a_t^i$ 时，依然可以假设个体进行借贷，可以将式（8-4）变形为：

$$y_{t+1}^i = (a_t^i - L)(1+r) + w_1 + L(1+R), \quad C < L < a_t^i \qquad (8-4a)$$

上式的含义为：个体通过无风险利率 r 借得 L 额度的资金进行投资，并获得收益率为 R 的回报，因此上式最后一项可以看作是一种类似于"无风险套利"的收益。

对于资产额低于 C 的第二类个体而言，其将被排斥在借贷服务外，其资产只能通过无风险利率进行积累，因而其第 t 期的总收入为：

$$y_{t+1}^i = a_t^i(1+r) + w_2 \qquad a_t^i < C \qquad (8-5)$$

上式中，w_2 表示该类群体所处劳动力市场的工资水平（一般而言 $w_2 < w_1$）。根据式（8-4）和式（8-5）可以看出，只要给定个体初期的

资产 a_0^i 和其所在劳动力市场的工资水平 w_i （$i=1$，2），通过迭代的方法即可得到每个个体各期的总收入水平。根据消费和收入的关系可知，每一期的资产与总收入之间存在如下关系：$a_t^i=(1-\theta)\ y_t^i$，将其代入式（8-4）和式（8-5）即可得到个体相邻两期资产之间的关系，以式（8-5）为例，存在如下关系：

$$a_{t+1}^i=(1-\theta)\ y_{t+1}^i=(1-\theta)\ [a_t^i\ (1+r)\ +w_2] \qquad (8-5a)$$

处于均衡状态时，存在 $a_{t+1}=a_t=a^*$，将该关系代入上式即可求出没有借贷的个体均衡时的资产水平，进而得到其收入水平。作为总结，下式给出了两类个体在均衡时的总收入水平：

$$y^*=\begin{cases}\dfrac{1}{1-\ (1-\theta)\ (1+r)}w_2,\ a_t^i<C\\[3mm]\dfrac{1}{1-\ (1-\theta)\ (1+r)}\ \lfloor w_1+L\ (R-r)\rfloor,\ a_t^i\geqslant C\end{cases} \qquad (8-6)$$

式（8-6）给出了两个不同的均衡，可以分别用 y_L 和 y_H 表示，其中较低的均衡 y_L 为没有通过借贷市场获得资金的群体的均衡收入水平，当这一均衡收入水平较低时，则可能意味着存在长期的收入"贫困陷阱"。

在个体的收入向均衡状态收敛过程中，如果给定一个贫困线 z，即可得到每一期的贫困发生率。这里通过 FGT 贫困指数（Foster、Greer & Thorbecke，1984）衡量贫困，具体如下：

$$P_t(\alpha)=\frac{1}{N}\sum_{i=1}^{N}\ (\frac{z-y_t^i}{z})^\alpha I(y<z) \qquad (8-7)$$

上式中，$I\ (y<z)$ 为示性函数，当个体 i 的收入 $y_i<z$ 时，其取值为1，否则为0。参数 $\alpha=0$ 时，$P_t\ (0)$ 表示第 t 期的贫困发生率；参数 $\alpha=1$ 时，$P_t\ (1)$ 表示第 t 期的比例贫困差距；参数 $\alpha=2$ 时，$P_t\ (2)$ 表示第 t 期的加权贫困差距。结合式（8-4）和式（8-5）可以看出，由式（8-7）给出的贫困指数与四个参数有关：一是个体借贷资金的额度 L，根据式（8-6）可以看出，当 L 取值较高时，均衡的收入水平也会较高，这意味着借贷规模的扩张（金融发展）可以促进经济增长的均衡收入水平，进而降低式（8-7）所给出的贫困指数；二是信贷门槛 C，当 C 的取值较低时，正如 Galor 和 Zeira（1993）所指出的，个体通过借贷进行人力资本投资，可以进入熟练劳动力市场，进而获得较高收入，降低陷入贫困的风险；将会有更多的个体因为借不到资金而收敛到较低的均衡收入水平 y_L，此时的

贫困指数将会处于较高水平；三是两类群体之间的工资收入分配状况（w_1/w_2），当低收入群体的工资水平增长较快时，其资产状况会较快达到借贷的门槛，进而收敛到较高的均衡收入水平，降低陷入贫困的风险；四是借贷资金的投资回报率 R，当 R 足够高时，个体才会通过借贷的方式获取资金来进行投资以获得超额收益，而回报率 R 也往往与创新能力有关，一些创新能力强的经济部门往往因其较高的投资回报率而吸引大量的金融资源，从而挤出那些创新能力不足的部门的发展空间。

此外，还需要说明的是，借贷门槛 C 一定程度上也反映了金融发展的程度：当金融发展程度较低时，借贷成本极高，绝大多数个体被排斥在金融服务体系之外，此时高均衡点 y_H 消失，只存在较低的均衡，当贫困线 $z > y_L$ 时，则存在收入增长的"贫困陷阱"，如图 8.2 中的（a）所示；当金融发展的程度逐步提高时，有一部分个体得以跨越借贷门槛享受金融服务，进而其收入水平收敛到较高的均衡点，此时的收入贫困有所缓解，贫困发生率下降，如图 8.2 中的（b）所示，但应当金融发展程度较低时，随着以信贷规模衡量的金融发展水平的提高，并不必然降低贫困发生率，因为金融排斥、金融资源分配等因素的影响可能使得金融发展对收入贫困的影响存在非线性效应；当金融发展程度较高时，借贷的相对成本较低，尤其是当借贷门槛低于贫困线时［如图 8.2 中的（c）所示］，绝大多数个体得以跨越借贷门槛扩大融资能力进而收敛到较高的均衡收入水平，较低的均衡点可能消失，此时可能已经消除贫困。

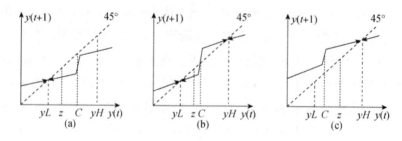

图 8.2 金融发展影响收入贫困的主要机制

2. 金融发展影响贫困的假设的提出

结合上述微观理论基础，下面着重提出检验金融发展影响收入贫困的假设：一方面从总体上考察金融发展对收入贫困的影响，并检验非线性影响是否存在；另一方面考察金融发展影响收入贫困的主要机制，进而考察金融发展通过这些机制对收入贫困影响的大小和方向。

在金融发展初级阶段，仅有一部分人能获得金融服务（Greenwood & Jovanovic，1990），大量穷人并未因金融发展而受益，也就是存在着较为严重的金融排斥，剥夺穷人享受金融服务的机会，加剧收入贫困（Lenton & Mosley，2011）。当金融发展达到一定程度之后，小额信贷、普惠金融等典型金融业态直接为穷人提供致富机会，进而提高其收入水平，从而改善整体的收入贫困状况（Shastri，2009；李涛等，2016）。因此，金融发展对收入贫困的影响可能是倒"U"形的，即存在门限效应（Zahonogo，2017）。这里提出如下假设：

假设 H1：金融发展对改善收入贫困的作用呈现出倒"U"形曲线关系。

结合前人研究以及考虑到中介变量的可观测性，本章认为金融发展可能会通过以下几个通道影响收入贫困：经济增长、人力资本积累、收入分配和创新驱动，如图 8.3 所示。

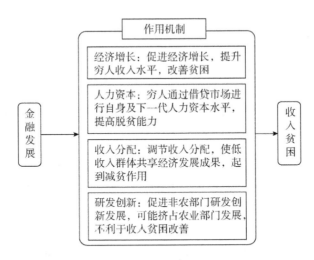

图 8.3 金融发展影响收入贫困的主要机制假设

（1）经济增长渠道

尽管金融发展的结构性失衡可能不利于个体收入的增长（温涛等，2005），但研究表明（李延凯和韩廷春，2013），规范和优良的金融环境会增强金融发展对经济增长的促进作用。从微观层面来看，金融体系可以给广大的低收入群体提供小额贷款甚至更广泛的普惠性金融服务，从而使这些群体的融资环境变得宽松，得以从事生产经营活动，进而增强微观经济的包容性增长（Cournède et al.，2015），起到改善收入贫困的作用。崔艳娟和孙刚（2012）结合实证研究指出，金融发展可以通过经济增长渠道改善以消费衡量的贫困。因此，这里提出以下假设：

假设 H2a：金融发展可以促进经济增长，进而提升穷人收入水平，改善贫困。

（2）人力资本渠道

人力资本投资会帮助个体进入熟练工人市场以获取高工资，信贷市场的不完美导致个体在通过借贷进行人力资本投资时存在门槛障碍（Galor & Zeira，1993）。此外，对于贫困家庭而言，通过借贷进行人力资本投资存在相对较高的机会成本，未来的收益也具有更强的不确定性（邹薇和郑浩，2014），这会降低其投资意愿，使其长期陷入低收入的"贫困陷阱"。金融发展会逐步改善信贷市场的不完美，降低借贷门槛，使得穷人有机会通过借贷获得人力资本投资的机会。因此，这里提出以下假设：

假设 H2b：金融市场的发展可以使穷人得以通过借贷市场获得资源自我投资，提高自身及下一代人力资本水平，进而实现脱贫。

（3）收入分配渠道

金融体系的分配与再分配机制强调了效率和公平，是扶贫性金融的理论基础（曾康霖，2007），以政府为主导的面向"三农"倾斜的正规金融服务和民间的非正规金融（如互助性金融）的发展使广大低收入群体共享了经济发展成果，实现了国民收入的再次分配。尽管金融发展对收入分配的影响可能是倒 U 形趋势的（Greenwood & Jovanovic，1990），但长期而言金融发展会缩小贫富差距（张昭和王爱萍，2016），的确会使穷人受益（Denk & Cournède，2015）。张龙耀等（2013）指出，随着金融体系的发展，金融约束对城乡家庭创业活动的抑制作用逐步减弱，这会改善城乡之间的收入分配结构。崔艳娟和孙刚（2012）的研究也表明，金融发展可以通过影响收入分配结构改善消费贫困。因此，这里提出以下假设：

假设 H2c：金融的分配与再分配机制可以调节收入分配，使低收入群体共享经济发展成果，起到减贫的作用。

（4）研发创新渠道

金融发展会放松融资约束，提高创新的活跃程度（胡海峰和王爱萍，2016）。但城乡二元结构的存在使得农村地区的经济发展具有一定的"自足自给性"（Feeny & Mcdonald，2015），市场化程度和信息透明度并不是很高，因此金融体系对研发创新的促进作用多发生在非农经济部门。此外，金融机构出于风险管控的目的往往具有趋利避害性（Cecchetti & Kharroubi，2015），倾向于将资金贷给"高抵押/低风险"的项目，而农业经济部门的创新项目在创新水平、信用评级、风险管理等方面相对于非农经济部门均可能处于劣势。因此，金融体系对不同部门发展的促进作用存在不对称性（Aizenman et al.，2015），进而促进非农经济部门的过度发展，这将可能挤占农业经济部门的发展，因而不利于农业部门收入水平的提升和贫困的改善。因此，提出以下假设：

假设 H2d：金融发展促进非农部门研发创新发展，可能挤占农业部门发展的金融资源需求，不利于收入贫困改善。

除了以上几个渠道外，金融发展还可能通过其他中介对收入贫困产生影响，如有学者指出，金融发展的不稳定性对穷人是有害的（Akhter & Daly，2009），但本章着重考察中国新扶贫标准出台以后的金融发展对收入贫困的影响，整个国际、国内大的经济环境并未发生重大变化，并且检验影响机制的目的在于从金融视角探索改善贫困的有效路径，因此这里不再考虑金融不稳定性对收入贫困的影响。

第二节　实证检验：计量模型与指标数据说明

一、计量模型

结合理论部分的分析，从实证角度检验金融发展对贫困改善的影响。以各省级行政区的贫困发生率（Poverty Incidence，PI）为被解释变量，构建中介效应模型探索金融发展对改善贫困的影响及其作用机制。中介效应模型由以下三个估计方程构成：

$$PI_{i,t}=\alpha_0+\alpha_1 FD_{i,t}+\alpha_2 FD_{i,t}^2+\delta X_{i,t}+\lambda_i+\mu_t+e_{i,t} \qquad (8-8)$$

$$M_{i,t}=\beta_0+\beta_1 FD_{i,t}+\mu_{i,t} \qquad (8-9)$$

$$PI_{i,t}=\gamma_0+\gamma_1 FD_{i,t}+\gamma_2 FD_{i,t}^2+\gamma_3 M_{i,t}+\delta X_{i,t}+\lambda_i+\mu_t+e_{i,t} \qquad (8-10)$$

式（8-8）中，$PI_{i,t}$ 为第 i 个省第 t 年的贫困发生率，$FD_{i,t}$ 为相应的金融发展指标，为了考察金融发展对收入贫困的非线性影响，在式（8-8）中加入了金融发展的平方项 $FD_{i,t}^2$，放松了对以往研究对回归模型的线性约束。此外，$X_{i,t}$ 为影响收入贫困发生率的一系列控制变量，λ_i 和 e_t 分别为个体和时间效应，$e_{i,t}$ 为随机干扰项。

式（8-9）反映了金融发展对中介变量的影响，$M_{i,t}$ 为金融发展影响收入贫困的中介变量，即假设 H2a～H2d 中提到的经济增长、人力资本、收入分配和研发创新。其中，$u_{i,t}$ 为随机干扰项。

式（8-10）反映了金融发展与中介变量同时对收入贫困的影响，估计参数 γ_1 和 γ_2 为金融发展对收入贫困影响的直接效应，γ_3 为中介变量对收入贫困的影响。其中，$\varepsilon_{i,t}$ 为随机干扰项。将式（8-9）代入式（8-10）即可得到：

$$PI_{i,t} = (\gamma_0 + \beta_0 \gamma_3) + (\gamma_1 + \beta_1 \gamma_3) FD_{i,t} + \gamma_2 FD_{i,t}^2 + \delta X_{i,t} + \lambda_i + \mu_t + \varepsilon_{i,t}$$

$$(8-11)$$

对比式（8-11）和式（8-8）可知，$\alpha_1 = \gamma_1 + \beta_1 \gamma_3$，其中 $\beta_1 \gamma_3$ 即为金融发展通过中介变量对贫困改善的中介效应。可以用图8.4反映金融发展、中介变量及收入贫困三者之间的关系。

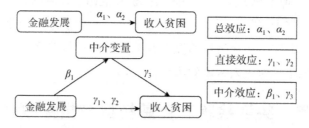

图8.4　金融发展、中介变量及收入贫困三者之间的关系

二、变量说明及数据预处理

鉴于已有一些学者考察了中国改革开放以来金融发展对贫困减缓的影响（崔艳娟和孙刚，2012），本章着重分析《中国农村扶贫开发纲要（2011—2020年）》以及新的扶贫标准出台以来的金融发展对收入贫困的影响及其作用机制，因此考察的时间范围为 2010—2015 年，考虑到西藏部分数据缺失，这里采取中国不含西藏和港澳台的 30 个省级行政区的面板数据进行分析。实证分析部分相关变量及数据说明如下。

（1）被解释变量。直接使用各省级行政区的贫困发生率作为被解释变量，这与崔艳娟和孙刚（2012）分析金融发展对贫困减缓时采取各省人均消费水平作为贫困的代理变量有所不同。目前，中国的贫困标准为农村家庭人均纯收入低于 2300 元（2010 年价格），各省的贫困人口数量根据贫困标准确定。本章选取的各省的贫困发生率均来自由国家统计局发布的《中国农村贫困监测报告 2016》。

（2）核心解释变量。衡量金融发展的指标是多方面的（Hasan et al.，2015），研究金融发展与收入贫困的关系问题，更为准确的指标是小额信贷规模，但是中国的该项指标数据可得性较差，因此这里借鉴 Arcand（2015a）的做法，采用金融机构各项贷款总额衡量各省级行政区的金融发展规模，进而用各项贷款与当年该地区的经济总量 GDP 的比值衡量金融发展的相对水平。

（3）影响机制变量。结合理论部分的分析，机制变量为经济增长、人力资本、收入分配和创新驱动。其中经济增长水平用各省级行政区的人均 GDP 衡量，相应的数据来自各省历年统计年鉴。人力资本水平用各省人均受教育年限衡量，相应的数据根据历年《中国教育统计年鉴》测算所得。由于中国的城乡二元结构所产生的城乡收入差距在中国的收入分配中扮演重要角色（程永宏，2008），因此各省收入分配状况用其城乡收入比进行衡量，其中城镇居民可支配收入和农村居民纯收入数据来自各省历年统计年鉴。在经济新常态背景下，创新驱动力对经济的可持续发展不可忽视，这里采取各省的研发创新投入与当年的 GDP 比值衡量其科技创新水平。

（4）控制变量。除了核心解释变量和机制变量之外，还有一些因素也可能会对收入贫困产生影响，例如城镇化水平、农村有效劳动力占比、政府财政支出规模等；也会有一些因素对核心解释变量金融发展产生影响，例如经济开放程度、经济结构等。因此，在实证检验过程中，对这些因素加以控制。

各变量说明及其描述性统计特征如表 8.1 所示。在进行实证检验之前，先绘出考察期内各省级行政区的收入贫困发生率和金融发展的散点图，如图 8.5 所示。可以看出，收入贫困发生率与金融发展之间存在负相关关系，并且金融发展对收入贫困的非线性影响也可能存在。

表 8.1　各变量说明及其描述性统计特征

变量类型	符号	备注	观测值	平均值	标准差	最小值	最大值
被解释变量							
收入贫困	PI	收入贫困发生率	180	0.1092	0.0925	0.0000	0.4510
核心解释变量							
金融发展	FD	信贷规模占当年 GDP 比例	180	1.2005	0.4114	0.6500	2.5847
影响机制变量（中介变量）							
经济增长	lnPGDP	人均 GDP 对数值	180	10.6165	0.4392	9.4901	11.5797
人力资本	HC	人均受教育年限	180	9.0285	0.8479	7.2907	12.1586
收入分配	URID	城镇农村收入比	180	2.8596	0.5153	1.8358	4.0735
研发创新	R&D	研发创新投入占 GDP 比重	180	0.0152	0.0108	0.0034	0.0601
控制变量							
城镇化水平	Urban	人口城镇化率	180	0.5485	0.1302	0.3381	0.8960
农村有效劳动力占比	Rlabor	第一产业从业人数占农村人口比重	180	0.4328	0.1103	0.1476	0.6152
经济开放程度	Openness	进出口总额/GDP	180	0.2365	0.1009	0.1058	0.6269
政府支出规模	Gov-expenditure	政府预算支出/GDP	180	0.2998	0.3510	0.0152	1.5559
通货膨胀	Inflation	各省消费者物价指数(CPI)	180	2.9855	1.3746	0.5667	6.3382

注：(1)收入贫困的衡量标准为农村家庭人均收入低于 2300 元(2010 年不变价格)；(2)金融发展的相对水平用信贷规模与 GDP 的比值衡量，金融发展的代理变量的相关描述性统计这里并未列出，感兴趣的读者可向作者索取；(3)以各省各年的受教育年限的人口比重对其受教育年限进行加权平均，其中未受教育年限为 0 年，小学为 6 年，初中为 9 年，高中为 12 年，大学及以上为 16 年，各省各年受教育年限的人口比重数据来自考察期末《中国教育统计年鉴》；(4)人口城镇化率用各省城镇人口比重占全省人口的比重衡量；(5)经济开放程度计算中的进出口总额按当年年的人民币兑美元汇率进行计算。

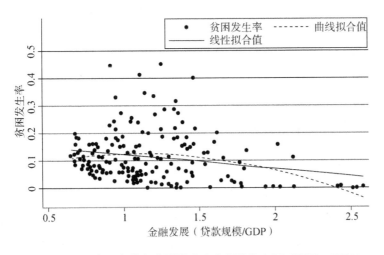

图 8.5　金融发展和收入贫困发生率之间的散点图（2010—2014）

第三节　实证检验：结果分析

一、金融发展与收入贫困关系的分析结果

下面结合实际数据考察金融发展对收入贫困的总体影响，表 8.2 依次报告了普通最小二乘［方程（1）和（2）］、静态面板模型［方程（3）和（4）］及动态面板模型［方程（5）］的估计结果。对于方程（1）～（4）的分析如下：首先，不考虑控制变量影响时，采取普通最小二乘估计结果［方程（1）］显示了金融发展对收入贫困有显著的负向影响，在方程（1）基础上加入金融发展平方项后估计参数为负，这与图 8.1 反映的结果一致，即金融发展对收入贫困的影响可能存在倒"U"形关系；其次，在考虑了时空差异和控制变量的影响之后，采取静态面板的估计结果显示，金融发展对收入贫困的非线性影响依然存在，Hausman 检验结果表明，固定效应的估计结果要优于随机效应的估计结果，但此时依然可能有内生性问题存在。

实证研究中可能存在内生性问题（Wooldridge，2010）主要可能为：观测误差、遗漏变量或互为因果，这里后两种可能性较大。原因可能在于：一方面，金融发展还可能与一些不可观测的但可能影响收入贫困的因素有关，如贫困地区的金融排斥、贫困人口金融知识水平等，这使得模型存在遗漏变量偏差；另一方面，金融发展与模型中的一些变量如经济开放程度等存在互为因果的可能。因此，这里采取动态面板数据模型下的系统广义矩估计法（sysGMM）进行估计［即方程（5）］。方程（5）的估计结果显示，估计残差不再存在自相关，过度识别检验（即 Sargan 统计量）结果并没有拒绝"所有工具变量均有效"的原假设，因而方程（5）的设定是正确的。

综上，在考虑了控制变量的影响和内生性问题之后，金融发展的确对收入贫困存在非线性的倒"U"形影响，即当金融发展达到一定程度之后会显著地改善收入贫困，假设 H1 得到验证，这一实证结果与崔艳娟和孙刚（2012）、Donou-Adonsou 和 Sylwester（2016）的研究结论是一致的。基准的回归结果表明，金融发展对收入贫困改善的促进作用具有复杂性：在金融发展水平较低，对贫困地区提供金融服务时，金融体系基础设施的不完善和贫困地区农户较低的信用水平的双重效应使得贷前调查和贷后监管的成本都较高，这将导致金融服务优先服务于信用水平较好的农户，进而存在所谓的农村"精英俘获"机制（温涛等，2016），不利于极端贫困户收入水平的提升；只有当金融发展水平达到一定程度之后，才会使尽可能多的贫困户享受到普惠性的金融服务，进而起到改善贫困的效果。此外，还需要说明的是，金融发展对收入贫困的影响还可能因不同地区发展的不平衡现象而存在差异，因此，有必要采取不同的方法进行稳健性检验。

表 8.2　基准估计结果

估计方程	(1)	(2)	(3)	(4)	(5)
估计方法	OLS	OLS	RE	FE	sys GMM
L. PI					0.6511***
					(0.0263)
FD	−0.0523***	0.1578*	−0.0269	0.1007	0.0325
	(0.0164)	(0.0831)	(0.0851)	(0.0886)	(0.0278)
FD²2		−0.0719**	−0.0005	−0.0498*	−0.0189***
		(0.0279)	(0.0269)	(0.0277)	(0.0072)
Urban			−0.8845***	−1.5256***	−0.0783
			(0.1008)	(0.1608)	(0.0583)

续表

估计方程	（1）	（2）	（3）	（4）	（5）
估计方法	OLS	OLS	RE	FE	sys GMM
Rlabor			−0.4318***	−0.5430***	0.1150
			(0.0957)	(0.1641)	(0.0815)
Openness			0.1126	−0.5769***	−0.1350***
			(0.1102)	(0.1919)	(0.0401)
Gov-expenditure			0.0306	−0.0383	−0.0174***
			(0.0278)	(0.0263)	(0.0054)
Inflation			0.0082***	−0.0027	−0.0001
			(0.0027)	(0.0024)	(0.0006)
常数项	0.1720***	0.0355	0.7540***	1.2962***	0.0381
	(0.0208)	(0.0568)	(0.0928)	(0.0935)	(0.0551)
AR（1） P 值					−0.9040 0.3660
AR（2） P 值					0.0302 0.9759
Sargan P 值					13.1892 0.2133
Hausman-test	检验（3）和（4）：76.27***				
		检验（4）和（5）：589.09***			
A R²	0.0489	0.0781		0.6961	
F	10.19***	8.56***		63.73***	
chi2			249.76***		4498.52***
N	180	180	180	180	150

注：（1）表中 L.PI 表示被解释变量收入贫困发生率的滞后一项；（2）OLS 表示普通最小二乘估计，RE 和 FE 分别表示面板随机效应和面板固定效应模型，sysGMM 为系统广义矩估计；（3）AR（1）和 AR（2）为检验扰动项差分是否存在二阶的自相关的 P 值，原假设为"模型残差项不存在二阶自相关"，Sargan-Hansen 为过度识别检验的 P 值，原假设为"工具变量是有效的"；（4）括号内为稳健标准误，＊＊＊、＊＊和＊分别表示在 1%、5% 和 10% 显著水平拒绝原假设。

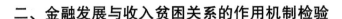

二、金融发展与收入贫困关系的作用机制检验

在进行金融发展影响收入贫困的机制检验时，考虑到本书所考察的时间范围较短，属于短面板数据，采取系统广义矩估计法（sysGMM）使用滞后期变量的方法降低了自由度，因此这里依然借鉴 Donou-Adonsou 和 Sylwester（2016）的做法，采取方程（10）中固定效应下的两阶段最小二乘法（FE-2SLS）进行估计。对中介效应的检验步骤参考温忠麟等（2004）的做法：首先，检验核心解释变量金融发展对收入贫困发生率的影响（即图 8.4 中的参数 α）是否显著，如果显著，进入下一步，否则停止检验。其次，检验核心解释变量金融发展对中介变量的影响及中介变量对收入贫困发生率的影响（即图 8.4 中的参数 β_1 和 γ_3），如果二者均显著，则表明存在中介效应，即金融发展的确会通过中介变量对收入贫困产生影响；如果至少一个系数不显著，需要转入下一步进行 Sobel 检验。再次，进行 Sobel 检验，如果 Sobel 检验显著，则说明存在中介效应，否则说明不存在中介效应，终止检验。上一部分的基准回归和稳健性检验显示了金融发展对收入贫困的显著影响，故第一步检验完成，金融发展对中介变量的影响及中介变量对收入贫困发生率的影响的估计结果如表 8.3 所示。

从表 8.3 的分析结果来看，金融发展通过各个通道影响收入贫困的机制存在差异。

首先，金融发展显著促进了经济增长（尽管不显著），这与大多数学者的观点一致，在方程（10）基础上加入经济增长变量后，中介变量的估计参数显著为负，表 8.4 中的 Sobel 检验结果表明金融发展的确通过经济增长通道改善了收入贫困。金融体系的发展对经济增长推动作用的重要性不言而喻，然而在中国的贫困地区，金融体系所发挥的作用还不够，这一方面是源自贫困地区的一些先天性的不足，如地处山区、经济市场化程度不高等；另一方面还在于贫困地区金融服务的基础设施相对于非贫困地区还有待提高，这将制约贫困地区的经济增长，进而可能影响收入贫困改善的进程。

其次，金融发展对人力资本也有一定的促进作用（尽管不显著），在方程（10）基础上加入人力资本变量之后，其估计参数显著为负，表

8.4 中的 Sobel 检验结果表明这一机制也确实发挥了作用。金融体系通过人力资本通道对收入贫困的改善体现在：一方面，金融发展放松了人力资本投资的信贷约束，使得贫困地区农户的人力资本水平有所提升，得以进入熟练劳动力市场获得较高收入；另一方面，金融体系对于农业生产经营和非农就业指导方面的资金支持也会提升贫困地区的劳动生产率，间接促进了人力资本水平的提升，达到脱贫的目的。因此，直接或间接提升贫困户或贫困地区人力资本水平，应当是金融扶贫的重要手段。

再次，金融发展对收入分配的影响并不显著，在方程（10）基础上加入收入分配变量之后，其估计参数也不显著，表 8.4 中的 Sobel 检验结果表明金融发展并未通过收入分配渠道改善收入贫困，这与崔艳娟和孙刚（2012）的研究结论并不一致。产生这一现象的原因在于：本章所考察的时间范围在 2010 年之后，与崔艳娟和孙刚（2012）的研究并不一致（其考察的是 2010 年以前），加上考察的时间跨度相对较短，因而金融发展对收入分配的调节作用并未显现。这一实证结果也表明，金融的分配与再分配机制并未得到很好的发挥，这也是扶贫性金融发展过程中应当重视的一个环节。

最后，金融发展对研发创新有显著的促进作用，说明金融发展对于科技进步水平和全要素生产率的提升具有推动作用，在方程（10）基础上加入研发创新变量之后，其估计参数显著为正，表明了这一中介机制的存在。产生这一结果的原因可能在于：一方面，非贫困地区或非农经济部门往往在人才容纳、知识储备等方面领先于贫困地区或农业部门，其研发创新水平一般高于贫困地区或农业部门；另一方面，金融服务和资本的"趋利避害"性将使得金融资源过多地向研发创新水平较高的部门集聚以追逐高额的回报率。显然，这种双重叠加效应可能"挤出"了贫困地区或农业部门在研发创新方面的金融需求，将不利于贫困改善。

表 8.3　中介效应估计结果

估计方程	(11)	(12)	(13)	(14)	(15)	(16)	(17)	(18)
影响机制	经济增长		人力资本		收入分配		创新驱动	
被解释变量	lnPGDP	PI	HC	PI	URIB	PI	R&D	PI
FD	0.0905	0.0943	0.0409	0.0981	0.0693	0.0843	0.0039***	0.0539
	(0.0694)	(0.0689)	(0.0384)	(0.0795)	(0.1136)	(0.0817)	(0.0012)	(0.0789)
FD^2		−0.0631***		−0.0574**		−0.0525*		−0.0314
		(0.0238)		(0.0274)		(0.0282)		(0.0277)
γ_3		−0.2154***		−0.0473***		0.0071		6.8614***
		(0.0284)		(0.0164)		(0.0205)		(1.9895)
Urban	7.5637***	0.1297	8.9660***	−1.0735***	−0.3561	−1.4936***	0.0264***	−1.6703***
	(0.3910)	(0.2521)	(0.7798)	(0.2121)	(0.6401)	(0.1579)	(0.0065)	(0.1598)
Rlabor	0.0005	−0.5334***	−0.5119	−0.5524***	−0.6005	−0.5192***	−0.0089	−0.4423***
	(0.4095)	(0.1410)	(0.8167)	(0.1628)	(0.6704)	(0.1675)	(0.0068)	(0.1622)
Gov-expenditure	0.9245*	−0.3488**	−0.2085	−0.5569***	1.6705**	−0.5580***	0.0264***	−0.7240***
	(0.4841)	(0.1666)	(0.9656)	(0.1897)	(0.7926)	(0.1981)	(0.0080)	(0.1944)
Openness	−0.3140***	−0.1588***	−0.5787***	−0.1143***	0.1592	−0.0844**	−0.0045***	−0.0368
	(0.0663)	(0.0302)	(0.1322)	(0.0346)	(0.1086)	(0.0341)	(0.0011)	(0.0352)
Inflation	0.0063	−0.0011	0.0213*	−0.0016	0.0137	−0.0028	−0.0002**	−0.0015
	(0.0058)	(0.0020)	(0.0115)	(0.0023)	(0.0094)	(0.0024)	(0.0001)	(0.0023)
常数项	6.4326***	2.6770***	4.4969***	1.5091***	2.7481***	1.2812***	0.0050	1.2848***
	(0.2210)	(0.1973)	(0.4408)	(0.1152)	(0.3619)	(0.1087)	(0.0037)	(0.0889)
ΔR^2	0.8783	0.8281	0.6824	0.7717	0.0595	0.7585	0.4587	0.7770
F	173.16***	85.51***	51.56***	59.99***	1.5171	55.75***	20.34***	61.84***
N	180	180	180	180	180	180	180	180

注：括号内为稳健标准误，＊＊＊、＊＊和＊分别表示在 1%、5% 和 10% 显著水平拒绝原假设。

要检验金融发展是否能通过中介变量影响收入贫困的中介效应是否存在，就要检验公式（8-11）中的中介效应 $\beta_1 \gamma_3$ 是否显著不为 0。对于检验 H_0：$\beta_1 \gamma_3 = 0$ 的关键是计算该参数的标准误，这里采用 Sobel 检验法（1982）。假设估计参数 β_1 和 γ_3 的标准误分别为 S_{β_1} 和 S_{γ_3}，则 $\beta_1 \gamma_3$ 的标准误 $S_{\beta_1 \gamma_3}$ 可由下式进行计算：

$$S_{\beta_1 \gamma_3} = \sqrt{\hat{\beta_1^2} S_{\gamma_3}^2 + \hat{\gamma_3^2} S_{\beta_1}^2} \qquad (8-12)$$

在式（8-12）基础上，即可得到检验中介效应的统计量，即 $z = \dfrac{\hat{\beta_1} \hat{\gamma_3}}{S_{\beta_1 \gamma_3}}$，MacKinnon 等（2002）给出了该统计量检验的临界值表。

表 8.3 已经给出了各个机制下 β_1 和 γ_3 的估计值和标准误，因而可以对金融发展通过中介变量影响收入贫困中介效应的大小进行测算，表 8.4 反映了这些中介效应的测算及显著性的 Sobel 检验结果。

表 8.4　中介效应测算及其 Sobel 检验结果

中介效应检验	经济增长	人力资本	收入分配	研发创新
中介效应（$\beta_1 \gamma_3$）	−0.0195	−0.0017	0.0005	0.0268
标准误	0.0152	0.0017	0.0016	0.0113
z 统计量	−1.2852 *	−1.0009 *	0.3012	−2.3653 *
中介效应方向	—	—	＋	＋
假设是否验证	是	是	否	是

注：根据 MacKinnon 等（2002）提供的临界值表，$|z| > 0.9115$，$P < 5\%$，表中 * 表示在 5% 的水平下显著。

从表 8.4 的结果可以看出，金融发展通过经济增长渠道和人力资本积累渠道对收入贫困起到了改善作用，而通过研发创新渠道对收入贫困产生了不利的影响，因此，假设 H2a、H2b 和 H2d 得到验证。此外，需要说明的是，金融发展并未对考察期的收入分配状况产生显著影响，因而通过收入分配渠道对收入贫困的中介效应并不显著，假设 H2c 未得到验证，这也间接证实了一些学者所指出的金融发展从收入分配渠道对收入贫困的影响具有滞后性（杨俊等，2008；王弯凤等，2012），因而在本章这一较短的考察期内，金融发展在扶贫方面的再分配机制还尚未显现出来。

第四节　稳健性检验

进一步，对假设 H1 结论的稳健性进行检验。这里采取三种方法进行稳健性检验：剔除极端样本、分类回归和工具变量估计。

首先，考虑到中国金融发展存在区域差异和不平衡现象，这可能会使金融发展影响收入贫困的结果产生偏差，因此有必要剔除金融发展水平极端值对估计结果的干扰考察以检验估计结果的稳健性。这里对考察样本中各省级行政区的金融发展水平按省取均值，并剔除金融发展程度最低 10%（即三个省）和最高 10% 的样本，然后采取固定效应模型进行估计，结果如表 8.5 [方程（6）和（7）]。

其次，由于中国目前部分省份存在区域连片贫困现象，因而国务院扶贫开发领导小组办公室曾于 2012 年 3 月公布了 665 个国家级贫困县（截至 2017 年年底依然有 585 个国家级贫困县），共遍布 17 个省份，这里将样本中的省份分为包含国家级贫困县（简称"有贫困县"）和不包含国家级贫困县（简称"无贫困县"）的样本，然后采取固定效应模型进行估计，结果如表 8.5 [方程（8）和（9）]。

最后，考虑到静态面板下的固定效应模型并未解决内生性问题，这里选取也能反映金融发展水平的"金融机构存款规模/GDP"和"资本市场的股票交易规模作为信贷规模/GDP"作为金融发展的工具变量，采取固定效应下的两阶段最小二乘法（FE-2SLS）进行估计，结果如表 8.5 中的估计方程（10）。

表 8.5　稳健性检验结果

估计方程	（6）	（7）	（8）	（9）	（10）
回归类型	剔除最低 10%	剔除最高 10%	有贫困县	无贫困县	工具变量
因变量	PI	PI	PI	PI	PI
FD	0.0837	0.1124	0.1953*	−0.0079	0.0839
	(0.0954)	(0.1001)	(0.1128)	(0.0443)	(0.0814)
FD-2	−0.0421	−0.0563*	−0.0704**	−0.0080	−0.0521*
	(0.0299)	(0.0315)	(0.0343)	(0.0140)	(0.0281)

估计方程	(6)	(7)	(8)	(9)	(10)
Urban	−1.5670***	−1.5026***	−1.8001***	−0.7158***	−1.4960***
	(0.1739)	(0.1704)	(0.2029)	(0.0786)	(0.1573)
Rlabor	−0.5910***	−0.6215***	−0.7220***	−0.0015	−0.5232***
	(0.1794)	(0.1809)	(0.2183)	(0.0588)	(0.1665)
Openness	−0.5738***	−0.5619***	−0.5441**	−0.1085	−0.5461***
	(0.2008)	(0.2052)	(0.2413)	(0.0777)	(0.1945)
Gov-expenditure	−0.0386	−0.1444**	0.0907	−0.0026	−0.0830**
	(0.0274)	(0.0638)	(0.1055)	(0.0065)	(0.0337)
Inflation	−0.0023	−0.0020	−0.0010	−0.0023**	−0.0027
	(0.0027)	(0.0027)	(0.0032)	(0.0009)	(0.0024)
常数项	1.3553***	1.3107***	1.3775***	0.5796***	1.3009***
	(0.1072)	(0.1039)	(0.1188)	(0.0417)	(0.0921)
A R^2	0.6848	0.7100	0.7471	0.8349	0.6975
F	54.69***	61.02***	56.61***	40.42***	64.09***
N	162	162	126	54	180

注：括号内为稳健标准误，＊＊＊、＊＊和＊分别表示在1％．5％和10％显著水平拒绝原假设。

从表8.5的估计结果来看：

第一，剔除极端样本之后，金融发展对收入贫困发生率的倒"U"形影响依然存在。对比方程（6）和（7）可以看出，剔除金融发展较低的省份之后的倒"U"形影响并不显著，这意味着金融发展对收入贫困的这种非线性影响可能在金融欠发达省份才存在。

第二，分类回归的结果显示，金融发展对收入贫困发生率的倒"U"形影响在含有国家级贫困县的省份更为显著，这可能是因为这些省份金融发展程度并不成熟或可能存在不利于贫困改善的金融排斥现象，这与第一种稳健性检验的结果具有一致性。

第三，工具变量法的结果也显示，在规避了内生性问题之后金融发展对收入贫困影响的倒"U"形趋势也是显著的，并且与方程（4）的结果相比，不考虑内生性问题的估计结果可能低估了金融发展在改善收入贫困方面的门限值。

第五节　本章小结

本章结合当前中国将消除贫困列入全面建设小康社会的底线目标这一背景，考察了金融发展对收入贫困的影响及其作用机制。主要结论如下：

总体来看，金融发展对改善收入贫困存在非线性的倒"U"形影响，即金融体系发展到一定水平之后会促进收入贫困的改善。通过不同方式的稳健性检验结果表明，金融发展对收入贫困的非线性影响存在地区差异：相对于金融发展程度较高的地区，在金融发展程度较低的地区，尤其是在包含国家级贫困县的省份，金融发展对收入贫困的倒"U"形影响更为明显。

从金融发展对收入贫困的作用机制来看：金融发展通过经济增长渠道和人力资本积累渠道对收入贫困起到了改善的作用，表明这两个渠道应当是金融扶贫发挥积极作用的重要着力点；金融资源具有"趋利避害"特点，这将使其向研发创新水平较高的非贫困地区和非农部门过度集聚，进而可能"挤出"贫困地区和农业部门在研发创新方面的金融需求，不利于收入贫困的改善；在考察期内，金融发展并未对收入分配产生显著的调节作用，因而通过收入分配渠道对收入贫困的影响并不显著。

第九章　资产证券化的宏观经济效应分析

　　狭义的资产证券化是指将一组流动性较差的信贷资产或者其他债权性资产，通过特殊目的载体（Special Purpose Vehicle）进行结构性重组，并实施一定的信用增级，以未来可预见的稳定现金流收益作为支撑，在金融市场上发行证券产品的过程。而广义的资产证券化指将非流动性的资产转变为资本市场工具的过程，主要包括实体资产、证券资产、信贷资产等的证券化。资产证券化最早起源于 20 世纪 70 年代的美国，受战后婴儿潮成年对住房需求激增以及通货膨胀和利率市场化因素叠加的冲击，美国住房贷款资金来源紧张，联邦政府为解决该问题而逐渐培育资产证券化市场。40 余年来，尤其是 2007 年美国次贷危机前夕，资产证券化业务在全球保持了蓬勃的发展态势，已辐射并传播到欧洲、拉丁美洲、亚洲、非洲等国家和地区，其基础资产不断扩张，交易结构日趋复杂，产品结构日益多样化，市场广度和深度不断拓展。而 2007 年美国次贷危机的爆发促使社会各界充分认识到，资产证券化会对金融市场稳定、央行货币政策等宏观经济变量产生显著影响，因此，关于资产证券化宏观经济效应的研究逐渐成为近年来的热点话题。

　　据美国证券业及金融市场协会（SIFMA）数据显示，美国证券化市场MBS 存量和 ABS 发行量在 2006 年至 2007 年前后达到峰值，2008 年次贷危机爆发后，美国证券化市场主要是过度发展的资产支持证券（ABS）发行规模大幅下降，住房抵押资产证券化（MBS）只受到短期的影响，2009年以后美国 MBS 发行市场很快恢复（如图 9.1 右边纵坐标轴所示）。

　　就我国而言，2005 年才开始启动真正意义上的资产证券化业务。随后几年加大了信贷资产证券化和企业资产证券化的试点力度，但 2008 年次贷金融风暴来临导致我国资产证券化常态化发展全面停止。近年来随着我国经济发展进入新常态阶段，为了适应转变经济发展方式的需要，支持经济结构调整和转型升级，提高金融服务实体经济的质量和水平，2016 年政府工作报告提出要深化投融资体制改革，推进股票市场和债券市场的改革，提高直接融资比重。探索基础设施等资产证券化，扩大债券融资规模。资

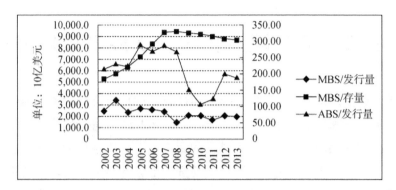

图 9.1　美国资产证券化市场的变化趋势

注：数据来源于美国 SIFMA。

产证券化作为一种结构性融资工具具有拓展经济主体的直接融资渠道、降低融资成本、实现表外融资、增强资产的流动性、提升资产负债管理和应用范围广泛等诸多优势。因此，在次贷危机的不良影响消减之后，我国2012 年重启了资产证券化的试点工作，并于 2014、2015 和 2016 年迎来了资产证券化的繁荣发展期。据 Wind 资讯和中央结算公司统计，2015 年，我国共发行 1386 只资产证券化产品，发行总额合计 5930.39 亿元，市场存量为 7178.89 亿元[①]。2016 年，我国发行的资产证券化产品金额达到8420.51 亿元，同比增长 37.32％；市场存量为 11977.68 亿元，同比增长52.66％。随着资产证券化发行由审批制变更为备案制，我国资产证券化将迎来常态化发展阶段。

在我国资产证券化业务进入快速发展通道的背景下，研究资产证券化对宏观经济的影响，特别是对于广义货币供应量、信贷市场和 GDP 增长的影响效果及作用机制将具有重要意义，有助于我国掌握一般规律和借鉴已有经验，防止美国由于资产证券化发展过度以及监管不力而最终导致2008 年次贷危机爆发的情况在我国重演。

目前的文献主要从信贷资产证券化单独的视角，利用银行的微观数据分析资产证券化的决定因素、对于商业银行的风险管理及盈利能力的影响。本章的主要贡献体现在几个方面：首先，从宏观层面研究资产证券化

---

① 中国国债登记结算有限责任公司证券化研究组. 2015 年资产证券化发展报告. [EB/OL].
[2016-1-11]. http：//finance. cenet. org. cn/show-1510-68824-1. html.

与经济增长、信贷规模、货币政策传导机制的影响，在 Bernanke 和 Blinder（1988）提出的 CC-LM 模型基础上，引入资产证券化因素从理论角度考察资产证券化的宏观经济效应的主要内在机制；其次，对于资产证券化宏观经济效应的实证检验建立在理论模型分析基础上，相比仅从回归分析和对比分析角度出发的检验，使用面板数据利用系统 GMM 估计结论更为准确可靠；再次，本章在资产证券化对货币市场、信贷市场和经济增长的实证检验基础上，发现利率作为货币政策中间传导机制的实施效果十分显著；最后，针对发展资产证券化和防范相关风险提出了政策性建议。

第一节 理论分析和文献回顾

国外学者针对资产证券化的宏观经济效应的研究大致可以分为三类，分别是银行资产证券化的起因和动机、资产证券化对实体经济的影响效果、资产证券化对货币和利率的影响效果。这里需要指出的是，在华尔街的推动下，作为资产证券化业务发源地的美国，其成熟的资产证券化市场为学者开展相关研究提供了重要样本，因此，大量国外文献围绕美国资产证券化对货币信贷融资的影响开展实证研究。

第一，银行资产证券化的起因和动机。资产证券化能够将风险转移出银行的资产负债表，降低银行风险资本金的储备要求，提高银行的盈利能力，这是银行推广资产证券化的最根本的动机。Greenbaum 和 Thakor（1987）认为资产证券化源于监管资本的套利、流动性偏好、银行业绩提升和风险转移的需要。Panetta 和 Pozzolo（2010）以及 Affinito 和 Tagliaferri（2010）使用商业银行的数据进行实证分析，结果表明证券化有利于提高商业银行的利润，降低不良贷款及信贷风险。然而，由于资产证券化通过将贷款打包转售，带来更多的信息不对称问题，因此会埋伏下更多的潜在风险。

第二，资产证券化影响宏观经济表现的渠道。首先，资产证券化影响经济体中的信贷总量。一方面，证券化产品较少占用风险资本金，可以优化银行的资产负债表，从而降低银行的借贷成本，促使银行向社会提供更多贷款，例如，Nadauld 和 Weisbach（2012）运用双重差分方法对美国3000 多个企业 2004—2007 年间的银行信贷数据，考察资产证券化对融资成本和信贷规模的影响，最后发现银行信贷资产证券化提高了银行的风险管理能力，降低银行进行风险管控的成本，能为企业降低大约10～17个基点的融资成本，有利于银行发放更多贷款。Carbo-Valverde 等（2015）用西班牙作为样本进行研究，发现银行的资产证券化显著降低了企业的信贷约束，提高了市场的信贷供给量。然而，导致了企业因为融资约束放松而进行更多的经济活动，或者导致企业的债务负担过重而减少有效经济活动，即信贷总量的变化对于宏观经济表现的影响尚不确定。其次，资产证券化影响经济体中的信贷质量，但是究竟是提高了信贷质量还是降低了信贷质量，存在两派观点，例如，Stein（2010）研究认为银行通过资产证券化转移风险，提高了银行风险管理能力和信贷质量。但 Keys 等（2010）研究认为资产证券化由于可有效转移风险，使商业银行放松了信贷质量的监管和降低信贷标准，容易造成信贷质量的下降。

第三，资产证券化对货币政策及利率的影响效果。近几十年来，美国的金融创新层出不穷，对货币市场的影响较为明显，该现象为此类研究提供了良好的准自然实验，大量学者据此开展了资产证券化对利率及通货膨胀的研究。如 Bernanke 和 Gertler（1995）认为货币政策主要通过利率变动影响各类经济主体的外部融资成本，从而引起个人的住房消费、企业的存货及固定资产投资的下降，并发现企业资产负债项目的波动与银行信贷状况变动以及证券化的发展情况直接相关。Kolari 等（1998）利用协整分析方法研究了美国20世纪80年代末期到90年代中期抵押贷款证券化与利差之间的关系，结果发现，抵押贷款证券化在贷款总规模中的占比每上升10%，利差会缩小20个基点。Heuson 等（2001）建立了包含抵押贷款借入者、发起者以及资产证券化者三方在内的博弈模型，其中资产证券化环节的作用是为打包贷款进行关键性的定价和评分，模型推导结果表明资产证券化发展与抵押贷款利率之间存在反向因果关系，即更低的抵押贷款利率促进了证券化的发展。

此外，有大量针对美国资产证券化对货币信贷融资的实证研究。Estrella（2002）研究最近十年证券化的持续增长是否周期性地影响货币政策，结果发现货币政策的传导渠道主要包括流动性渠道和信贷市场，其中，流动性渠道主要是降低了抵押贷款市场的利率水平，而信贷市场通过改变信贷的供给与需求，最终提高了信贷市场的资金配置效率，降低了市场的扭曲。也就是说，随着证券化程度的加深，货币政策的效力在逐渐减弱。Boivin 和 Giannoni（2006）使用结构方程模型研究 40 年来美国货币政策有效性的变化，发现 1980 年之后，美国货币政策有效性有减弱趋势，而同期资产证券化的迅速普及是货币政策实施效果减弱的重要因素。Altunbas 等（2008）以及 Goswami 等（2009）研究都表明随着证券化的发展，商业银行更少依赖调节存款的手段来缓冲利率的冲击，反而更加依赖证券化工具和资本市场。Sunyoung Park（2013）研究了 2004—2007 年间发行的次级住房抵押贷款的抵押特征和交易结构设计，发现信用增级方式和定价机制使得资产证券化的参与者对潜在抵押物的信息变化并不敏感，从而导致风险的累积。Scopelliti（2013）利用美国银行业 1998—2008 年的数据，分析证券化对银行信贷投放的影响，对短期贷款有正面影响，而对长期贷款有负面影响。指出资产证券化，一方面为银行提供了新的融资渠道，从而扩大贷款供给；另一方面也增加了银行信用衍生品的风险敞口，将降低银行的信贷供给。

在我国，从 2005 年中国人民银行和银监会联合发布《信贷资产证券化试点管理办法》开始，学术界开启了对资产证券化的广泛研究，然而好景不长，受 2008 年全球金融危机的影响，刚刚拉开帷幕的资产证券化随即被叫停。2012 年 5 月，中国人民银行、财政部以及银监会下发《关于进一步扩大信贷资产证券化试点有关事项的通知》，重新启动了停滞四年之久的资产证券化业务，学术界对该话题的研究又逐渐进入高潮。国内文献有关资产证券化的研究主要集中在从不同视角剖析美国资产证券化、研究资产证券化的风险与监管、分析商业银行的资产证券化问题等。关于资产证券化在宏观经济层面的影响，当前国内已有文献主要集中在对宏观经济表现及货币市场的影响效果的研究上。

首先，部分学者探讨了资产证券化对宏观经济表现的影响，例如肖崎（2010）从理论上对资产证券化的宏观经济效应进行评述，认为从微观层面看，资产证券化有利于提高金融效率，但从宏观层面看，资产证券化可能对金融体系结构、宏观经济稳定和货币政策有效性带来潜在冲击。政策当局应该重视资产证券化可能产生的宏观经济效应，协调微观效率与宏观稳定之间的冲突，建立基于"金融稳定"的货币政策框架和宏观审慎监管体系。胡威（2012）分析资产证券化的宏观经济影响，认为证券化短期内会加速货币流通，促进产出增加，长期会引起通货膨胀和产出波动。陈凌白（2014）运用我国上市商业银行财务报表数据，分析信贷资产证券化的实施效果，结果表明资产证券化有利于银行经营业绩水平的提高，提升了银行的资本充足率进而有效降低上市商业银行的风险水平，对于提高宏观经济表现、维护金融市场稳定具有重要意义。

其次，部分文献就资产证券化对货币市场的影响及作用机制进行了实证检验。张超英（2005）从四个方面表述了资产证券化对货币市场的影响，分别是资产证券化能够缓和货币供给、资产证券化具有提高货币流通速度和降低货币市场均衡利率水平的作用、资产证券化对短期利率的影响比长期利率更大、资产证券化对央行控制货币供应量政策效果的实效性会有一定影响。朱华培（2008）通过使用 VAR 方法分析美国资产证券化的发展对货币政策信用传导渠道效率的影响，对 GDP、PPI、房地产固定投资、抵押贷款总量等指标的月度数据运用脉冲响应和方差分解结果表明随着资产证券化的发展，信用渠道在美国货币政策传导机制中的作用在弱化。周丹、王恩裕（2007）以及刘玄（2011）研究发现，资产证券化主要通过银行信贷和利率渠道削弱了央行货币政策的效力。董晓辉（2010）从中国高货币之谜入手，将我国资本市场发展纳入影响货币需求的考察范畴，对货币需求函数进行修正，发现我国货币需求存在不稳定性，并指出资产证券化率是一个影响货币需求弹性的重要指标。李佳（2015）认为，资产证券化能够强化银行体系的信用创造功能，该功能主要表现在两个方面：第一，资产证券化业务使得商业银行的经营模式由"买入—持有"转变为"买入—售出"，通过将表内的非流动资产以"真实出售"的方式转化为流动资产，商业银行自身流动性得到了极大的提高；第二，传统信用创造能力受到中央法定存款准备金要求的约束而不能无限扩大，资产证券化可以产生比传统货币乘数更大的流动性扩张效应，也就强化了银行的信用创造能力。

从以上国内外的理论和实证研究文献可以看出，证券化对宏观经济特别是货币市场的影响是明显的，主要通过影响银行业信贷供求、企业的资产负债表管理、市场利率水平、金融市场资产价格和广义货币供应量渠道发挥作用。资产证券化使传统的货币政策工具如利率、广义货币供应量的实施效果明显减弱，因此，在监管不力的情况下，资产证券化的过度发展，很可能导致金融风险的累积。

前期研究文献主要是针对美国及其他单个国家或者部分地区的分析，而国内研究也主要着重从理论的角度定性分析资产证券化对宏观经济的影响，定量研究则主要利用银行的数据来进行实证分析，较少从全球的视角出发考虑国家异质性特征来进行实证分析。本章尝试基于一般均衡的 CC-LM 模型加入证券化因素后进行数理分析，并使用跨国面板数据来实证考察广义的资产证券化发展对宏观经济增长、货币及信贷市场的影响，以便更加准确、客观地认识证券化对一国货币政策和信贷市场的影响效果。

第二节 一般均衡的 CC-LM 曲线理论分析

关于证券化对实体经济的作用及其影响机理的理论分析，主要是根据瓦尔拉斯一般均衡的分析框架展开。本章在此基础上，借鉴 Bernanke 和 Blinder（1988）提出的 CC-LM 模型，加入证券化因素后进行数理分析。首先假设：

（1）经济中具有准备金、存款货币、贷款、债券和产品（及服务）五个市场。准备金和存款货币的利率为零，贷款的利率为 r，债券的利率为 i，产品（及服务）的供给量为 $y=$GDP。引入证券化因素 Z，Z 代表被置于表外的证券化贷款。

（2）贷款和债券不能完全替代。假定市场信息完全，经济人行为理性。对于银行，当 $r>i$ 时，增加在贷出上的资金运用；当 $r<i$ 时，增加在债券上的资金运用。对于借方企业等经济主体，当 $r>i$ 时，增加债券融资；当 $r<i$ 时，增加贷款融资。忽略信用配给现象，并不考虑无须缴纳存款准备金的其他金融衍生工具。

（3）贷款供求。L^d 为借方的贷款需求，$L^d=L^d$ (r, i, y)，$\partial L^d/\partial r<0$，$\partial L^d/\partial i>0$，$\partial L^d/\partial y>0$；$L^s$ 为银行（贷方）的贷款供给，当导入证券化时，表内的贷款被分置于表外，如果资产证券全部由银行部门以外的投资者持有，则贷款和存款货币都减少 Z。银行的资产负债表简化为：

$$R+B^b+ (L^s-Z) =D^s-Z \qquad (9-1)$$

其中 R 为准备金规模，B^b 为债券，D^s 为存款货币，τ 为法定准备金率，

E 为超额准备金，其中，$R = \tau D^s + E$，所以式（9-1）可以写为：$E + B^b + L^s = (1-\tau) D^s$。银行的贷款供给函数可写为 $L^s = \lambda (r, i, z)(1-\tau) D^s$。$\lambda (r, i, z)$ 称为贷款乘数，即存款货币每增加 $(1-\tau)$ 单位，贷款供给规模增加 $\lambda (r, i, z)$ 单位。基于理论分析中证券化在释放超额准备金上的效果，银行会降低对于超额储备的偏好。所以有：$\partial \lambda / \partial r < 0$，$\partial \lambda / \partial i > 0$，$\partial \lambda / \partial z > 0$。贷款供求均衡时有：$L^d (r, i, y) = \lambda (r, i, z)(1-\tau) D^s$。

（4）准备金的供求均衡。在导入证券化的情况下，Z 表示影响超额储备需求的因素。设银行体系持有的超额储备为：$E = \varepsilon (i, z)(1-\tau) D^s$，$\varepsilon (i, z)$ 称为超额准备金乘数，即存款货币增每加 $(1-\tau)$ 单位，超额准备增加 $\varepsilon (i, z)$ 单位。$\partial \varepsilon / \partial i < 0$，$\partial \varepsilon / \partial z < 0$，即证券化为银行体系提供了一种能够释放超额准备金的机制，从而降低了银行体系在 $(1-\tau)$ 单位存款货币增加上的超额储备偏好。准备金的供求均衡等式为：

$$R = \tau D^s + E = \tau D^s + \varepsilon (i, z)(1-\tau) D^s = [\tau + \varepsilon (i, z)(1-\tau)] \times D^s$$

$$(9-2)$$

（5）货币市场供求。货币量由现金货币和存款货币构成，但在此只考虑存款货币，不考虑现金货币，也就是说，将货币供求限于存款货币的供求。银行体系的存款货币供给等式为：$D^s = m (i, z) R - Z$，$m (i, z)$ 称为货币乘数（或信用乘数），即每增加 1 单位 R 会增加 $m (i, z)$ 单位的存款货币供给。假设 $Z = m (i, z) \alpha R$，其中，α 表示投资者将部分存在银行的存款货币的一部分转化为证券化资产，从而流出银行体系的比例，$0 < \alpha < 1$。则有：$D^s = (1-\alpha) \times m (i, z) R$，将式（9-2）代入此方程可得：

$$D^s = (1-\alpha) \times m (i, z) [\tau + \varepsilon (i, z)(1-\tau)] D^s \quad (9-3)$$

将上式进行整理后得到货币乘数等式：

$$m (i, z) = \frac{1}{[\tau + \varepsilon (i, z)(1-\tau)] \times (1-\alpha)} \quad (9-4)$$

由于 $\partial \varepsilon / \partial i < 0$，$\partial \varepsilon / \partial z < 0$，$0 < 1-\alpha < 1$，所以有 $\partial m / \partial i > 0$，$\partial m / \partial z > 0$。

存款货币需求函数为：$D^d = D^d (i, y, z)$，基于经济主体货币需求的交易动机和资产选择决策可知：$\partial D^d / \partial i < 0$，$\partial D^d / \partial y > 0$，$\partial D^d / \partial z < 0$，即存款货币需求是关于资产证券化的减函数。证券化会使企业等经济主体更容易获得贷款，从而影响它们降低货币持有量。最后可以得到货币市场

供求均衡的公式：

$$D^d (i, y, z) = m (i, z) R - Z \qquad (9-5)$$

一、对 LM 曲线的影响

加入证券化机制，在资产支持证券全部出售给银行体系以外的投资者的情况下，Z 就等于被分置于银行资产负债表外的证券化贷款。对式 (9-3)进行全微分得到货币供求均衡的条件：

$$(m_1 \times R - D_1^d) \, di = D_2^d dy - m dR + (D_3^d - m_2 \times R + 1) \, dz \qquad (9-6)$$

其中 $m_1 > 0$，$D_1^d < 0$，$m_1 \times R - D_1^d > 0$，$D_2^d > 0$，于是以 i 为纵轴，y 为横轴的 LM 曲线的基本形态呈现出向右上方倾斜的趋势，证券化影响了货币乘数和广义货币市场的广义货币供应量，从而对传统 LM 曲线进行了修正，即 LMS 曲线。R 为货币政策变量，扩张的货币政策使 LM 曲线向右移动，证券化因素通过影响货币乘数 m 而影响 R；Z 为证券化变量，因为 $m_2 > 0$，$D_3^d < 0$，这使 $(D_3^d - m_2 \times R + 1)$ 的符号不确定，所以导入证券化的直接影响主要受银行的存款货币创造能力即货币乘数引起的货币供应量增加和银行资产证券化引起的货币需求量减少的相对大小的影响。如果 $D_3^d - m_2 \times R + 1 > 0$，则使 LMS 曲线向左移动，如果 $D_3^d - m_2 \times R + 1 < 0$，则使 LMS 曲线向右移动。

二、对 CC 曲线的影响

CC 曲线是产品市场和信贷市场的联合均衡市场，在此部分首先考虑贷款市场的均衡。加入证券化机制后，贷款市场供求均衡的条件为：

$$L^d (r, i, y) = \lambda (r, i, z) (1-\tau) (1-\alpha) m (i, z) \times R \qquad (9-7)$$

进行移项处理得下式：

$$F (r, i, y, z, R) = \lambda (r, i, z) (1-\tau) (1-\alpha)$$
$$m (i, z) R - L^d (r, i, y) = 0 \qquad (9-8)$$

对上式进行全微分，可得：

$$[(1-\tau) (1-\alpha) m R \lambda_1 - L_1^d] \, dr + [(1-\tau) (1-\alpha) m R \lambda_2$$
$$+ (1-\tau) (1-\alpha) \lambda R m_1 - L_2^d] \, di = L_3^d dy - (1-\tau) (1-\alpha)$$
$$R (\lambda m_2 + m \lambda_3) \, dz - (1-\tau) (1-\alpha) \lambda m dR \qquad (9-9)$$

由于 $(1-\tau) (1-\alpha) m R \lambda_1 > 0$，$L_1^d < 0$，所以 $(1-\tau) (1-\alpha) m R \lambda_1 - L_1^d > 0$；又因 $L_3^d > 0$，$m_2 > 0$，$\lambda_3 > 0$，则有 $(1-\tau) (1-\alpha) R (\lambda m_2 + m \lambda_3) > 0$；又因 $(1-\tau) (1-\alpha) m R \lambda_2 < 0$，$L_2^d > 0$，$m_1 > 0$，伯南克

（1988）认为只要货币乘数的利率弹性m_1不大的情况下，即有 di 前面的系数 $(1-\tau)(1-\alpha)mR\lambda_2+(1-\tau)(1-\alpha)\lambda Rm_1-L_2^d<0$。

因此，CC 曲线和 IS 曲线一样向右下方倾斜，斜率为负。因为，$(1-\tau)(1-\alpha)R(\lambda m_2+m\lambda_3)>0$，证券化因素对于 IS 曲线的影响具有同向移动的特性。

三、信贷市场贷款利率的变动影响机制

由（9-8）式隐函数存在定理可解得 r，因 $F_r=(1-\tau)(1-\alpha)mR\lambda_1-L_1^d>0$

$$r=\varphi(i,\ y,\ z,\ R) \qquad\qquad (9-10)$$

结合式（9-8）可得：

$$\varphi_1=\partial r/\partial i=\frac{-F_i}{F_r}=-[(1-\tau)(1-\alpha)mR\lambda_2+\lambda(1-\tau)(1-\alpha)R m_1-L_2^d]/[(1-\tau)(1-\alpha)mR\lambda_1-L_1^d]>0$$

$$\varphi_2=\partial r/\partial y=\frac{-F_y}{F_r}=L_3^d/[(1-\tau)(1-\alpha)mR\lambda_1-L_1^d-Z]>0,$$

$$\varphi_3=\partial r/\partial z=\frac{-F_z}{F_r}=-[(1-\tau)(1-\alpha)R(\lambda m_2+m\lambda_3)]/[(1-\tau)(1-\alpha)mR\lambda_1-L_1^d]<0,$$

$$\varphi_4=\partial r/\partial R=\frac{-F_R}{F_r}=-[(1-\tau)(1-\alpha)\lambda m]/[(1-\tau)(1-\alpha)mR\lambda_1-L_1^d]<0。$$

四、产品市场的供求均衡分析

$$y=y^d(r,\ i),\quad \partial Dy^d/\partial i<0,\quad \partial Dy^d/\partial r<0$$

将 $r=\varphi(i,\ y,\ z,\ R)$ 代入得：$y=y^d[y=y^d(r,\ i),\ i]$，全微分得到：

$$(1-y_1^d\varphi_2)dy=(y_1^d\varphi_1+y_2^d)di+y_1^d\varphi_3dz+y_1^d\varphi_4dR \qquad (9-11)$$

由于 $y_1^d<0$，$\varphi_2>0$，所以 $1-y_1^d\varphi_2>0$；

$y_1^d<0$，$\varphi_1>0$，$y_2^d<0$，所以 $y_1^d\varphi_1+y_2^d<0$，于是，以 i 为纵轴，以 y 为横轴，可以给出修正的 CC 曲线，即 CCS（Commodity Credit Securitization）曲线是向下倾斜的。由于 $y_1^d<0$，$\varphi_3<0$，所以 $y_1^d\varphi_3>0$，导入证券化变量（$\Delta Z>0$）使 CCS 曲线向右移动，信用渠道（银行信贷渠道）为证券化提供了促进实体经济增长的机制。如图9.2所示。

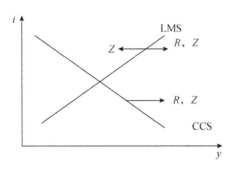

图9.2　证券化对市场均衡的影响

R 为货币政策变量，由于 $y_1^d<0$，$\varphi_4<0$，$y_1^d\,\varphi_4>0$，所以扩张的货币政策（$R>0$）使 CCS 曲线向右移动，信用渠道使货币政策更具扩张性。从传统货币市场供求均衡模型分析可知，R 是中央银行的货币政策工具，扩张的货币政策即 R 增大，由货币渠道使 LMS 曲线向右移动，由信贷渠道使 CCS 曲线向右移动，结果使 Y 增加。总产出增加的效应主要通过增加信贷市场的贷款供给、提高商品市场的需求、增加资产证券化规模和增加货币需求量传导出来，对实体经济具有明显的促进作用。但对于利率的最终影响不确定。证券化因素导入（$\Delta Z>0$）基于货币渠道对 LMS 曲线移动方向的影响不确定，取决于 $D_3^l-m_2\times R+1$ 是否大于 0，即依赖于证券化增加后，货币乘数的变化引起的货币供给量和货币需求量的相对变化大小。因为，$(1-\tau)(1-\alpha)R(\lambda m_2+m\lambda_3)>0$，证券化因素对于 IS 曲线的影响具有同向移动的特性，所以基于信贷渠道使 CCS 曲线向右移动。综上可知，证券化变量 Z 的引入并非一定就会带来货币扩张效果，但对于实体经济具有促进作用。

第三节　计量模型和实证分析

一、计量模型设计与数据说明

前文理论模型分析表明，资产证券化主要通过影响货币市场的利率水平、信贷市场的贷款利率以及影响银行体系进行存款货币创造的能力和经济主体获得信贷资金的规模，最终反映到总体宏观国民经济的增长。为检验资产证券化的宏观经济效应，本书分别对货币市场模型、信贷市场模型和经济增长效应模型进行实证分析。

（1）货币市场模型设计。在面板数据模型的估计方法上，主要包括随机效应估计、固定效应估计、动态面板差分 GMM 和系统 GMM 估计。

首先进行静态面板数据的估计，基准模型为：

$$y_{i,t} = \alpha + f_i + \beta \times X_{i,t} + u_{i,t}$$

其中不可观测效应 f_i 为个体影响，$u_{i,t}$ 为随机误差项，为模型中被忽略的随横截面和时间变化的影响因素，并假定随机误差项与 $X_{i,t}$ 不相关。由于不可观测效应 f_i 与可观测的解释变量 $X_{i,t}$ 相关，因此直接对参数 β 采用最小二乘估计（OLS）是不一致的。如果 f_i 与可观察的解释变量 $X_{i,t}$ 不相关，此时运用随机效应估计更加有效。通过使用豪斯曼（Hausman，1978）检验个体随机效应 f_i 与解释变量 $X_{i,t}$ 之间的正交性来进行最终模型的选择。考虑到国家异质性和时间效应的影响，设计经济计量模型 1：

$$M_{i,t} = c + \partial_i + \alpha \times X_{i,t} + \beta \times K_{i,t} + \mu_t + \varepsilon_{i,t}$$

其中，$M_{i,t}$ 代表一国广义货币供应量指标，$X_{i,t}$ 代表主要的解释变量，如存款利率水平、消费物价指数、证券化水平、贷款利率等，$K_{i,t}$ 表示各种控制变量。∂_i 代表不可观测的国家异质性因素，μ_t 代表时间因素，$\varepsilon_{i,t}$ 作为随机扰动项。

考虑到货币政策短期内具有很强的关联性及货币政策的累积动态效应，即前期的货币供应量对于下一期有很大影响，引入广义货币供应量的滞后一期项。故考虑动态面板数据模型进一步进行统计分析，设计计量经济模型 2：

$$\ln M_{j,t} = \partial_i + \beta \times \ln M_{j,t-1} + \alpha \times S_{j,t} + \gamma \times i_{j,t} + \mu \times K_{j,t} + \varepsilon_{j,t}$$

其中，$M_{j,t}$ 代表广义货币供应量，$i_{j,t}$ 代表货币市场利率水平，$S_{j,t}$ 代表证券化水平，$K_{j,t}$ 代表各种控制变量。

模型 2 的被解释变量广义货币供应量（M）的滞后一期，作为解释变量放在估计模型 2 等式的右边。考虑到面板数据的时间序列性质，随机解释变量 $M_{j,t-1}$ 与随机误差项 $\varepsilon_{j,t}$ 之间存在相关关系，因此最小二乘估计不再有效。如果使用固定效应的动态面板数据模型，由于滞后期的被解释变量不满足外生性条件，即 $E(\varepsilon_{i,j} \mid M_{j,1}, M_{j,2}, \cdots, M_{j,t-1}) \neq 0$，因此不能采用组内估计量或一阶差分估计量。可以选择被解释变量的所有可能的滞后期作为其自身的工具变量，进行广义矩估计。采用阿拉诺和邦德（Arellano & Bond，1991）提出的差分 GMM 估计方法可以解决以上内生性问题，但差分 GMM 估计容易出现弱工具变量问题，而 Blundell 和 Bond（2000）则将差分 GMM 与水平 GMM 结合，将差分方程与水平方程作为一个系统进行估计，即系统 GMM 估计方法，该估计方法在被解释变量的高阶滞后项与随机扰动项无关的情况下，对比差分 GMM 估计更加有效率。

（2）信贷市场计量模型设计。根据前文贷款市场的理论分析，可以建立如下的信贷市场动态面板数据的经济计量模型 3：

$$\ln loan_{j,t} = \sigma_j + \lambda_0 S_{j,t} + \lambda_1 \ln loan_{j,t-1} + \lambda_2 \times r_{j,t} + \lambda_3 \times CPI_{j,t} + \lambda_4 \times K_{j,t} + \varepsilon_{j,t}$$

其中，$loan_{j,t}$ 代表贷款市场的信贷规模，$r_{j,t}$ 代表贷款市场的利率水平，$CPI_{j,t}$ 代表物价水平，$\varepsilon_{j,t}$ 作为随机扰动项。

如同上文所述，相较于其他估计方法，系统 GMM 估计具有明显的优势，因此，在这一部分实证结果分析中，本章仍然主要分析系统 GMM 估计结果。

（3）经济增长效应模型设计。分析证券化对于一国国内生产总值（GDP）的影响，来考察证券化对宏观经济的总体效应，设计实证计量模型 4：

$$\ln GDP_{i,t} = \partial_i + \alpha \ln GDP_{i,t-1} + \beta \times S_{i,t} + \gamma \times K_{i,t} + \theta_t + \varepsilon_{i,t}$$

其中，$S_{i,t}$ 代表证券化水平，$K_{i,t}$ 表示各种控制变量。$\varepsilon_{i,t}$ 作为随机扰动项，∂_i 代表不可观测的国家异质性因素，θ_t 代表时间因素。

如前所述，这一部分的实证检验和稳健性检验，主要参考系统 GMM 的估计结果。

（4）数据说明。本章通过考察世界主要经济体成员 34 个发达国家和 31 个发展中国家合计 65 个国家样本[①]，主要数据使用 2016 年 6 月全球金融发展数据库发布的（GFDD）更新至 2014 年的相关数据以及世界银行的世界发展指标数据库（WDI）。时间跨度为 1996—2014 年。国内生产总值数据为世界银行国民经济核算数据的 GDP（现价本币单位），货币供应量

---

① 具体样本国家包括：澳大利亚、奥地利、比利时、加拿大、捷克、丹麦、芬兰、法国、德国、希腊、匈牙利、冰岛、爱尔兰、意大利、日本、韩国、卢森堡、荷兰、新西兰、挪威、波兰、葡萄牙、西班牙、瑞典、瑞士、英国、美国、以色列、斯洛伐克、斯洛文尼亚、爱沙尼亚、土耳其、新加坡、墨西哥、阿根廷、巴西、印度、南非、俄罗斯、中国、菲律宾、马来西亚、泰国、印度尼西亚、秘鲁、巴林、阿联酋、阿尔及利亚、埃及、约旦、突尼斯、越南、智利、哥伦比亚、厄瓜多尔、委内瑞拉、巴基斯坦、斯里兰卡、安哥拉、喀麦隆、肯尼亚、毛里求斯、尼日利亚、洪都拉斯、牙买加。

选择国际货币基金组织《国际金融统计》中的广义货币供应量 M2 来进行实证分析。核心解释变量证券化水平 S，参考 Bertay 等（2016）使用名义证券化交易数量占 GDP 比重来代理，采用世界银行公布的全球金融发展数据库证券化率即股票市值与 GDP 的比值来考察广义资产证券化对宏观经济变量的影响。货币市场的利率水平 i 用世界发展指标数据库中的各国短期国库券利率或存款基准利率表示。信贷市场的规模参数（loan）使用国际货币基金组织的《国际金融统计》以及世界银行和经合组织（OECD）统计的银行部门提供的国内信贷数量占 GDP 的百分比。信贷市场的贷款利率（r）使用国际货币基金组织《国际金融统计》公布的银行在贷款上向主要客户收取的利率。物价水平（CPI）使用国际货币基金组织的《国际金融统计》数据按消费者价格指数衡量的通货膨胀（年通胀率）。

其他的控制变量考虑影响宏观经济，主要是货币市场、信贷市场和经济增长的主要因素，包括城市化水平（urb）、产业结构（isb）、储蓄率（sav）、对外开放度（tra）、总抚养比（age）。

城市化水平（urb）：一方面，城市化建设会为金融业的发展带来新的市场需求，会刺激货币市场和信贷市场的扩张（郭莉莉，2015）；另一方面，城市化水平的提高往往伴随着基础设施等环境因素改善，这对于提高全要素生产率具有积极作用，进而会起到促进经济增长的作用（胡建辉等，2016）。因此，为了消除这部分内生性，本章引入城镇化水平作为控制变量，根据世界银行人口预测及联合国《世界城市化展望》所提供的城镇化比率来衡量。

产业结构（isb）：产业结构对宏观经济的影响不言而喻，这是产业经济学的重要内容之一。众多学者通过理论和实证研究支持了产业结构对经济增长的重要影响作用，这也是中国进行产业结构转型升级以带动经济增长的理论渊源。张玲（2015）通过动态面板模型并用系统广义矩估计分析19 个行业 2005—2012 年间产业结构和信贷结构行业分布数据的关系，发现产业结构会通过既有部分影响信贷存量的行业分布，又通过结构调整影响信贷增量的行业分布。因此，本章采用二、三产业产值之比作为衡量产业结构的代理变量，以控制产业结构对宏观经济表现的影响。

对外开放程度（tra）：新新贸易理论（Melitz，2003）强调了国际贸易对一国经济增长的重要意义。对外贸易与投资一直被认为是拉动经济增长的三驾马车之一，因此，本章采用世界银行国民经济核算统计数据的货物服务进口和出口总值占 GDP 的比例来衡量一国对外贸易发展状况，以控制该变量对宏观经济表现的影响。

储蓄率（sav）：金融体系的重要功能之一在于动员储蓄，并将储蓄转化为投资，在一定程度上影响了全社会的信贷和经济增长。因此，本章采用世界银行以及经济合作与发展组织的国民经济核算数据，利用总储蓄占 GDP 的百分比计算得到各国的储蓄率，并控制储蓄率对一国宏观经济的影响。

总抚养比（age）由世界银行提供的 14 岁以下和 65 岁及以上人口占总人口的百分比计算而得，该指标用来反映一国的人口结构。一国的人口规模和结构变化对于该国经济结构和宏观经济政策有一定的影响，是一国所处经济发展阶段的重要特征，因此加以考虑作为宏观控制性变量。

需要说明的是，本章不对比率数据进行加工处理，但是对诸如 M2、GDP 的总量数据取自然对数处理以消除异方差和量纲的影响。样本数据的描述性统计结果参见表 9.1。

表 9.1　主要变量的统计性描述（1996—2014 年）

变量	观测值	均值	标准差	最小值	最大值
货币供应量对数值 lnM2	1001	27.43	2.86	19.26	35.60
国内生产总值对数值 lngdp	1040	27.80	2.79	20.54	36.54
国内信贷占比 loan（%）	1197	91.72	63.02	−14.76	357.32
证券化率 S（%）	1112	63.47	60.73	0.41	857.33
贷款利率 r（%）	952	7.15	8.47	0.01	80.75
存款利率 i（%）	971	5.67	10.48	0.01	77.62
产业结构指标 isb（%）	1188	58.26	35.53	13.32	346.40
对外开放度 tra（%）	1226	86.98	59.67	15.64	439.66
总储蓄率 sav（%）	1189	23.91	8.88	0.06	77.34
总抚养比 age（%）	1232	34.56	5.42	14.04	50.64
城市化率 urb（%）	1235	67.11	19.82	18.30	100
股票换手率 str（%）	1108	57.47	59.31	0.03	494.27
股票交易占比 svt（%）	1120	36.01	46.46	0.01	313.59

数据来源：世界银行世界发展指标数据库（WDI）和全球金融发展数据库（GFDD）。

二、货币市场计量模型的实证分析

1. 静态面板分析

首先进行静态面板数据的估计，分别使用混合OLS估计、随机效应、双向固定效应、滞后1期和滞后3期的随机效应估计方法进行实证分析。从固定效应和随机效应估计比较的豪斯曼检验结果来看，P值为0.176，故不能拒绝原假设，即个体随机效应f_i与解释变量$X_{i,t}$不相关，因此应该选择随机效应估计。

表9.2第1～5列分别报告了混合OLS模型、固定效应和随机效应模型的回归结果。

表9.2 静态面板不同估计方法对比分析

方程	(1)	(2)	(3)	(4)	(5)
估计方法	混合OLS	双向固定效应	随机效应	滞后1期 随机效应	滞后3期 随机效应
S	0.004***	0.002***	0.002*	0.003***	0.003***
	(12.03)	(2.901)	(1.695)	(4.388)	(4.422)
cpi	−0.021***	−0.016***	−0.015*	−0.013***	−0.003
	(−6.906)	(−4.159)	(−1.686)	(−3.715)	(−0.96)
i	−0.002	−0.01*	−0.013**	−0.014**	−0.025***
	(−0.738)	(−1.763)	(−2.114)	(−2.539)	(−5.185)
urb	−0.006***	0.068***	0.053***	0.053***	0.046***
	(−6.034)	(8.332)	(2.601)	(6.789)	(5.773)
sav	0.013***	0.009**	0.009	0.011**	0.004
	(5.531)	(2.098)	(1.086)	(2.429)	(0.863)
tra	0	0.003**	0.003	0.001	0.003**
	(1.061)	(2.367)	(1.138)	(0.642)	(2.202)
isb	−0.313***	−0.831***	−0.846**	−0.733***	−0.839***
	(−4.871)	(−5.188)	(−2.415)	(−4.399)	(−5.419)
age	−0.027***	−0.218***	−0.22***	−0.201***	−0.186***
	(−6.492)	(−13.929)	(−4.769)	(−12.381)	(−11.166)
常数项	−0.131	30.657***	31.434***	30.806***	30.88***
	(−0.452)	(34.064)	(12.973)	(31.914)	(31.942)
观测值	676	676	676	646	587
拟合度	0.235	0.328	0.615	0.597	0.586

注：估计系数下面的括号中所示为t值，*、* *、* * *分别表示在10%、5%和1%的置信水平下显著。

（1）核心解释变量证券化指标（S）在所有模型中都与随机效应模型的回归结果相一致，且系数估计值也比较相近。这说明整体而言，证券化的发展有促进货币供应量增加的效果。第 3 列随机效应估计中，证券化指标（S）的系数为 0.002，意味着证券化每提高 1 个百分点，广义货币供应量相应增加 0.002 个百分点。考虑到证券化对广义货币供应量的影响可能存在滞后性，第 4 列和第 5 列分别汇报了将所有解释变量滞后 1 期和滞后 3 期的回归结果，证券化指标（S）的系数均为 0.003。从回归结果中可知，使用滞后变量的结果与使用当期变量的结果在统计上都显著，从一定程度上加强了研究结果的可靠性。

（2）从货币市场利率（i）的估计系数看，货币市场利率与货币供应量显著负相关，即较低的存款货币利率水平有利于广义货币供应量的增加。

（3）从控制变量回归系数看，城镇化率、产业结构指标和抚养比指标的回归系数都高度显著。城镇化率与广义货币供应量呈正相关，这说明城镇化的发展，将促进社会总需求的增加，从而需要更多的货币流通。产业结构指标与广义货币供应量呈负相关，这说明随着第三产业占 GDP 比重的增加，广义货币量会相应增加。储蓄率指标和对外贸易开放度指标回归系数统计上不显著，说明其对货币供应量的影响并不明显。

2. 动态面板分析

考虑到货币政策短期内较强的关联性及货币政策的累积动态效应，引入广义货币供应量的滞后一期项。该研究中可能导致内生性问题的因素主要有两类：一类是遗漏变量，即存在某些不可观测的因素可能会对被解释变量或核心解释变量产生影响，例如一些与宏观经济相关的不可观测变量可能会被遗漏，如不同国家的经济社会制度和社会文化环境等；另一类是互为因果，例如货币发行量 M2 的扩张可能会通过刺激股票市场而对资产证券化产生影响，或控制变量利率可能是核心自变量资产证券化变化的一个重要原因。这两类内生性问题均可以通过系统广义矩估计法进行很好的处理。并且，在被解释变量的高阶滞后项与随机扰动项无关的情况下，对比差分 GMM 估计更加有效率。具体的估计结果分析见表 9.3。

表 9.3　不同估计方法系数对比分析

方程	（1）	（2）	（3）	（4）
估计方法	混合 OLS	FE	RE	系统 GMM
L1. lnM2	0.9941***	0.9459***	0.992***	0.9733***
	(571.48)	(45.24)	(469.25)	(484.22)
i	0.0023	−0.0017	0.0014	0.0007
	(1.39)	(−0.76)	(0.83)	(1.09)
cpi	0.0045**	0.0027	0.0039	0.0053***
	(2.25)	(1)	(1.43)	(9.68)
S	0.0001	0.0002	0.0001	0.0006***
	(0.93)	(1.06)	(0.84)	(7.93)
urb	0.0002	0.0013	0.0002	−0.0006
	(1.17)	(0.39)	(0.7)	(−1.29)
sav	0.0012**	0.0049***	0.0018**	0.0017***
	(2.37)	(3.27)	(2.03)	(5.58)
tra	−0.0002***	0.0001	−0.0003**	−0.0011***
	(−2.62)	(0.2)	(−2.28)	(−9.95)
isb	0.0945***	0.1782*	0.1196***	0.3802***
	(4.64)	(1.77)	(4.02)	(17.01)
age	−0.0012	−0.0039	−0.0005	−0.0097***
	(−1.41)	(−0.56)	(−0.36)	(−6.42)
常数项	0.1923***	1.4072*	0.215**	0.9803***
	(2.94)	(1.97)	(2.45)	(9.12)
样本数	630	630	630	630
AR（2）				0.2553
Sargan（P 值）				0.7263

注：估计系数下面的括号中所示为 t 值，＊、＊＊、＊＊＊分别表示在 10％、5％ 和 1％ 的置信水平下显著。

根据一般均衡的理论分析，货币市场模型中滞后一期的广义货币量应该和它的下一期货币供应量有很强的正相关关系，即模型 1 中的 β 系数为正。本书在实证检验中得到该系数为 0.9733，与理论逻辑相一致。根据第三部分对 LM 曲线的分析可知，证券化因素对于货币市场货币供应量的直接影响效果不确定，有待于实证分析得出结论。本书通过系统 GMM 估计方法得到估计系数为 0.0006，且在 1％的置信水平下高度显著，说明一国证券化水平的提高会显著提高该国的货币供应量。从实证结果来看，关键自变量和控制变量的系数正负符号与理论预期完全吻合。

各种估计模型中，关键自变量证券化率（S）在统计上都显著为正，可以说证券化率的提高，总体而言，有促进广义货币供应量增加的效果。并且系统 GMM 估计的扰动项二阶自相关检验 P 值为 0.2553，接受原假设扰动项差分的二阶自相关系数为零，工具变量过度识别的 Sargan 检验，P 值为 0.7263，所以接受原假设所有工具变量均有效，工具变量选择合理。因此根据系统 GMM 估计结果可以得出初步结论，即证券化率每提高一个百分点将引起广义货币供应量 M2 发生 0.06％的正向增加效果。

3. 货币市场的稳健性检验

基准模型估计支持了证券化水平的提高，促进了货币市场广义货币供应量增加的理论预期。进一步，我们分别采用三种途径进行稳健性检验。第一，利用股票市场年度交易总额占 GDP 的比值（svt）和股票市场的换手率（str）来代表证券市场的活跃程度以替代核心解释变量证券化率（S）；第二，以美国次贷危机为分界点，将整个考察期分为 1996—2007 年和 2008—2014 年两个阶段；第三，将所有样本分为发达国家和发展中国家，以此来考察一国证券化因素对广义货币供应量的影响是否稳健。具体稳健性检验结果如表 9.4 所示。

表 9.4　货币市场稳健性检验结果对比分析（系统 GMM 估计）

方程	（1）	（2）	（3）	（4）	（5）	（6）
估计方法	svt 替换核心自变量	str 替换核心自变量	1996—2007	2008—2014	发达国家样本	发展中国家样本
L. lnM2	0.9701***	0.9774***	0.995***	0.9877***	0.9884***	0.8724***
	(269.822)	(448.739)	(200.06)	(140.99)	(91.865)	(16.397)
i	−0.0005	−0.0007	0.0003	−0.0003	0.0033	0.0014
	(−0.545)	(−0.804)	(0.352)	(−0.092)	(0.616)	(1.09)

续表

方程	（1）	（2）	（3）	（4）	（5）	（6）
cpi	0.0051***	0.005***	0.0073***	−0.0003	0.0012	0.0034***
	（10.808）	（5.87）	（14.34）	（−0.351）	（0.299）	（2.676）
urb	−0.0002	−0.0003	−0.0021***	0.0027**	−0.0065**	0.0004
	（−0.316）	（−0.739）	（−4.898）	（2.099）	（−2.541）	（0.119）
sav	0.004***	0.0026***	0.0004	0.0046***	0.0048***	0.0014
	（11.385）	（6.813）	（1.149）	（5.111）	（3.741）	（0.994）
tra	−0.0003***	−0.0003***	−0.0012***	−0.0003	0	−0.0013***
	（−4.194）	（−2.645）	（−10.002）	（−0.963）	（0.024）	（−2.658）
isb	0.363***	0.3441***	0.3449***	0.4703***	−0.1534	0.3991***
	（11.141）	（9.401）	（8.847）	（8.348）	（−0.498）	（2.924）
age	−0.0013	−0.001	−0.011***	0.0127**	−0.0103**	−0.0545**
	（−0.492）	（−0.54）	（−9.155）	（1.983）	（−2.3）	（−2.141）
svt	0.0006***					
	（14.168）					
str		0.0003***				
		（6.792）				
S			0.0007***	0.0003***	0.0001***	0.0007***
			（8.93）	（5.206）	（4.517）	（4.866）
常数项	0.6726***	0.5112***	0.5819***	−0.5136	1.1466**	5.311**
	（3.41）	（4.113）	（4.107）	（−1.044）	（2.339）	（2.164）
样本数	626	626	483	147	277	353
AR（2）	0.2702	0.336	0.2936	0.1535	0.3535	0.3258
Sargan（P值）	0.9984	0.9995	0.7811	0.2496	1	1

注：估计系数下面的括号中所示为 t 值，＊、＊＊、＊＊＊分别表示在10%、5%和1%的置信水平下显著。

从表9.4第（1）和第（2）列的实证分析结果来看，股票市场交易活跃度和股票的换手率系数分别为0.0006和0.0003，与基准模型证券化率系数 0.0006 比较吻合，且在 1‰的置信水平下都高度显著。这进一步说明证券市场的发展总体上会促进一国广义货币供应量的扩张，但促进作用较微弱。从表 9.4 第（3）、第（4）列来看，1996－2007 年，证券化因素对广义货币供应量的影响系数为 0.0007，稍高于 2008－2014 年的系数 0.0003，但二者在统计上都高度显著。这说明 2008 年美国次贷危机对各国证券化对货币供应量的影响有减弱的趋势，资本市场受到危机影响后，证券化产品有所萎缩。从分国家类型估计来看，如表 9.4 第（5）列和第（6）列所示，发展中国家证券化系数为 0.007 大于发达国家系数 0.001 对广义货币供应量的影响更为明显。可能的原因：第一，可能是发展中国家货币流通速度较低，同等规模的商品价值和证券资产交易需要等多货币作为价值尺度和交易支付手段职能。第一，考虑到货币渠道的传导依赖银行休系的信贷资产证券化和超额存款准备金的调整，发达国家由于金融机构业务多元化，金融产品特别是金融创新产品信用衍生工具较复杂，从而严重削弱了货币政策的有效性，使资产证券化对广义货币供应量的影响系数显著下降。第三，证券化影响还包括金融资产价格渠道，发达国家金融市场特别是资本市场规模大，通过资本市场银行机构可有效应对货币资金的流动性问题，从而使货币需求量可以大量减少。这说明证券化因素对于发展中国家货币政策的影响更加明显，发展中国家货币当局更需重视资本市场发展对于一国货币政策的影响。

三、信贷市场的实证分析

1. 信贷市场的实证分析

根据前面第三部分贷款市场的理论分析，经济计量模型 3：

$$\ln \text{loan}_{j,t} = \sigma_j + \lambda_0 S_{j,t} + \lambda_1 \ln \text{loan}_{j,t-1} + \lambda_2 \times r_{j,t} + \lambda_3 \times \text{CPI}_{j,t} + \lambda_4 \times K_{j,t} + \varepsilon_{j,t}$$

使用系统 GMM 估计与其他差分 GMM 估计、混合最小二乘估计、固定效应估计方法进行对比分析结果如表 9.5 所示。在这一部分，本书分别使用普通最小二乘法（OLS）、固定效应、差分 GMM 和系统 GMM 进行估计，并重点考察系统 GMM 的估计结果。在进行动态 GMM 估计时，采用一阶和二阶自相关检验对误差项的正态分布进行检验，结果发现二阶序列相关检验 P 值为 0.9744，接受扰动项差分的二阶自相关系数为零的原假设，用 Sargan 统计量对工具变量的外生性进行过度识别的约束检验，结果发现 Sargan 检验的 P 值为 1，所以接受所有工具变量均有效的原假设，因此估计结果有效，具体结果如表9.5所示。

表9.5 信贷市场各种估计方法的比较分析

方程	(1)	(2)	(3)	(4)
估计方法	OLS	FE	差分 GMM	系统 GMM
cpi	0.137	0.175	−0.035	0.001
	(0.165)	(0.194)	(0.024)	(0.025)
r	0.139	0.172	0.333***	0.478***
	(0.134)	(0.151)	(0.015)	(0.025)
S	0.09	0.065	0.029***	0.017***
	(0.059)	(0.029)	(0.003)	(0.004)
urb	0.697	1.274***	1.036***	−0.071***
	(0.426)	(0.3)	(0.051)	(0.028)
sav	−0.174	−0.231	−0.349***	−0.115***
	(0.258)	(0.17)	(0.015)	(0.027)
tra	0.132	0.193***	0.057***	−0.015**
	(0.125)	(0.055)	(0.007)	(0.006)
isb	−11.973	−8.902	2.337	2.712
	(7.586)	(6.089)	(2.555)	(2.261)
age	−1.261	−1.007*	−1.603***	−0.428***
	(1.051)	(0.591)	(0.211)	(0.155)
L1.loan			0.702***	0.961***
			(0.007)	(0.009)
常数项	75.187	25.127	14.168*	25.441***
	(57.503)	(32.986)	(8.491)	(7.005)
样本数	718	718	600	667
AR (2)			0.6292	0.9744
sargan (P)			0.9993	1

注：估计系数下面的括号中所示为稳健标准误，*、**、***分别表示在10%、5%和1%的置信水平下显著。

表9.5第（4）列所示，关键性解释变量证券化率的系统GMM估计系数为0.017，且在1％的置信水平下显著，说明证券化水平的提高能够促进信贷规模的扩张，具体而言，证券化率每提高一个百分点将引起信贷规模发生1.7％的正向增加效果。另外，对模型3的理论分析可知有关系数取值有如下关系：解释变量中加入被解释变量的滞后一期项，由于信贷政策短期内惯性较大，上下期之间应有很强的正相关关系（$\lambda_1 > 0$），实际系统GMM估计系数为0.961。引入证券化因素后，由于资产证券化能提高银行部门的资产流动性，提升商业银行放贷能力，最终会使信贷市场贷款规模有增加的效果即$\lambda_0 > 0$，实际估计系数为0.017。同理存款利率或债券利率的提升使信贷规模有扩张的影响，两者之间应该是正相关关系即$\lambda_2 > 0$，实际估计系数为0.478。从各变量系数的统计标准差和P值来看，结果均在1％的置信度卜高度显著。因此，该部分的实证结果支持了理论分析的预期。

　　2. 信贷市场的稳健性检验

　　该部分同样通过三条途径进行稳健性检验，分别是替换核心解释变量、分阶段考察以及分国家类型考察，如表9.6所示。

表9.6　信贷市场稳健性检验结果对比（系统 GMM 估计）

方程	(1)	(2)	(3)	(4)	(5)	(6)
估计方法	svt 替换核心自变量	str 替换核心自变量	1996—2007	2008—2014	发达国家样本	发展中国家样本
L1. loan	0.98***	0.947***	0.893***	0.988***	0.929***	0.892***
	(0.013)	(0.017)	(0.005)	(0.017)	(0.057)	(0.03)
S			0.050***	0.047***	0.045***	0.01*
			(0.002)	(0.009)	(0.014)	(0.007)
r	0.666***	0.67***	0.343***	0.709***	0.283***	0.336**
	(0.052)	(0.068)	(0.028)	(0.051)	(0.094)	(0.131)
cpi	−0.032	0.02	0.035	0.128	−0.122	0.06
	(0.088)	(0.111)	(0.038)	(0.101)	(0.103)	(0.346)
urb	0.076	−0.123*	0.087***	−0.054	−0.601	0.241*
	(0.085)	(0.064)	(0.032)	(0.094)	(0.536)	(0.138)

续表

方程	（1）	（2）	（3）	（4）	（5）	（6）
sav	−0.064*	−0.114	−0.192***	−0.217***	−0.639*	0.274***
	(0.037)	(0.079)	(0.04)	(0.053)	(0.368)	(0.095)
tra	−0.024**	−0.021	0.044***	−0.046***	0.116	−0.066***
	(0.01)	(0.019)	(0.006)	(0.018)	(0.079)	(0.022)
isb	17.7***	15.355***	−6.028***	14.416**	−7.358	−11.348
	(3.979)	(4.433)	(1.821)	(5.641)	(13.934)	(14.75)
age	0.065	−0.335**	0.082	−0.262	−1.196**	−0.625
	(0.142)	(0.163)	(0.067)	(0.224)	(0.481)	(0.54)
svt	0.018***					
	(0.005)					
str		0.041***				
		(0.008)				
常数项	−8.128	23.182***	5.686**	13.652	91.152	21.643
	(7.877)	(8.25)	(2.268)	(14.127)	(56.946)	(23.843)
样本数	218	212	455	212	381	283
AR（2）	0.1325	0.1775	0.7421	0.2775	0.4998	0.8315
Sargan（P 值）	0.9915	0.9934	0.9779	0.9944	1	1

注：估计系数下面的括号中所示为稳健标准误，＊、＊＊、＊＊＊分别表示在10％、5％和1％的置信水平下显著。

首先，从表9.6下方的扰动项自相关检验看，AR（2）均远大于0.1，即扰动项的差分并不存在二阶序列相关，说明模型的误差项为白噪声序列。对于系统 GMM 进行过度识别检验（Sargan test），其 P 值均大于0.1，在1％的显著性水平上，无法拒绝"所有工具变量均有效"的原假设，说明工具变量选择合理有效。因此，用系统 GMM 进行稳健性检验的估计结论可信。

其次，从表9.6第（1）和第（2）列的实证分析结果来看，股票市场交易活跃度和股票的换手率系数分别为 0.018 和 0.041，与基准模型证券化率系数 0.017 较为接近，且在 1% 的置信水平下都高度显著。这进一步说明证券市场的发展总体上会扩张一国信贷水平。从表 9.6 第（3）、第（4）列来看，1996—2007 年，证券化因素对信贷水平的影响系数为 0.05，而 2008—2014 年的系数 0.047，且二者均在 1% 的置信水平下显著。这说明 2008 年金融危机之后，资产证券化对于信贷扩张的作用有所减弱，这说明资产证券化对于信贷市场的影响受到次贷危机的轻微影响。从表 9.6 第（5）列和第（6）列来看，发达国家证券化系数 0.045 大于发展中国家证券化系数 0.01，表明在发达国家，资产证券化对于信贷的扩张作用更加明显。发达国家信贷扩张效果更加明显主要从两个方面解释，第一，信贷规模总量上，发达国家银行等金融机构发达规模巨大，通过银行信贷资产证券化和各经济体流动性差的资产证券化发行，减少对于货币市场货币供应量的流动性依赖，同时使银行等经济体流动性差的资产实现变现，扩大自身的信贷资产投放量，信贷市场的资金供应大量增加。第二，发达国家利率市场化水平较高，从而进一步降低企业的融资成本。市场利率的降低，提高了企业的利润空间和风险承受能力，使企业能够动用更多的资金投入到资本市场进行资产组合管理，提高企业的经济效益。同时也可克服过度依靠银行信贷的间接融资渠道。

因此，发展中国家更应该充分利用资本市场，扩大证券化产品的发行和创新，提高直接融资的比例，为各类企业等经济体充分利用资本市场的证券化产品进行投资、融资活动提供便利。

四、证券化对经济增长的宏观经济效应分析

根据资产证券化对于一国 GDP 增长的影响设计的实证计量分析模型 4：

$$\ln\text{GDP}_{i,t} = \partial_i + \alpha\ln\text{GDP}_{i,t-1} + \beta\times S_{i,t} + \gamma\times K_{i,t} + \theta_t + \varepsilon_{i,t}$$

其中，$\text{GDP}_{i,t}$ 代表一国国内生产总值指标，$S_{i,t}$ 代表证券化水平，$K_{i,t}$ 表示各种控制变量。$\varepsilon_{i,t}$ 作为随机扰动项，∂_i 代表不可观测的国家异质性因素，θ_t 代表时间因素。本书对实证分析结果如表 9.7 所示：

表 9.7 宏观经济增长效应实证分析结果表（系统 GMM 估计）

方程	(1)	(2)	(3)	(4)	(5)	(6)	(7)
估计方法	总体回归	发展中国家	发达国家	svt 替换核心解释变量	str 替换核心解释变量	1996—2007	2008—2014
L1. lngdp	0.9803***	0.9833***	0.9956***	0.9919***	0.987***	0.989***	1.005***
	(0.002)	(0.063)	(0.003)	(0.003)	(0.002)	(0.002)	(0.005)
S	0.0004***	0.0002***	0.0003***			0.0005***	0.0004***
	(0)	(0)	(0)			(0)	(0)
i	0.0062***	0.005***	0.0096***	0.0073***	0.0063***	0.006***	0.0049***
	(0)	(0.001)	(0.001)	(0)	(0.001)	(0)	(0.001)
r	−0.0107***	−0.0097***	−0.0104***	−0.0109***	−0.0109***	−0.0095***	−0.0125***
	(0)	(0.001)	(0.001)	(0)	(0)	(0)	(0)
cpi	0.0011***	0.0009	−0.0019*	0.0006***	0.0007***	0.0012***	0
	(0)	(0.001)	(0.001)	(0)	(0)	(0)	(0)
urb	−0.0031***	−0.0029	−0.0016***	−0.0023***	−0.0023***	−0.0025***	−0.004**
	(0)	(0.004)	(0.001)	(0)	(0)	(0)	(0.002)
sav	0.0022***	−0.0006	−0.0003	0.0016***	0.0025***	−0.0007***	0.0052***
	(0)	(0.004)	(0)	(0)	(0.001)	(0)	(0.001)
tra	−0.0003***	−0.0002	0.0001	0.0002***	0	0.0004***	0.0008***
	(0)	(0.001)	(0)	(0)	(0)	(0)	(0)
isb	0.0593***	0.1536	0.2939***	0.045*	0.0278	0.1528***	0.1976***
	(0.016)	(0.112)	(0.071)	(0.026)	(0.024)	(0.019)	(0.017)
age	0.0055***	−0.0029	0.0075***	0.0082***	0.0116***	−0.0003	0.0156***
	(0.001)	(0.029)	(0.002)	(0.001)	(0.001)	(0)	(0.004)
svt				0.0002***			
				(0)			
str					0.0001***		
					(0)		
常数项	0.5846***	0.7846	−0.0829	0.1153	0.1415*	0.5272***	−0.4219
	(0.076)	(3.021)	(0.158)	(0.091)	(0.077)	(0.075)	(0.304)
样本数	619	325	294	615	615	482	137
AR (2)	0.1465	0.1084	0.2457	0.1417	0.1426	0.2511	0.156
sargan(P)	1	1	1	1	1	0.983	0.431

注：估计系数下面的括号中所示为稳健标准误，*、**、***分别表示在 10%、5%和1%的置信水平下显著。

资产证券化对 GDP 总额的影响系数如表 9.7 所示，在控制了对外贸易开放度、城镇化率、总储蓄率、产业结构指标和抚养比指标后的系统 GMM 回归结果显示：资产证券化率（S）系数显著为正数 0.0004，说明证券化发展有利于促进一国 GDP 的增长。考虑分发展中国家和发达国家的回归结果对应表 9.7 的第（2）（3）列所示。证券化率影响 GDP 总额的系数为 0.0002 和 0.0003，统计上都显著为正。说明证券化对宏观 GDP 总额的影响比较稳健。从使用股票市场年度交易总额占 GDP 的比值（svt）和股票市场的换手率（str）来代表证券市场的活动度和交易周转状况替代核心解释变量证券化率（S），看一国证券化因素对国内生产总值的影响是否稳健。见表 9.7 第（4）（5）列所示，资本市场的证券化因素对国内生产总额的影响有显著的正相关关系。证券化的发展有利于提高 GDP 的规模。分时间段的考察结果见表 9.7 第（6）（7）列所示，不同时间段内，证券化变量的系数均显著，但 2008 年以前为 0.0005，略大于 2008 年次贷危机后的 0.0004。这也从一定程度上说明资产化对于一国 GDP 增长的促进作用，在 2008 年次贷金融危机后经济增长速度受到了影响。另外，从一国其他宏观经济变量的实证回归结果看：实际利率（r）的回归系数都显著为负，这说明一国金融市场越发达，实际利率越低越有利于该国的经济增长。控制变量城镇化率、储蓄率、总储蓄率水平对于宏观经济总量都有一定的影响。

第四节　本章小结

从理论分析可知，证券化对宏观经济特别是货币市场的影响主要通过货币供应量渠道和银行信贷渠道来传导，通过影响货币市场和信贷市场的资金供求从而决定资金的交易价格即货币市场利率和贷款利率，进而影响实体经济的融资成本，最终实现调节社会总产出的变化和经济增长。从实证分析的结果看：

首先，资本市场广义证券化的发展即证券化率的提升，将引起货币市场广义货币供应量小幅增加以及信贷市场的贷款规模显著扩张，进而降低了贷款利率，降低了企业的融资成本，促进了实体经济的发展和 GDP 的增长。对于银行而言，除了可以进行存款货币的创造外，还可以通过资产证券化将流动性差的长期信贷资产转移出资产负债表，进而减少银行的准备金需求，提高银行的资本充足率，增加了流动性资产，提升了银行的信贷投放能力，转移了长期留滞在银行体系内资产期限错配的风险。因此，可以说银行信贷资产证券化有利于缓冲货币政策的调整对其带来的流动性压力和信贷约束。

其次，从宏观经济控制变量的实证结果来看，产业结构指标对于货币市场和信贷市场的影响都显著，这说明随着各国第三产业比重的逐渐增加，会扩张对货币的需求和对信贷的需求，而第三产业中金融业占很大的比重，其对货币、信贷市场的影响不应忽视。城市化率、总储蓄率和人口结构因素对于信贷市场有显著的扩张效果，这说明随着城市化进程的加快，投资对于一国经济增长和信贷扩张的作用明显。而从对物价水平的影响来看，在货币市场和信贷市场中对物价水平进行系数估计时，发现系数的正负情况不稳定，甚至统计上并不显著，即使统计上显著，其数值也很小，本书认为主要原因可能是很多国家在编制物价指数时没有包括金融资产价格，忽视了金融市场的价格波动对于经济指标的影响。

最后，从货币政策有效性角度看，证券化对货币供应量和信贷规模有正向影响，会减弱货币当局传统货币政策工具如调整基准利率和货币供应量的政策效果。一般而言，中央银行通过直接调整准备金率而控制货币乘数和准备金总量以影响商业银行的信贷规模。在证券化水平提高之后，银行将摆脱负债依赖存款的传统模式，其应对货币政策的流动性约束将提高。银行将信贷资产进行证券化，进而从资本市场不断获得新的资金，使抵押贷款的初级市场与证券化的次级（资本）市场关联性提高，相较于传统存款，资本市场的重要性大大提升。另外证券化和资本市场的加速发展，将使货币乘数稳定性下降，这也加大了货币计量的难度，进而导致存款准备金率调整的货币政策效果随着证券化的普及而逐渐减弱。未来应继续深入推进利率市场化，充分发挥资产证券化业务通过利率渠道传导货币政策的有效传导机制。

当前我国正处于三期叠加的新常态时期，如何通过金融体制改革、金融产品创新来提高金融服务实体经济的效率，是经济发展方式能否成功转型、经济增长速度能否持续稳定的关键所在。然而，企业杠杆率高企、债务规模过大等突出问题和矛盾，挤压了未来的举债空间，依靠传统信贷来刺激经济增长的红利已经释放殆尽。在这种情况下加快推进资本市场的改革和完善，发展以资产证券化为代表的直接融资市场，对于破解当前的诸多困境，大有裨益。

通过本章的理论分析和实证研究，资产证券化能够为宏观经济带来新的活力，在控制债务规模和杠杆比率的前提下扩张信贷，降低企业贷款利率，有利于实体经济发展，进而促进经济增长。因此，我国已经并应长期处于资产证券化常态化发展阶段，资产证券化有利于完善资本市场的建设、优化信贷结构、提高直接融资比重，让更多的金融活水流向实体经济，带来经济的新一轮腾飞。同时，结合证券化对货币市场及宏观经济的影响，未来我国证券化常态化发展应注意在控制风险的前提下，扩大发行主体如证券投资基金公司、期货公司、证券金融公司以及保险公司等；逐步增加资产证券化的基础资产池，优先发展优质资产如个人住房抵押贷款、基础设施中长期贷款、信用卡贷款、汽车抵押贷款证券化；加强证券市场的监管力度，建立基于金融稳定的货币政策框架和宏观审慎的监管体系，在发挥资产证券化的积极作用的同时，防范金融系统性风险的发生。

第十章 结论及展望

历史的经验教训告诉我们，金融之于经济发展，如同江河之于山川大地，不能本末倒置地去追求金融一枝独秀，不能放任金融与实体经济、与民生相割裂而野蛮生长，要树立并牢记金融与经济均衡发展、金融充当功能核心而非产业核心的理念，才能发挥好金融支持经济发展的作用。

第一节 本书主要结论

在中国进入经济发展新常态阶段的背景下，主动适应和引领新常态，保持战略上的平常心态，加快经济发展方式转变的步伐，大力推进经济结构调整和产业转型升级，实现由中低端产业为主向中高端产业为主的结构转型；转换经济增长内在动力，培育新的增长动力，实现由传统动能为主导向创业创新、网络经济、分享经济等新动能转换，从要素和投资的双轮驱动转向以技术进步来提高全要素生产率，推动经济发展实现质量变革、效率变革、动力变革，处理好经济社会发展各类问题，是推进国民经济健康公平可持续发展，防止"中等收入陷阱"现象等问题发生、实现两个一百年奋斗目标的必由之路。

从金融的角度考虑，金融是现代经济的核心和血脉，金融资本和金融体系在世界各国现代经济的运行中都发挥了重要作用，金融在很大程度上影响甚至决定着经济健康发展。提升经济发展效益和质量，引导经济发展方式转变，促进经济结构调整和产业转型升级，实现经济高质量、高效率、高均衡、可持续发展离不开金融资源的支持，金融资源的配置在某种程度上决定着经济转型升级的成败。因此如何通过深化金融体制、金融制度的改革，加快金融业对内对外双向开放，达到合理高效配置金融资源，切实起到提高全要素生产率的作用，已经成为中国金融业和金融改革的逻辑起点与内在要求。

本书立足于经济新常态的大背景，从促进经济增长和改善收入分配两个方面入手，具体研究金融发展对中国当前经济发展的关系、机理和效应。通过回顾评述金融体系和经济发展的理论文献和研究成果，呈现当前

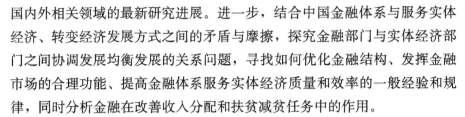

国内外相关领域的最新研究进展。进一步，结合中国金融体系与服务实体经济、转变经济发展方式之间的矛盾与摩擦，探究金融部门与实体经济部门之间协调发展均衡发展的关系问题，寻找如何优化金融结构、发挥金融市场的合理功能、提高金融体系服务实体经济质量和效率的一般经验和规律，同时分析金融在改善收入分配和扶贫减贫任务中的作用。

本书的主要研究结论如下：

第一，如同资源依赖型国家受到"资源诅咒"而出现增长停滞甚至负增长现象一样，金融过度发展的经济体也会受到"金融诅咒"的威胁，也就是说，一旦金融发展过度甚至脱离实体经济进入无序、畸形的自我循环、自我膨胀发展轨道，就会损害经济增长和社会稳定，诱发金融危机，并超越国界，产生极具传染性的"多米诺效应"，导致全球市场动荡、经济衰退。本章通过总结西方发达国家的经验，发现金融诅咒的爆发往往具有以下征兆：（1）债务规模迅速扩大，杠杆率不断攀升；（2）金融投机泛滥，商品过度金融化；（3）金融机构盲目扩张、关联复杂，以至大而不能倒；（4）就业过度金融化，教育显现金融热；（5）货币资金空转，金融体系自我循环。而"金融诅咒"带来的结果是抑制经济增长、诱发金融危机、左右政策制定和扩大收入差距。本章针对中国的现实条件，提出五点启示：一是高度重视高杠杆累积的潜在风险，防范系统性金融风险的发生；二是高度重视金融过度发展带来门槛效应，谨防金融过度发展；三是改善金融资源错配，提高全要素生产率；四是抵制金融投机过度，维护市场稳定秩序；五是调整财税政策，缩小收入分配差距和分配不公。

第二，现代金融体系的功能有效发挥更加趋向于回归实体经济，注重金融体系与实体经济之间的关系。国内外无数学者已经就金融发展过度的问题进行了理论和实证方面的深入研究，当前多数研究结果表明，金融发展和经济增长之间的关系不是线性的关系而是非线性的关系，对不同发展阶段和收入水平的经济体而言，金融发展与经济增长呈现出倒"U"形的关系，即当金融部门和金融市场的规模和结构的发展超过一定"门槛值"，进入倒"U"形曲线的顶端时，金融发展将对经济增长带来负面影响，这时候金融部门偏离其服务功能，增长速度明显超过实体经济部门，对实体经济产生挤压效应导致实体经济部门和社会整体效率下降。因此，金融体系发展和金融结构发展都存在一个最优规模的问题。目前，相比于欧美的一些发达国家，中国的金融总量、金融发展深度还不够，金融体系和金融结构还不完善，不存在金融发展过度问题，但是在金融部门与实体经济部门出现了明显的发展速度不匹配、发展程度不均衡的现象，即金融服务实体经济的能力不足。

本书从金融部门和实体经济部门之间皮与毛的依附关系以及资源竞争关系的角度着手解释金融发展过度的影响。在前人研究的基础上，通过模型推导和实证检验分析了金融部门与实体经济部门的不均衡发展对经济增长的抑制作用。在本书所构建的理论模型中，金融部门和实体经济部门之间存在着天然的竞争关系会使得两个部门之间容易出现失衡现象，金融部门的过度发展会掠夺人才、扩张信贷规模并促使信贷资金流入具有高抵押、低效率特征的传统产业，导致金融部门繁荣发展和实体经济部门的日渐式微同时出现，因此，人才竞争是金融部门对实体经济部门产生挤出作用的关键因素之一。进一步，本书构建计量模型，并利用中国2002—2014年的省际面板数据进行检验，发现了金融与实体经济增长失衡会对经济增长造成负面影响。根据前期模型的相关要素，本书认为人力资本的提高、股票市场等直接融资渠道的完善，会缓解并改善金融与实体经济发展不平衡对经济的抑制作用，因此，加强人力资本的培养与直接融资市场的建设是改善金融与实体经济失衡对经济增长负效应的有效途径。

第三，有效促进金融部门与实体经济均衡发展的关键在于增强金融促进全要素生产率提高的能力。后危机时代，全要素生产率是世界各国实现经济新一轮飞跃的重要抓手，也是中国当前阶段实现经济增长动力转换的关键推动力。研究和把握金融部门与全要素生产率之间的关系和作用机制，是改善金融与实体经济之间失衡的根本路径。本书通过测算中国各省在2002—2015年间的全要素生产率，并对金融发展与全要素生产率之间关系及作用机制进行实证检验，结果发现：以金融危机为分界点，在危机前后，金融与全要素生产率的关系不同，在金融危机之前，金融发展与全要素生产率之间不存在统计意义上的正向促进作用，但是在后危机时代，金融资源受政策指引而更多流向制造业，出现了金融发展显著提高全要素生产率的现象，这种差异可能来源于金融危机之前的"金融抑制"等原因；从作用机制来看，人力资本提升和创新投入有助于发挥金融发展促进全要素生产率提高的功能。

第四，继续发挥金融对改善收入分配的作用，有效缓解全社会的收入不平等现象，促进社会均衡发展。在中国，收入分配在经济飞速发展时期却表现出恶化趋势，解决好收入不平等的问题，有助于实现经济的均衡、充分发展。本书从金融的角度切入，研究了金融与收入不平等之间的关系及作用机制。首先，本书从"投资领域分割"和"多级信贷约束"两个基本假设出发，构建了金融与收入分配之间的理论模型，模型推导结果表明，由于个体存在投资领域分割和信贷约束，其长期的收入会沿不同路径收敛到不同的均衡状态，这种多重均衡现象的存在，意味着持久的收入不平等。而信贷约束的变化会导致均衡的变化，即以信贷规模衡量的金融发展程度与收入不平等之间存在倒"U"形关系：金融发展的初级阶段，大多数个体信贷约束程度相对较高，并受益于金融市场，因而个体的收入状况会收敛到较低的均衡（即贫困陷阱），此时收入不平等程度较低；金融发展的高级阶段，大多数个体信贷约束程度相对较低，金融市场为大多数个体提供了充分的融资渠道，因而个体收入状况收敛到较高均衡，收入不平等程度也较低；金融发展的中级阶段，投资领域分割和信贷约束将个体分为不同群体，个体收入趋向于收敛到多重均衡，因而收入不平等程度较高。进一步，为了刻画当前中国金融与居民收入不平等所处的阶段，本书基于中国省际层面 2002—2013 年的经验数据进行了实证检验，结果表明中国目前已经跨越金融发展与收入不平等倒"U"形关系的顶点，开始走向良性发展阶段，并且资本市场建设、实体经济发展都会加强金融发展改善收入分配状况的效果。

第五，金融对贫困改善的作用表现出倒"U"形曲线关系，且金融通过促进经济增长和提高人力资本而起到贫困改善的作用。本书在前文所构建的两级信贷约束模型基础上，将信贷约束缩减为一级信贷约束，发现金融发展与收入贫困改善之间的倒"U"形曲线关系，进一步利用 2010—2015 年中国省际层面面板数据进行实证检验，探索了当前中国金融发展和贫困改善之间的关系及作用机制，厘清了当前阶段金融发展在改善收入贫困方面的真实效应和从金融视角探索消除贫困的有效路径，尤其是最后考察经济新常态形势下金融发展对收入贫困的影响，也可以与以往金融扶贫相关研究进行对比，为今后的金融扶贫工作提供有益建议。研究结果表明，金融发展对改善收入贫困的影响呈现出倒"U"形特点，即金融体系发展到一定水平之后会促进收入贫困的改善，并且，金融发展对收入贫困的非线性影响存在地区差异：相对于金融发展程度较高的地区，在金融发展程度较低的地区，尤其是在包含国家级贫困县的省份，金融发展对收入贫困的倒"U"形影响更为明显。从金融发展对收入贫困的作用机制来看：金融发展通过经济增长渠道和人力资本积累渠道对收入贫困起到了改善的作用，表明这两个渠道应当是金融扶贫发挥积极作用的重要着力点；金融资源具有"趋利避害"特点，这将使其向研发创新水平较高的非贫困地区和非农部门过度集聚，进而可能"挤出"贫困地区和农业部门在研发创新方面的金融需求，不利于收入贫困的改善；在考察期内，金融发展并未对收入分配产生显著的调节作用，因而通过收入分配渠道对收入贫困的影响并不显著。

第六，资本市场广义证券化的发展即证券化率的提升，将引起货币市场广义货币供应量小幅增加以及信贷市场的贷款规模显著扩张，进而降低贷款利率，降低企业的融资成本，促进实体经济的发展和 GDP 的增长。但证券化对货币供应量和信贷规模有正向影响，会减弱货币当局传统货币政策工具如调整基准利率和货币供应量的政策效果。未来应继续深入推进利率市场化，充分发挥资产证券化业务通过利率渠道传导货币政策的有效传导机制。也就是说，提高直接融资比重，发展多层次资本市场，有助于在新常态背景下增强金融服务经济发展的能力。当金融体系脱离实体经济而自我扩张和自我膨胀，严重超过了实体经济需要的时候，就会产生大量资金在金融体系内部空转，为金融危机的爆发埋下隐患。当前中国金融结构性矛盾体现为间接融资比例过高，债务规模较大，正规金融与实体经济融资需求的结构性缺口引致金融服务覆盖不够等一系列问题。未来，发挥市场在资源配置中起决定性作用是政策选择的关键。

第二节　本书的政策建议

一、厘清当前金融与经济失衡的根本症结所在

金融与经济失衡的现象，在世界许多国家都广泛存在。与之相比，中国金融与经济失衡，既有普遍性，也有独特性，要了解并改善失衡现象，首先要正确把脉中国金融与经济失衡的根本症结，尤其是从独特性着手。中国金融与经济失衡的关键在于金融与实体经济的失衡，而这种失衡的背

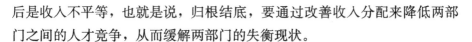

后是收入不平等，也就是说，归根结底，要通过改善收入分配来降低两部门之间的人才竞争，从而缓解两部门的失衡现状。

二、改善金融功能性不足，提高金融服务实体经济的质量和水平

诸多历史经验和学术研究表明，金融的非理性过度会通过多条渠道、多种途径阻碍和影响经济增长。目前，中国金融部门发展步伐过快、规模过大，已经出现金融与实体经济发展速度和结构不匹配的种种迹象。金融投机行为呈现出愈演愈烈之势，"温州炒房团""中国大妈炒黄金""唐高宗""姜你军""蒜你狠"等年度热词形象地刻画了国内外游资在市场上的此起彼伏。2015 年以来，金融市场尤其不平静，先是股票市场在政策刺激之下一路飘红，出现了全民炒股的盛况，后数次急跌之后上证 A 股指数陷入低位徘徊状态。此时楼市出现高涨行情，社会资金大量配置在房地产开发以及楼盘购买中。资金在金融体系内部空转，金融与实体经济的不均衡已经对经济发展造成了明显障碍。因此，结合本书的研究，为提高金融服务实体经济的质量和水平，提出以下三个方面的建议：

1. 深化金融创新，抑制金融投机，引导资金有效流入实体经济关键领域

当前中国的信贷资源并不缺乏，但是真正深入到实体经济中的并不充裕，主要原因在于资金在金融体系内部空转就可以获得较高利润，而不愿意流入回报周期更长的实体经济中。一方面，金融部门要通过制度创新和产品创新，降低资金使用成本，增强资金流动性；另一方面，监管部门要用新的思维对金融创新加强监管，加大对金融市场的干预和监管力度，维持市场中投机资金的适度规模，抑制金融投机，挤出金融市场泡沫。从短期来看，该做法会导致资本市场进一步冷清，抬升流动性溢价，但从长期来看，会降低投机资金的机会成本，使得整个社会的资金面更加宽裕，有利于发展利率敏感型的金融产品，例如债券等固收类产品，降低实体经济的融资成本。

2. 完善多层次资本市场，优化直接融资渠道，提高直接融资比重

中国经济实现由速度型向质量效益的转变，产业结构实现由传统产业向新兴产业战略性新兴产业的转变，关键是解决好中国战略性新兴产业的融资问题，关键在于建立健全促进战略性新兴产业发展的有效融资机制。因此，优化直接融资渠道，提高直接融资比重，完善多层次资本市场，尤

其是完善创业板，健全各板之间的转板机制和通道，为战略新兴产业的优质企业提供良好的融资环境。同时要积极推动债券市场的发展，逐步探索开发低信用等级和高收益债券和私募可转债等金融产品，稳步推进企业债券、公司债券、短期融资券和中期票据的发展，拓宽企业债务融资渠道，并建立相应的融资监管体系，使得资金的流动更加安全（胡海峰和胡吉亚，2011）。

3. 树立科学人力资本价值观，强化人力资本提升战略，全面提高全社会人力资本水平

人力资本是中国加快经济发展方式转变的重要资源之一，提高人力资本有助于缓解金融部门和实体经济部门之间的竞争强度和负外部性。政府应树立科学的人力资本价值观，通过采取多种有效措施，激励和强化人力资本的提升，切切实实地保障人力资本提升取得实效。一方面，通过政策法规、财政补贴等行政手段推动人力资本投资，提升全社会的教育水平；另一方面，通过环境塑造、机制引导等提高人力资本转化为生产力的效率，推动科技进步，促进全要素生产率提高和产业结构转型升级，最终实现经济长期可持续增长。

三、提高金融提高全要素生产率的能力

在新常态阶段，金融促进经济增长最根本的途径在于提高全要素生产率。因此，在今后及未来的一段时间内，仍然要继续发挥信贷对实体经济、对先进制造业的支持作用，促使金融资源流入能够提高全要素生产率的领域，并且加强直接融资渠道对全要素生产率提高的支持作用，进一步通过提高人力资本和增加全社会的创新投入，提升金融发展促进全要素生产率提高的效率。

依据本书的研究结果，我们提出以下三点政策启示：第一，一方面继续发挥信贷对制造业、对实体经济的支持作用，通过政策引导，促进金融资源流向能够提高全要素生产率的领域。另一方面加快规范证券市场的步伐，培育和强化证券市场服务实体经济的能力和水平，提高直接融资途径对全要素生产率的促进作用；第二，进一步扩大教育投入，着力提高全社会的人力资本，尤其是研究利用金融工具，帮助更多人接受教育，进而放大金融促进全要素生产率的作用；第三，逐步加强全社会的创新意识、增加全社会的创新投入，提升金融发展促进全要素生产率提高的效率。

四、提高金融改善收入分配和收入贫困现象的能力

金融扶贫通过降低金融服务准入门槛、改善贫困人口的信贷约束等手段使贫困人口能享受到普惠性金融服务，提升了贫困人口的脱贫能力，体现了扶贫工作中"授之以鱼不如授之以渔"的重要理念。因此，金融扶贫是精准扶贫的重要手段。结合本书检验金融发展影响收入贫困的几个渠道来看，可以从金融视角得出改善收入贫困的以下政策启示：

第一，应当着力发挥金融服务实体经济的水平，通过经济增长的"涓滴效应"带动贫困人群的发展。经济增长的直接结果是人均收入水平的提升，因此应当调整和改革金融体系的发展，使其适应实体经济部门的增长的需要，可以使贫困人口从经济增长中获益。具体而言，应当完善贫困地区的金融普惠服务水平，降低贫困人口潜在的金融排斥，进而通过促进这些地区的经济增长来达到减少并消除收入贫困的目的。

第二，应当注重通过金融服务改善贫困人口中的"因学致贫"现象。人力资本水平较低不仅限制了贫困人口从事高收入工作，观念落后所产生的"读书无用论"可能引发贫困的代际转移。因此，扶贫工作中应当注意改善贫困地区在人力资本投资方面的信贷约束，一方面将金融资源向有适龄受教育人口的贫困地区倾斜，另一方面改善贫困地区在农业生产指导和非农就业培训方面的金融需求，从而使贫困人口的受教育水平和劳动生产率得到提高，增强其向高收入阶层流动的能力。

第三，应当发挥金融在收入分配调节方面的功能，缩小贫富差距。本书的研究表明，现阶段金融发展在改善收入分配方面发挥的作用还不够。城乡之间金融体系发展和金融资源分布的不均衡在很大程度上制约了农村地区的经济社会发展，这在很大程度上影响金融扶贫的广度和深度。因此，政府部门应当在一定程度上将金融资源在城乡之间公平合理地分配，进而使广大农村地区尤其是贫困人口能共享普惠性金融服务带来的收益。

第四，应当着力改善贫困地区在研发创新方面的融资约束，增强贫困地区经济发展的可持续性。在经济新常态背景下，创新驱动在经济调速换挡中扮演着重要角色。贫困地区研发创新能力要低于其他非贫困地区，因而金融资源的"逐利"效应使资金更多地向研发创新能力强的经济部门集聚，这在很大程度上挤占了本来就处于弱势的贫困地区。因此，扶贫工作中也应当重视贫困人口和贫困地区企业在"大众创新、万众创业"方面的金融需求，使其在经济发展和脱贫能力提升方面具有可持续性。

第三节　本书的局限性和研究展望

一、金融与实体经济失衡的深层次原因需要进一步挖掘

本书从金融部门与实体经济部门之间人才竞争的角度出发构建模型，对两部门失衡的现象进行深入分析。后续实证研究建立在理论模型基础上，因此，对于金融与实体经济失衡的深层次原因挖掘不够。未来需要将更多因素纳入进来，以全面剖析和刻画金融与实体经济失衡的内在机制，并据此提出相应的解决办法。

二、实证检验的有效性需要进一步提高

实证检验作为一种经验数据分析方法，其有效性依赖于研究者的经济学背景和数理统计能力，既要从经济意义上保证变量之间的逻辑关系，又要从数理统计意义上保证计量结构的严谨性。实证检验有效性最大的威胁来自于研究中存在的内生性问题，主要包括两大类：一类是遗漏变量，即存在某些不可观测的因素可能会对被解释变量或核心解释变量产生影响，即误差项不是白噪声；另一类是互为因果，即被解释变量可能会对核心自变量产生影响。本书在所有的实证检验中都通过使用系统广义矩估计法妥善地处理了此类问题，但是更为科学和有说服力的方法是从经济意义上解决该问题。因此，未来需要进一步从理论和实际中完善经济计量模型，提高检验结果的有效性和一致性。

参考文献

［1］ Acemoglu, D. & D. V. Cao, Innovation by Entrants and Incumbents ［Z］. NBER Working Paper, 2010 (16411) .

［2］ Acemoglu, D. & J. A. Robinson, Economic Origins of Dictatorship and Democracy ［M］. Cambridge University Press, 2005.

［3］ Affinito, M. & E. Tagliaferri, Why do (or did) Banks Securitize Their Loans? Evidence from Italy ［J］. Journal of Financial stability, 2010, 6 (4): 189—202.

［4］ Aghion, P. , Banerjee, A. , & T. Piketty. Dualism and Macroeconomic Volatility ［J］. The Quarterly Journal of Economics, 1999, 114 (4): 1359—1397.

［5］ Aggarwal, R. & J. W. Goodell, Markets and Institutions in Financial Intermediation: National Characteristics as Determinants ［J］. Journal of Banking & Finance, 2009, 33 (10): 1770—1780.

［6］ Aghion, P. & P. Bolton. A Trickle—Down Theory of Growth and Development with Debt Overhang ［J］. The Review of Economic Studies, 1997, 64 (2): 151—162.

［7］ Akhter, S. & K. J. Daly. Finance and Poverty: Evidence from Fixed Effect Vector Decomposition ［J］. Emerging Markets Review, 2009, 10 (3): 191—206.

［8］ Altunbas, Y. , et al. Securitisation and the Bank Lending Channel ［J］. European Economic Review, 2008, 53 (8): 996—1009.

［9］ Aizenman, J. , Y. Jinjarak & D. Park. Financial Development and Output Growth in Developing Asia and Latin America: A Comparative Sector Analysis ［Z］. NBER Working Paper, 2015 (20917) .

［10］ Allen, F. & D. Gale. Financial Markets, Intermediaries, and Intertemporal smoothing ［J］. Journal of Political Economy, 1997, 105 (3): 523—546.

［11］ Ang, J. B. . Financial Development, Liberalization and Technology Deepening ［J］. European Economic Review, 2011, 55 (5): 688—701.

［12］ Arcand, J. L. , Berkes, E. & Panizza, U. . Finance and Economic Development in a Model with Credit Rationing ［Z］. IHEID Working Papers, No: 02/2013.

［13］ Arcand, J. L. , Berkes, E. & U. Panizza. Too Much Finance? ［J］. Journal of Economic Growth, 2015a, 20 (2): 105—148.

[14] Arcand, J. L., Berkes, E. & U. Panizza. Too Much Finance or Statistical Illusion: A Comment [Z]. Graduate Institute of International and Development Studies Working Paper, 2015b (12).

[15] Arellano, M. & S. Bond. Some Tests of Specification for Panel Data: Monte Carlo Evidence and an Application to Employment Equations [J]. Review of Economic Studies, 1991, 58 (1): 277—297.

[16] Arestis, P. & P. Demetriades. Financial Development and Economic Growth: Assessing the Evidence [J]. Economic Journal, 1997, 107 (442): 783 - 799.

[17] Auria, C., Foglia, A. & P. M. Reedtz. Bank Interest Rates and Credit Relationship in Italy [J]. Journal of Banking and Finance, 1999, 23 (7): 1067 - 1093.

[18] Bagehot, W.. Lombard Street: A Description of the Money Market [M]. London: Henry S. King & Co., 1873.

[19] Bakija, J., Cole, A. & B. T. Heim. Jobs and Income Growth of Top Earners and the Causes of Changing Income Inequality: Evidence from US Tax Return Data [D]. Williams College, US Department of Treasury and Indiana University, 2012.

[20] Banerjee, A. V. & A. F. Newman. Occupational Choice and the Process of Development [J]. Journal of Political Economy, 1993, 101 (2): 274—298.

[21] Barro, R. J.. Convergence and modernization revisited [Z]. NBER Working Paper, 2012 (18295).

[22] Barro, R.. Inequality and Growth in a Panel of Countries [J]. Journal of Economic Growth, 2000, 5 (1): 5—32.

[23] Beck, T. & R. Levine. Financial Intermediation and Growth: Correlation and Causality [J]. Journal of Monetary and Economics, 2000, 46 (1): 31—77.

[24] Beck, T., The Econometrics of Finance and Growth [M] //edited by Terence C. Mills and Kerry Patterson. Palgrave Handbook of Econometrics. Palgrave Macmillan, 2008: 1180—1209.

[25] Beck, T., Demirgüç-Kunt, A. & R. Levine. Finance, Inequality and the Poor [J]. Journal of Economic Growth, 2007, 12 (1): 27—49.

[26] Beck, T., Levine, R. & N. Loayza. Finance and the Source of Growth [J]. Journal of Financial Economics, 2000, 58 (1): 1—2.

[27] Beck, T. & A. Demirgüç-Kunt. Access to Finance: An Unfinished Agenda [J].

World Bank Economic Review, 2008, 22 (3): 383—396.

[28] Bencivenga, V. R. , Smith B. D. & R. M. Starr. Equity Markets, Transaction Costs, and Capital Accumulation [J]. The World Bank Economic Review, 1996, 10 (2): 241—265.

[29] Benfratello, L. , Schiantarelli, F. & A. Sembenelli. Banks and Innovation: Micro-econometric Evidence on Italian Firms [J]. Journal of Financial Economics, 2008, 90 (2): 197—217.

[30] Benhabib, J. & M. Spiege. The Role of Human Capital in Economic Development: Evidence from Aggregate Cross Country Data [J]. Journal of Monetary Econom-ics, 1994 (34): 143—173.

[31] Berle, A. A. & G. C. Means. The Modern Corporation and Private Property [J]. E-conomic Journal, 1935, 20 (6): 119—129.

[32] Bernstein, S. . Does Going Public Affect Innovation? [J]. The Journal of Finance, 2015, 70 (4): 1365 - 1403.

[33] Bertay, A. C. , et al. Securitization and Economic Activity: The Credit Composi-tion Channel [J]. Journal of Financial Stability, 2016 (28): 225—239.

[34] Bertay, A. C. , et al. Bank Ownership and Credit over the Business Cycle: Is Lending by State Banks Less Procyclical?　[J]. Journal of Banking & Finance, 2015, 50 (1): 326—339.

[35] Bertrand, M. & S. Mullainathan. Enjoying the Quiet Life? Corporate Governance and Managerial Preferences [J]. Journal of Political Economy, 2003, 111 (5): 1043—1075.

[36] Bernanke, B. & A. Blinder. Is it Money or Credit, or Both, or Neither? Credit , Money, and Aggregate Demand [J]. American Economics Review, 1988, 78 (2): 435—439.

[37] Bernanke, B. & M. Gertler. Inside the Black Box: The Credit Channel of Monetary Transmission [J]. Journal of Economic Perspectives, 1995, 9 (4): 27—48.

[38] Bezemer, D. , M. Grydaki & L. Zhang. More Mortgages, Lower Growth? [J]. Economic Inquiry, 2016, 54 (1): 652—674.

[39] Blackburn, K. & V. T. Y. Hung. A Theory of Growth, Financial Development and Trade [J]. Economica, 1998, 65 (257): 107—124.

[40] Blundell, R. & S. Bond. GMM Estimation with Persistent Panel Data: An Applica-

tion to Production Functions [J]. Econometric Reviews, 2000, 19 (3): 321—340.

[41] Boivin, J. & M. P. Giannoni. Has Monetary Policy Become More Effective? [J]. Review of Economics & Statistics, 2006, 88 (3): 445—462.

[42] Bottazzi, L.. The Role of Venture Capital in Alleviating Financial Constraints of Innovative Firms [Z]. EIB Paper, 2009 (2).

[43] Boyd, J. H. & B. D. Smith. Intermediation and the Equilibrium Allocation of Investment Capital: Implications for Economic Development [J]. Journal of Monetary Economics, 1992, 30 (3): 409—432.

[44] Breitenlechner, M., Gächter, M. & F. Sindermann. The Finance—Growth Nexus in Crisis [J]. Economics Letters, 2015, 132: 31—33.

[45] Cagetti, M & D. M. Nardi. Entrepreneurship, Frictions and Wealth [J]. Journal of Political Economy, 2006, 114 (5): 835—870.

[46] C. ampbell G., Haughwout, A., Lee, D., Scally, J. & W. V. D. Klaauw. Recent Developments in Consumer Credit Card Borrowing [EB/OL]. http: //libertys-treeteconomics. newyorkfed. org/2016/08/just-released-recent-developments-in-consumer-credit-card-borrowing. html, 2016—08—09.

[47] Canavire, B. G. & F. Rioja. Financial Development and the Distribution of Income in Latin America and the Caribbean [Z]. IZA Discussion Papers, 2008 (3796).

[48] Capelle-Blancard, G. & C. Labonne. More Bankers, More Growth? Evidence from OECD Countries [J]. Economic Notes by Banca Monte dei Paschi di Siena SpA, 2016, 45 (1): 37—51.

[49] Carbo-Valverde, S., et al., The Impact of Securitization on Credit Rationing: Empirical Evidence [J]. Journal of Financial stability, 2015, 20: 36—50.

[50] Caves, D. W., Christensen, L. R. & W. E. Diewert. The Economic Theory of Index Numbers and the Measurement of Input, Output, and Productivity [J]. Econometrica, 1982, 50 (6): 1393—1414.

[51] Cecchetti, S. G. & E. Kharroubi. Reassessing the Impact of Finance on Growth [Z]. BIS Working Papers, 2012 (381).

[52] Cecchetti, S. G. & E. Kharroubi. Why does Financial Sector Growth Crowd Out Real Economic Growth [Z]. BIS Working Papers, 2015 (490).

[53] Chaney, T.. Distorted Gravity: The Intensive and Extensive Margins of International Trade [J]. The American Economic Review, 2008, 98 (4): 1707—1721.

［54］ Chopra，A.．Financing Productivity- and Innovation-Led Growth in Developing Asia：International Lessons and Policy Issues［Z］．Peterson Institute for International Economics Working Paper，2015（6）．

［55］ Clarke，G.，Xu，L. X.& H. F. Zou. Finance and Income Inequality：Test of Alternative Theories［Z］，World Bank Policy Research Working Paper，2003（2984）.

［56］ Cline，W. R.．Too Much Finance, or Statistical Illusion? ［R］．Policy Brief，Peterson Institution for International Economics，2015a（09）．

［57］ Cline，W. R.．Further Statistical Debate on Too Much Finance［R］．Policy Brief，Peterson Institution for International Economics，2015b（16）．

［58］ Cournède，B.& O. Denk. Finance and Economic Growth in OECD and G20 Countries［Z］．OECD Economics Department Working Paper，2015（1223）．

［59］ Cournede,B.，Denk，O.& P. Hoeller. Finance and Inclusive Growth［R］．OECD Economic Policy Paper，2015（14）．

［60］ Da Silva，M. S.．Financial and Economic Development Nexus：Evidence from Brazilian Municipalities［R］．The Banco Central do Brasil Working Papers，2015（399）．

［61］ Dabla-Norris，E.，et al. Anchoring Growth：The Impact of Productivity- Enhancing Reforms in Emerging Market and Developing Economies［R］．IMF Staff Discussion Note，2013（8）．

［62］ De Gregorio，J.& P. E. Guidotti. Financial Development and Economic Growth［J］．World Development，1995，23（3）：433—448.

［63］ Deidda，L.& B. Fattouh. Non Linearity between Finance and Growth［J］．Economics Letters，2002，74（3）：339—345.

［64］ Demetriades，P. O.& P. L. Rousseau. The Changing Face of Financial Development［Z］．University of Leicester Working Paper，2015（20）．

［65］ Dominguez，K.& M. Shapiro. Forecasting the Recovery from the Great Recession：Is This Time Different? ［Z］．NBER Working Paper，2013（18751）．

［66］ Donou-Adonsou，F.& K. Sylwester. Financial Development and Poverty Reduction in Developing Countries：New Evidence from Banks and Microfinance Institutions［J］．Review of Development Finance，2016，6（1）：82—90.

［67］ Ductor，L.& D. Grechyna. Financial Development，Real Sector, and Economic Growth［J］．International Review of Economics and Finance，2015，37：393—405.

［68］Eichengreen, B.. Global Imbalances and the Lessons of Bretton Woods ［M］. MIT Press, 2006.

［69］Ehrlich, M. & T. Seidel. Regional Implications of Financial Market Development: Industry Location and Income Inequality ［J］. European Economic Review, 2015, 73 (1): 85—102.

［70］Ergungor, O. E.. Financial System Structure and Economic Growth: Structure Matters ［J］. International Review of Economics and Finance, 2008, 17 (2): 292—305.

［71］Estrella, A. Securitization and the Efficacy of Monetary Policy ［J］. Economic Policy Review, 2002, 8 (1): 243—255.

［72］Färe, R. , Grosskopf, S. & M. Norris, et al.. Productivity Growth, Technical Progress, and Efficiency Change in Industrialized Countries ［J］. The American Economic Review, 1997, 87 (5): 1040—1044.

［73］Foster, J. , Greer, J. & E. Thorbecke. A Class of Decomposable Poverty Measures ［J］. Econometrica, 1984, 52 (3): 761—766.

［74］Feeny, S. & L. Mcdonald. Vulnerability to Multidimensional Poverty: Findings from Households in Melanesia ［J］. Journal of Development Studies, 2016, 52 (3): 447—464.

［75］Freeman, R.. It's Financialization! ［J］. International Labor Review, 2010, 149 (2): 163—183.

［76］Galor, O. & J. Zeira. Income Distribution and Macroeconomics ［J］. The Review of Economic Studies, 1993, 60 (1): 35—52.

［77］Galor, O. & O. Moav. From Physical to Human Capital Accumulation: Inequality and the Process of Development ［J］. The Review of Economic Studies, 2004, 71 (4): 1001—1026.

［78］Gimet, C. & T. L. Segot. A Closer Look at Financial Development and Income Distribution ［J］. Journal of Banking & Finance, 2011, 35 (7): 1698—1713.

［79］Goldsmith, R. W.. A Perpetual Inventory of National Wealth ［C］. In Studies in Income and wealth. ed. , M. R. Gainburgh, Princeton, 1951 (14) .

［80］Goldsmith, R. W.. Financial Structure and Development ［M］. New Haven: Yale University Press, 1969.

［81］Goswami, M. , et al. An Investigation of Some Macro-Financial Linkages of Securitization [Z]. IMF Working Papers, 2009 (26).

[82] Graham, B. S. & J. Temple. Rich Nations, Poor Nations: How Much Can Multiple Equilibria Explain? [J]. Journal of Economic Growth, 2006, 11 (1): 5—41.

[83] Greenbaum, S. I. & A. V. Thakor. Bank Funding Modes: Securitization versus Deposits [J]. Journal of banking & Finance, 1987, 11 (3): 379—401.

[84] Greenwood, J. & B. Jovanovic. Financial Development, Growth, and the Distribution of Income [J]. Journal of Political Economy, 1990, 98 (5): 1076—1107.

[85] Greenwood, J. & B. D. Smith. Financial Markets in Development, and the Development of Financial Markets [J]. Journal of Economic Dynamics and Control, 1997, 21 (1): 145—181.

[86] Guttmann, R.. Finance-led Capitalism: Shadow Banking, Re-Regulation and the Future of Global Markets [M]. Palgrave Macmillan, 2016.

[87] Hasan, I., R. Horvath & J. Mares. What Type of Finance Matters for Growth? Bayesian Model Averaging Evidence [Z]. Bank of Finland Research Discussion Papers, 2015 (17).

[88] Hausman, J. A.. Specification Tests in Econometrics [J]. Econometrica, 1978, 46 (6): 1251—1271.

[89] Helpman, E. & P. Krugman. Market Structure and Foreign Trade [M]. MA: MIT Press, 1985.

[90] Heuson, A., et al. Credit Scoring and Mortgage Securitization: Implications for Mortgage Rates and Credit Availability [J]. The Journal of Real Estate Finance and Economics, 2001, 23 (3): 337—363.

[91] Holmstrom, B., & J. Tirole. Financial Intermediation, Loanable Funds, and the Real Sector [J]. The Quarterly Journal of Economics, 1997, 112 (3): 663—691.

[92] Holmstrom, B.. Managerial Incentive Problems—A Dynamic Perspective [J]. Review of Economic Studies, 1999, 66 (1): 169—182.

[93] Huang, H. C. & S. C. Lin. Non-Linear Finance-Growth Nexus [J]. Economics of Transition, 2009, 17 (3): 439-466.

[94] Jedidia, K. B., Boujelbène T. & K. Helali. Financial Development and Economic Growth: New Evidence from Tunisia [J]. Journal of Policy Modeling, 2014, 36 (5): 883—898.

[95] Jensen, M. & W. H. Meckling. Theory of the Firm: Managerial Behavior, Agency

Costs and Ownership Structure [J]. Journal of Financial Economics, 1976, 3 (4): 305—360.

[96] Johnson, S.. The Quiet Coup [R]. http://www.theatlantic.com/magazine/archive/2009/05/the-quiet-coup/307364/, 2009.

[97] Johansson, A. C. & X. Wang. Financial Sector Policies and Income Inequality [J]. China Economic Review, 2014, 31 (12): 367—378.

[98] Keller, W.. Do Trade Patterns and Technology Flows Affect Productivity Growth? [J]. World Bank Economic Review, 2000, 14 (1): 17—47.

[99] Khan, A.. Financial Development and Economic Growth [J]. Macroeconomic Dynamics, 2001, 5 (3): 413—433.

[100] Kim, D. H. & S. C. Lin. Nonlinearity in the Financial Development-Income Inequality Nexus [J]. Journal of Comparative Economics, 2011, 39 (3): 310—325.

[101] Keys, B. J. , et al. Did Securitization Lead to Lax Screening? Evidence from Subprime Loans [J]. The Quarterly Journal of Economics, 2010, 125 (1): 307—362.

[102] King, R. , & R. Levine. Finance and Growth: Schumpeter Might Be Right [J]. The Quarterly Journal of Economics, 1993, 108 (3): 717—737.

[103] King, R. G. & R. Levine. Finance and Growth: Schumpeter Might be Right [J]. The Quarterly Journal of Economics, 1993a, 108 (3): 717—737.

[104] King, R. G. & R. Levine. Finance, Entrepreneurship and Growth: Theory and Evidence [J]. Journal of Monetary Economics, 1993b, 32 (3): 513—542.

[105] Kneer, C. . Finance as a Magnet for the Best and Brightest: Implications for the Real Economy [Z]. DNB Working Paper, 2013 (392) .

[106] Kolari, J. W. , et al. The Effects of Securitization on Mortgage Market Yields: A Cointegration Analysis [J]. Real Estate Economics, 1998, 26 (4): 677—693.

[107] Krugman, P. . The Market Mystique [N]. New York Times, 2009—3—26.

[108] Krugman, P. . Don't Cry for Wall Street [N]. New York Times, 2011—4—22.

[109] Krugman, P. . Increasing Returns, Monopolistic Competition and International Trade [J]. Journal of International Economics, 1979, 9 (4): 469—479.

[110] Kuznets, S. , Economic Growth and Income Inequality [J]. American Economic Review, 1955, 45 (1): 1—28.

[111] Kyoji, F. , Kenta, I. , Ug K. H. , et al. Lessons from Japan's Secular Stagnation

［Z］. RIETI Discussion Paper Series，2015（124）.

［112］ Law，S. H. & N. Singh. Does Too Much Finance Harm Economic Growth? ［J］. Journal of Banking & Finance，2014，41（1）：36—44.

［113］ Lawanson，O. I. . Alleviating Poverty through Micro Finance：Nigerias Experience ［J］. Asian Journal of Economic Modelling，2016，4（3）：153—161.

［114］ Lee，J. W. & K. Hong. Economic Growth in Asia：Determinants and Prospects ［Z］. ADB Economics Working Paper，2010（220）.

［115］ Lenton，P. & P. Mosley. Financial Exclusion and the Poverty Trap：Overcoming Deprivation in the Inner City ［M］. Routledge，2011.

［116］ Levine，R. . Stock Markets，Growth，and Tax Policy ［J］. Journal of Finance，1991，46（4）：1445—1465.

［117］ Levine，R. . Financial Development and Economic Growth：Views and Agenda ［J］. Journal of Economic Literature，1997，35（2）：688—726.

［118］ Levine，R. . More on Finance and Growth：More Finance，More Growth? ［J］. The Federal Reserve Bank of St. Louis Review，2003，85（7）：31—46.

［119］ Levine，R. . Finance and Growth：Theory and Evidence ［M］//edited by Philippe Aghion. Handbook of Economic Growth. Steven Durlauf，Elsevier，2005：865—934.

［120］ Levine，R. & S. Zervos. Stock Markets，Banks，and Economic Growth ［J］. American Review，1998，88（3）.

［121］ Lucas，R. . On the Mechanics of Economic Development ［J］. Journal of Monetary Economy，1988，22（1）：3—42.

［122］ Mackinnon，D. P. ，Lockwood，C. M. ，Hoffman，J. M. ，et al. Sheets，A Comparison of Methods to Test Mediation and Other Intervening Variable Effects ［J］. Psychol Methods，2002，7（1）：83—104.

［123］ Maurer，N. & S. Haber. Related Lending and Economic Performance：Evidence from Mexico ［J］. Journal of Economic History，2007，67（3）：551—581.

［124］ Matsuyama，K. . Endogenous Inequality ［J］. Review of Economic Studies，2000，67（4）：743—759.

［125］ Matsuyama，K. . Financial Market Globalization，Symmetry-Breaking and Endogenous Inequality of Nations ［J］. Econometrica，2004，72（3）：853—884.

［126］ Mayer，C. . Corporate Governance，Competition and Performance ［Z］. OECD

Economics Department Working Papers, 1996 (164).

[127] Mazzucato, M.. Rebalancing What? Reforming Finance for Creative Destruction not Destructive Creation [J]. Policy Network Discussion Paper, 2012 (6).

[128] Mazzucato, M.. The Entrepreneurial State: Debunking Public vs. Private Sector Myths [M]. Anthem Press: London and New York, 2013.

[129] Melitz, M. J.. The Impact of Trade on Intra-Industry Reallocations and Aggregate Industry Productivity [J]. Econometrica, 2003, 71 (6): 1695—1725.

[130] Melitz, M. J. & G. I. P. Ottaviano. Market Size, Trade and Productivity [J]. Review of Economic Studies, 2008, 75 (1): 295—316.

[131] Minetti, R.. Informed Finance and Technological Conversatism [J]. Review of Finance, 2011, 15 (3): 223—269.

[132] Mishra, S. & P. K. Narayan. A Nonparametric Model of Financial System and Economic Growth [J]. International Review of Economics and Finance, 2015 (39): 175—191.

[133] Mookerjee, R. & P. Kalipioni. Availability of Financial Services and Income Inequality: The Evidence from Many Countries [J]. Emerging Markets Review, 2010, 11 (4): 404—408.

[134] Morales, M. F.. Financial Intermediation in a Model of Growth through Creative Destruction [J]. Macroeconomic Dynamics, 2003, 7 (3): 363—393.

[135] Muhammad, N., et al. Financial Development and Economic Growth: An Empirical Evidence from the GCC Countries Using Static and Dynamic Panel Data [J]. Journal of Economics and Finance, 2015, 149 (3): 1—19.

[136] Naceur, S. B. & R. X. Zhang. Financial Development, Inequality and Poverty: Some International Evidence [Z]. IMF Working Paper, 2016.

[137] Nadauld, T. D. & M. S. Weisbach. Did Securitization Affect the Cost of Corporate Debt? [J]. Journal of Finance Economic, 2012, 105 (2): 332—352.

[138] Omri, A., et al. Financial Development, Environmental Quality, Trade and Economic Growth: What Causes What in MENA Countries [J]. Energy Economics, 2015, 48 (3): 242—252.

[139] Owen, A. L. & J. Temesvary. Heterogeneity in the Growth and Finance Relationship: How does the Impact of Bank Finance Vary by Country and Type of Lending? [J]. International Review of Economics and Finance, 2014, 31 (2):

275—288.

[140] Panetta, F. & A. F. Pozzolo. Why do Banks Securitize Their Assets? Bank-Level Evidence from Over One Hundred Countries [EB/OL]. Available at SSRN: http: //ssrn. com/abstract=1572983. . 2010.

[141] Park, D. & J. Park. Drivers of Developing Asia's Growth: Past and Future [Z]. ADB Economics Working Paper, 2010 (235) .

[142] Park, D. & K. Shin. Economic Growth, Financial Development, and Income Inequality [Z]. ADB Economics Working Paper, 2015 (441) .

[143] Patric, H. T. . Financial Development and Economic Growth in Undeveloped Countries [J]. Economic Development and Cultural Change, 1966, 14 (2): 174—189.

[144] Peia, O. & K. Roszbach. Finance and Growth: Time Series Evidence on Causality [J]. Journal of Financial Stability, 2015 (19): 105—118.

[145] Peterson, M. A. & R. G. Rajan. The Effect of Credit Market Competition on Lending Relationships [J]. The Quarterly Journal of Economics, 1995, 110 (2): 407—443.

[146] Philippon, T. & A. Reshef. An International Look at the Growth of Modern Finance [J]. Journal of Economic Perspectives, 2013, 27 (2): 73—96.

[147] Pradhan, R. P. , et al. Innovation, Financial Development and Economic Growth in Eurozone Countries [J]. Applied Economics Letters, 2016, 23 (16): 1—4.

[148] Prete, A. L. . Economic Literacy, Inequality, and Financial Development [J]. Economics Letters, 2013, 118 (1): 74—76.

[149] Rahman, K. . Targeting Underdevelopment and Poverty in the Muslim World Role of Islamic Finance? [J]. Policy Perspectives, 2013, 10 (2): 123—132.

[150] Rahman, M. M. , Shahbaz, M. & A. Farooq. Financial Development, International Trade and Economic Growth in Australia: New Evidence from Multivariate Framework Analysis [J]. Journal of Asia-Pacific Business, 2015, 16 (1): 21—43.

[151] Rajan, R. G. . Has Financial Development Makes the World Riskier? [Z]. NBER Working Paper, 2005 (11728) .

[152] Rajan, R. G. & L. Zingale. Financial Dependence and Growth [J]. American

Economic Review, 1998, 88 (3): 559—586.

[153] Rioja, F. & N. Valev. Finance and the Sources of Growth at Various Stages of Economic Development [J]. Economic Inquiry, 2004, 42 (1): 127—140.

[154] Rioja, F. & N. Valev. Does One Size Fit All? A Reexamination of the Finance and Growth Relationship [J]. Journal of Development Economics, 2004, 74 (2): 429—447.

[155] Robinson, J.. The Generalization of the General Theory [M] //edited by Robinson John Violet. The Rate of Interest and Other Essays. London: McMillan, 1952.

[156] Roland-Holst, D. & G. Sugiyarto. Growth Horizons for a Changing Asian Regional Economy [Z]. Asian Development Bank Economics Working Paper, 2014 (392) .

[157] Rousseau, P. L. & P. Wachtel. What is Happening to the Impact of Financial Deepening on Economic Growth? [J] . Economic Enquiry, 2011, 49 (1): 276—288.

[158] Sahay, R. , et al. Rethinking Financial Deepening: Stability and Growth in Emerging Markets [Z]. IMF Staff Discussion Note, 2015 (8) .

[159] Samargandi, N. , Fidrmuc J. & S. Ghosh. Is the Relationship between Financial Development and Economic Growth Monotonic? Evidence from a Sample of Middle-Income Countries [J]. World Development, 2015, 68 (1): 66—81.

[160] Schumpeter, J. A.. A Theory of Economic Development [M]. Harvard University Press, 1911.

[161] Scopelliti, A. D.. Off-Balance Sheet Credit Exposure and Asset Securitization: What Impact on Bank Credit Supply? [Z]. MPRA Working Paper, 2013 (43890) .

[162] Sehrawat, M. & A. K. Giri. Financial Development and Poverty Reduction: Panel Data Analysis of South Asian Countries [J]. International Journal of Social Economics, 2016, 43 (4): 400—416.

[163] Seven, U. & Y. Coskun. Does Financial Development Reduce Income Inequality and Poverty? Evidence from Emerging Countries [J]. Emerging Markets Review, 2016, 26 (3): 34—63.

[164] Shastri, R. K.. Micro Finance and Poverty Reduction in India (A comparative study with Asian Countries) [J]. African Journal of Business Management, 2009, 3 (4): 136—140.

[165] Shaxson, N. & J. Christensen. The Finance Curse: How Oversized Financial Center Attack Democracy and Corrupt Economies? [EB/OL]. Tax Justice Network, http://www.taxjustice.net/topics/finance-sector/finance-curse/, 2013.

[166] Shen, C. H. & C. C. Lee. Same Financial Development yet Different Economic Growth: Why? [J]. Journal of Money, Credit and Banking, 2006, 38 (7): 1907—1944.

[167] Silva, M. S.. Financial and Economic Development Nexus: Evidence from Brazilian Municipalities [Z]. The Banco Central do Brasil Working Papers, 2015 (399).

[168] Sobel, M. Asymptotic Confidence Intervals for Indirect Effects in Structural Equation Models [J]. Sociological Methodology, 1982, 13 (13): 290—312.

[169] Stein, J. C. & A. V. Thakor. Securitization, Shadow Banking & Financial Fragility [J]. Daedalus, 2010, 139 (4): 41—51.

[170] Stiglitz, J. E.. Credit Markets and the Control of Capital [J]. Journal of Money, Credit and Banking, 1985, 17 (2): 133—152.

[171] Sunyoung, P.. The Design of Subprime Mortgage Backed Securities and Information Insensitivity [J]. International Economic Journal, 2013, 27 (2): 249—284.

[172] Tiwari, A. K., Shahbaz, M. & F. Islam. Does Financial Development Increase Rural-Urban Income Inequality? Cointegration Analysis in the Case of Indian Economy [J]. International Journal of Social Economics, 2013, 40 (2): 151—168.

[173] Tobin, J.. On the Efficiency of the Financial System [J]. Lloyds Bank Review, 1984, (153): 1—15.

[174] Torre, A. D. L., Ize A. & S. L. Schmukler. Financial Development in Latin America and the Caribbean: The Road Ahead [Z]. World Bank Latin America and the Caribbean Studies, 2012.

[175] Trew, A.. Efficiency, Depth and Growth: Quantitative Implications of Finance and Growth Theory [J]. Journal of Macroeconomics, 2008, 30 (4): 1550—1568.

[176] Turner, A.. Mansion House Speech, http://www.fsa.gov.uk, 2009—09—22.

[177] World Economic Forum. The Financial Development Report 2012 [R]. New York: USA Inc., 2012.

[178] Wahid, A., et al. Does Financial Sector Development Increase Income Inequali-

ty? Some Econometric Evidence from Bangladesh [J]. Indian Economic Review, 2012, 47 (1)：89—107.

[179] Wooldridge, J. M. Econometric Analysis of Cross Section and Panel Data (2nd Edition) [M]. The MIT Press, 2010.

[180] Xu, C. & H. Huang. Institutions, Innovations and Growth [J]. American Economic Review, 1999, 89 (2)：438—443.

[181] Yusifzada, L. & A. Mammadova. Financial Intermediation and Economic Growth [Z]. William Davidson Institute Working Papers, 2015 (1091).

[182] Zahonogo, P. . Financial Development and Poverty in Developing Countries：Evidence from Sub-Saharan Africa [J]. International Journal of Economics and Finance, 2017, 9 (1)：211—220.

[183] 白重恩, 钱震杰 . 谁在挤占居民的收入——中国国民收入分配格局分析 [J]. 中国社会科学, 2009, (05)：99—115.

[184] 白钦先, 白炜 . 金融功能研究的回顾与总结 [J]. 财经理论与实践, 2009, (05)：2—4.

[185] 白钦先 . 百年金融的历史性变迁 [J]. 国际金融研究, 2003, (02)：59—63.

[186] 白钦先, 谭庆华 . 论金融功能演进与金融发展 [J]. 金融研究, 2006 (07)：41—52.

[187] 北京奥尔多投资研究中心 . 金融系统演变考 [M]. 北京：中国财政经济出版社, 2001.

[188] 本·伯南克 . 行动的勇气——金融风暴及其余波回忆录 [M]. 蒋宗强, 译 . 北京：中信出版社, 2016.

[189] 陈启清, 贵斌威 . 金融发展与全要素生产率：水平效应与增长效应 [J]. 经济理论与经济管理, 2013, (07)：58—69.

[190] 陈云松, 张翼 . 城镇化的不平等效应与社会融合 [J]. 中国社会科学, 2015 (06)：54.

[191] 陈凌白 . 我国上市商业银行信贷资产证券化微观效应实证研究 [J]. 南方金融, 2014 (06)：10—14.

[192] 陈雨露, 马勇 . 大金融论纲 [M]. 北京：中国人民大学出版社, 2013.

[193] 程永宏 . 基尼系数组群分解新方法研究：从城乡二亚组到多亚组[J]. 经济研究, 2008 (08)：124—135.

[194] 程永宏 . 改革以来全国总体基尼系数的演变及其城乡分解 [J]. 中国社会科学,

2007（04）：45—60.

[195] 崔艳娟，孙刚．金融发展是贫困减缓的原因吗？——来自中国的证据［J］．金融研究，2007，（11）：116—127.

[196] 崔宇明，代斌，王萍萍．城镇化、产业集聚与全要素生产率增长研究［J］．中国人口科学，2013（4）：54—63.

[197] 邓小平．邓小平文选：第3卷［M］．北京：人民出版社，1993.

[198] 董晓辉．引入证券化影响的我国货币需求稳定性检验［J］．经济经纬，2010（06）：127—131.

[199] 范剑勇，冯猛，李方文．产业集聚与企业全要素生产率［J］．世界经济，2014（05）：51—73.

[200] 范志勇，赵晓男．要素相对丰裕度改变与中国供给结构调整［J］．世界经济，2014（08）：24—41.

[201] 傅晓霞，吴利学．前沿分析方法在中国经济增长核算中的适用性［J］．世界经济，2007（07）：56—66.

[202] 郭莉莉．城镇化发展与有效信贷需求的灰色关联分析［J］．金融发展评论，2015（03）：120—127.

[203] 何德旭，王朝阳．中国金融业高增长：成因与风险［J］．财贸经济，2017（07）：16—32.

[204] 胡海峰，金允景．全面提升金融服务实体经济质量和水平［J］．河北经贸大学学报，2014（05）：107—111.

[205] 胡海峰，胡吉亚．美日德战略性新兴产业融资机制比较分析及对中国的启示［J］．经济理论与经济管理，2011（08）：62—74.

[206] 胡海峰，王爱萍．金融发展与经济增长关系研究新进展［J］．经济学动态，2016（05）：102—112.

[207] 胡海峰，倪淑慧．广义虚拟经济视角下美国金融部门扩张的效率及影响研究［J］．广义虚拟经济研究，2014（4）：28—35.

[208] 胡海峰，倪淑慧．金融发展过度：最新研究进展评述及对中国的启示［J］．经济学动态，2013（11）：88—96.

[209] 胡海峰，等．我国经济发展方式转型中的金融保障体系研究［R］．社科基金项目成果报告，2016.

[210] 胡建辉，李博，冯春阳．城镇化、公共支出与中国环境全要素生产率——基于省际面板数据的实证检验［J］．经济科学，2016（1）：29—40.

[211] 胡威. 资产证券化的运行机理及其经济效应 [J]. 浙江金融，2012 (01)：62—66.

[212] 胡宗义，刘亦文. 金融非均衡发展与城乡收入差距的库兹涅茨效应研究——基于中国县域截面数据的实证分析 [J]. 统计研究，2010 (05)：25—31.

[213] 黄达. 金融学：第三版 [M]. 北京：中国人民大学出版社，2003.

[214] 黄燕萍. 金融发展、人力资本与全要素生产率 [J]. 厦门大学学报 (哲学社会科学版)，2016 (02)：102—110.

[215] 简泽，张涛，伏玉林. 进口自由化、竞争与本土企业的全要素生产率——基于中国加入WTO的一个自然实验 [J]. 经济研究，2014 (08)：120—132.

[216] 江春，赵秋蓉. 关于构建我国普惠金融体系的理论思考——国外金融发展如何更好地减缓贫困理论的启示 [J]. 福建论坛 (人文社会科学版)，2015 (03)：24—29.

[217] 劳平. 金融倾斜及其逆转——融资结构变迁研究 [D]. 广东：中山大学博士学位论文，2004.

[218] 雷汉云. 贫困地区居民完全金融排斥影响因素的实证研究 [J]. 经济经纬，2015 (02)：149—154.

[219] 黎贵才，卢获，刘爱文. 中国金融体制在经济增长中的作用——生产性效率对资源配置效率的替代 [J]. 经济学动态，2016 (03)：21—30.

[220] 李丹丹. 教育程度提高了农民工的幸福感吗——来自2015年中国企业—员工匹配调查的证据 [J]. 经济理论与经济管理，2017 (01)：39—54.

[221] 李磊，刘斌，胡博，等. 贸易开放对城镇居民收入及分配的影响 [J]. 经济学 (季刊)，2012 (01)：309—326.

[222] 李明贤，叶慧敏. 普惠金融与小额信贷的比较研究 [J]. 农业经济问题，2012 (09)：44—49.

[223] 李佳. 资产证券化的风险分担：从微观机制到宏观效应 [J]. 东南学术，2015 (01)：63—70.

[224] 李健，卫平. 金融发展与全要素生产率增长——基于中国省际面板数据的实证分析 [J]. 经济理论与经济管理，2015a (08)：47—64.

[225] 李健，卫平. 民间金融和全要素生产率增长 [J]. 南开经济研究，2015b (05)：74—91.

[226] 李明，冯强，王明喜. 财政资金误配与企业生产效率——兼论财政支出的有效性 [J]. 管理世界，2016 (05)：32—45.

[227] 李强,徐康宁. 金融发展、实体经济与经济增长 [J]. 上海经济研究,2013 (09):3—11.

[228] 李国璋,周彩云,江金荣. 区域全要素生产率的估算及其对地区差距的贡献 [J]. 数量经济技术经济研究,2010 (05):49—61.

[229] 李善民. 普惠制金融视角下金融扶贫模式构建——一个理论分析框架 [J]. 改革与战略,2014 (11):35—38.

[230] 李涛,徐翔,孙硕. 普惠金融与经济增长 [J]. 金融研究,2016 (04):1—16.

[231] 李延凯,韩廷春. 金融环境演化下的金融发展与经济增长:一个国际经验 [J]. 世界经济,2013 (08):145—160.

[232] 李志阳,刘振中. 中国金融发展与城乡收入不平等:理论和经验解释 [J]. 经济科学,2011 (06):10—18.

[233] 林毅夫,陈斌开. 发展战略、产业结构与收入分配 [J]. 经济学 (季刊),2013 (04):1109—1140.

[234] 刘秉镰,李清彬. 中国城市全要素生产率的动态实证分析:1990—2006——基于 DEA 模型的 Malmquist 指数方法 [J]. 南开经济研究,2009 (03):139—152.

[235] 刘玄. 资产证券化条件下的货币政策有效性研究 [J]. 南方金融,2011 (11):11—16.

[236] 罗文波. 金融结构深化、适度市场规模与最优经济增长——基于资本形成动态博弈路径的理论分析与经验证据 [J]. 南开经济研究,2010 (02):98—116.

[237] 罗羡华,杨振海,周勇. 时变弹性系数生产函数的非参数估计 [J]. 系统工程理论与实践,2009 (04):144—149.

[238] 吕勇斌,赵培培. 我国农村金融发展与反贫困绩效:基于 2003—2010 年的经验证据 [J]. 农业经济问题,2014 (01):54—60.

[239] 马锦生. 资本主义金融化与金融资本主义研究——基于美国经济实证的分析 [D]. 天津:南开大学博士论文,2013.

[240] 马建堂,等. 中国杠杆率与系统性金融风险防范 [J]. 财贸经济,2016 (01):5—21.

[241] 马宇. 金融体系风险分担机制研究 [M]. 北京:经济管理出版社,2006.

[242] 迈克尔·波特. 国家竞争优势 [M]. 中信出版社,2007.

[243] 毛其淋,盛斌. 对外经济开放、区域市场整合与全要素生产率 [J]. 经济学 (季刊),2011 (11):181—210.

[244] 尼古拉斯·韩德森. 英国衰落的原因和后果——英国高级外交官韩德森的离职报

告［J］. 胡华均，译. 西欧研究，1987（05）：67—76.

［245］邵宜航，步晓宁，张天华. 资源配置扭曲与中国工业全要素生产率——基于工业企业数据库再测算［J］. 中国工业经济，2013（12）：39—51.

［246］沈坤荣. 供给侧改革重心：提升全要素生产率［EB/OL］. http：//www. cssn. cn/zx/201607/t20160727_3136805. shtml，2016—07—27.

［247］苏基溶，廖进中. 开放条件下的金融发展：技术进步与经济增长［J］. 世界经济文汇，2009（5）：90—105.

［248］孙婧. 人力资本与全要素生产率——基于作用机制和作用效果的实证检验［D］. 上海：复旦大学，2013.

［249］孙传旺，刘希颖，林静. 碳强度约束下中国全要素生产率测算与收敛性研究［J］. 金融研究，2010（06）：17—33.

［250］孙立坚，李安心，牛晓梦. 金融体系的脆弱性不会影响经济增长吗——来自对中国案例实证分析的答案［J］. 厦门：全国金融理论高级研讨会会议论文，2003.

［251］姚耀军. 中国金融发展与全要素生产率——基于时间序列的经验证据［J］. 数量经济技术经济研究，2010（03）：68—80.

［252］杨俊，李晓羽，张宗益. 中国金融发展水平与居民收入分配的实证分析［J］. 经济科学，2006，28（02）：23—33.

［253］杨俊，王燕，张宗益. 中国金融发展与贫困减少的经验分析［J］. 世界经济，2008（08）：62—76.

［254］叶祥松，晏宗新. 当代虚拟经济与实体经济的互动——基于国际产业转移的视角［J］. 中国社会科学，2012（09）：63—81.

［255］于斌斌. 产业结构调整与生产率提升的经济增长效应——基于中国城市动态空间面板模型的分析［J］. 中国工业经济，2015（12）：83—98.

［256］余靖雯，龚六堂. 中国公共教育供给及不平等问题研究——基于教育财政分权的视角［J］. 世界经济文汇，2015（06）：1—19.

［257］余玲铮，魏下海. 金融发展加剧了中国收入不平等吗？——基于门槛回归模型的证据［J］. 财经研究，2012（03）：105—114.

［258］王擎，田娇. 非正规金融与中国经济增长效率——基于省级面板数据的实证研究［J］. 财经科学，2014（03）：11—20.

［259］王海兵，杨惠馨. 创新驱动与现代产业发展体系——基于我国省际面板数据的实证分析［J］. 经济学（季刊），2016，15（03）：1351—1386.

［260］王鸾凤，方舟. 金融发展、制度质量与农村贫困缓解——基于我国东中西部地区

的经验研究 [J]. 武汉大学学报（哲学社会科学版），2015（06）：76—82.

[261] 王鸾凤，朱小梅，吴秋实. 农村金融扶贫的困境与对策——以湖北省为例 [J]. 国家行政学院学报，2012（06）：99—103.

[262] 王广谦. 中国金融发展中的结构问题分析 [J]. 金融研究，2002（05）：47—56.

[263] 王鸿运. 金融体系的比较、内生演进与中国的选择 [D]. 长沙：中南大学，2008.

[264] 魏下海，董志强，金钊. 工会改善了企业雇佣期限结构吗？——来自全国民营企业抽样调查的经验证据 [J]. 管理世界，2015（05）：52—62.

[265] 温家宝. 温家宝在全国金融工作会议上讲话节选 [N]. 人民日报，2012—01—30.

[266] 温涛，冉光和，熊德平. 中国金融发展与农民收入增长 [J]. 经济研究，2005（08）：30—43.

[267] 温涛，朱炯，王小华. 中国农贷的"精英俘获"机制：贫困县与非贫困县的分层比较 [J]. 经济研究，2016（02）：111—125.

[268] 温忠麟，张雷，侯杰泰，等. 中介效应检验程序及其应用 [J]. 心理学报，2004（05）：614—620.

[269] 沃尔特·罗斯托. 经济成长的阶段 [M]. 北京：中国社会科学出版社，2010.

[270] 吴晓求. 金融业是现代经济的核心而非依附 [EB/OL]. http:// money. sohu. com/20120110/n331720038. shtml，2012—01—10.

[271] 习近平. 关于《中共中央关于制定国民经济和社会发展第十三个五年规划的建议》的说明 [N]. 人民日报，2015—11—03.

[272] 肖崎. 资产证券化的宏观经济效应：理论述评 [J]. 新金融，2010（02）：39—43.

[273] 徐良平，黄俊青，覃展辉. 金融与经济关系研究的功能范式：一个初步分析框架 [J]. 经济评论，2004（01）：63—67.

[274] 杨喜瑞. 日本关系型融资的演进及启示 [J]. 经济前沿，2003（Z1）：65—66.

[275] 曾康霖. 再论扶贫性金融 [J]. 金融研究，2007（07）：1—9.

[276] 瞿晶，姚先国. 城镇居民收入不平等分解研究 [J]. 统计研究，2011（11）：50—55.

[277] 张超英. 资产证券化对货币市场的影响 [J]. 中国软科学，2005（02）：57—65.

[278] 张少辉，李江帆，张承平. 产业结构调控与中国区域全要素生产率增长 [J]. 管理学报，2014（06）：898—905.

[279] 张军，吴桂英，张吉鹏. 中国省际物质资本存量估算：1952—2000 [J]. 经济研究，2004（10）：35—44.

[280] 张玲. 产业结构调整下的信贷结构及信贷风险研究 [D]. 北京：北京科技大学博

士论文，2015.

[281] 张龙耀，杨军，张海宁．金融发展、家庭创业与城乡居民收入——基于微观视角的经验分析 [J]．中国农村经济，2013（07）：47—57.

[282] 张昭，王爱萍．金融发展对收入不平等影响的再考察——理论分析与经验数据解释 [J]．经济科学，2016（05）：31—43.

[283] 张成思，刘泽豪，罗煜．中国商品金融化分层与通货膨胀驱动机制 [J]．经济研究，2014（01）：140—154.

[284] 张金清，陈卉．我国金融发展与经济增长关系的适度性研究 [J]．社会科学，2013（5）：39—49.

[285] 赵昌文，朱鸿鸣．从攫取到共容——金融改革的逻辑 [M]．北京：中信出版社，2015.

[286] 郑文．金融发展对中国全要素生产率的影响及其作用机制研究 [D]．武汉：华中科技大学，2014.

[287] 周丹，王恩裕．资产证券化对我国货币政策的影响初探 [J]．金融理论与实践，2007（04）：37—39.

[288] 周杰琦．金融发展对中国全要素生产率增长的影响：作用机制与实证分析 [D]．北京：中国社会科学院研究生院，2014.

[289] 周小川．健全支持实体经济发展的现代金融体系 [J]．中小企业管理与科技，2012（35）：19—22.

[290] 邹薇，郑浩．贫困家庭的孩子为什么不读书：风险、人力资本代际传递和贫困陷阱 [J]．经济学动态，2014（06）：16—31.

[291] 朱华培．资产证券化对美国货币政策信用传导渠道的影响研究 [J]．亚太经济，2008（01）：36—41.